大学院開設六十周年記念　國學院大學貴重書影印叢書　第2巻

神皇正統記　職原抄　　定価は外函に表示

2014年2月25日　初版第1刷

編　者　大学院六十周年記念
國學院大學影印叢書編集委員会

責任編集　谷口雅博
松尾葦江

発行者　朝倉邦造

発行所　株式会社　朝倉書店

東京都新宿区新小川町6-29
郵便番号　162-8707
電　話　03（3260）0141
F A X　03（3260）0180
http://www.asakura.co.jp

〈検印省略〉

中央印刷・平河工業社・牧製本

ISBN 978-4-254-50542-9　C 3300　　Printed in Japan

編集・執筆者紹介

記載内容（平成 26 年 1 月現在）
氏名（読み） 現職
①生年 ②学位 ③専門分野
④主な著作・論文

責任編集

谷口雅博（たにぐち・まさひろ） 國學院大學文学部准教授
①昭和 35 年（1960）生 ②博士（文学） 國學院大學 ③上代日本文学
④『古事記の表現と文脈』（おうふう、2008 年）、「『古事記』神話の中の災害—災いをもたらすモノ—」（季刊『悠久』129 号、2013 年 1 月）。

松尾葦江（まつお・あしえ） 國學院大學文学部教授
①昭和 18 年（1943）生 ②博士（文学） 東京大学 ③中世日本文学、特に軍記物語
④『軍記物語原論』（笠間書院、2006 年）、「資料との「距離」感 — 平家物語の成立流動を論じる前提として—」（『國學院雑誌』第 114 巻第 11 号、2013 年 11 月）。

執筆者（執筆順）

岡野友彦（おかの・ともひこ） 皇學館大学文学部教授
①昭和 36 年（1961）生 ②博士（歴史学）國學院大學 ③日本中世史、古文書学、博物館学
④『北畠親房—大日本は神国なり—』（ミネルヴァ書房、2009 年）、「権門都市宇治・山田と地域経済圏」（『年報中世史研究』第 38 号、2013 年）。

山本岳史（やまもと・たけし） 國學院大學研究開発推進機構ポスドク研究員
①昭和 57 年（1982）生 ②修士（教育学）北海道教育大学 ③中世日本文学、特に軍記物語
④「『源平闘諍録』本文考 — 巻五「南都牒状事」を中心に」（『國學院雑誌』第 114 巻 11 号、2013 年 11 月）、「國學院大學図書館蔵奈良絵本『平家物語』考」（『國學院大學　校史・学術資産研究』第 5 号、2013 年 3 月）。

大谷貞徳（おおや・さだのり） 國學院大學大学院文学研究科後期課程
①昭和 61 年（1986）生 ②修士（文学）國學院大學 ③中世日本文学、特に軍記物語
④「『平家物語』の変容に関する一考察—巻第五「咸陽宮」を中心に—」（『日本文学論究』第 73 冊、2014 年 3 月）、「屋代本『平家物語』における梶原景時の讒言をめぐって」（『ひつじ研究叢書〈文学編〉3　平家物語の多角的研究　屋代本を拠点として』ひつじ書房、2011 年）。

藤森　馨（ふじもり・かおる） 国士舘大学文学部教授
①昭和 33 年（1958）生 ②博士（宗教学）國學院大學 ③神道史、書誌学
④『（改訂増補）平安時代の宮廷祭祀と神祇官人』（原書房、2008 年）、「真名鶴神話と伊勢神宮の祭祀構造」（『国立歴史民族博物館研究報告』第 148 号、2008 年 12 月）。

山﨑かおり（やまざき・かおり） 國學院大學兼任講師
①昭和 48 年（1973）生 ②博士（文学）國學院大學 ③上代日本文学
④『『古事記』大后伝承の研究』（新典社、2013 年）、「『古事記』仁徳天皇条の「三色に変る奇しき虫」」（『文学・語学』第 205 号、2013 年 3 月）。

編集後記

國學院大學貴重書影印叢書の第二巻が出来上がった。本書には北畠親房の著書二点を収めた。重要文化財指定資料の『猪熊本神皇正統記』と、貴重書の『兼右本職原抄』である。

古写本は現物に当たれるならばそれが一番理想的である。現物を見ることで初めて理解できることはたくさんある。しかし各々世界にひとつしか存在しない古写本を手にとって見る機会はそう簡単には訪れない。次善の策として考えられるのが影印本である。各々の作品に関心のある者からすれば、影印が刊行されているか否かはとても大きな相違である。デジタル画像も大変ありがたいが、現段階では影印には及ばないように思われる。

第一巻に続き、本書にも書誌解題および難読箇所一覧を付した。書誌解題は、『神皇正統記』を本学文学部の松尾葦江教授、『職原抄』の方は、国士舘大学の藤森馨教授にお願いした。それぞれに本書所収の写本の位置付けのみならず両書の写本系統の研究に一石を投じる内容となっている。なお、『神皇正統記』の解題執筆に伴い、白山比咩神社には『神皇正統記』白山本の閲覧をさせていただいた点、感謝申しあげたい。

難読箇所一覧は本学大学院生の大谷貞徳氏（『神皇正統記』）、本学兼任講師の山﨑かおり氏（『職原抄』）が担当し、判読が困難な文字について的確な情報を提示して貰った。また本書には北畠親房の代表的な著書二点を掲載しているゆえ、特別に皇學館大学の岡野友彦教授に「北畠親房伝」を御執筆いただいた。時代状況や親房の立場的な問題があったにせよ、その天皇観・政治観には国文学・神道学等の方面において検討すべき余地が多く残されていることがよくわかり、今後の研究の指針となる解説である。加えて『神皇正統記』の理解を助けるべく、本学の研究開発推進機構ポスドク研究員の山本岳史氏の執筆により「『神皇正統記』研究史」「猪熊文庫について」も掲載しているので参考としていただきたい。以上の解説解題等は国文学・歴史学・宗教学等の各専門に携わる方々に御尽力いただき、北畠親房の著書をめぐる総合研究としての成果が得られたと思う。

第一巻に引き続き、扉には書道の佐野光一教授に揮毫していただいた。また図書館の古山悟由氏にはいろいろと便宜をはかっていただき、朝倉書店の編集部には編集全般に亘ってお世話いただいた点、謝意を表したい。

平成二十六年一月

第二巻責任編集　谷口雅博

7　北政所
7　御臺盤所
8　宣旨摂関ナトノ任ノ時召仕
8　主殿（トノ[モ]）

四八三　一〇四丁ウ1　立蔭次第父位卑於
2　蔭子[是]依
2　蔭[之]故也
2　謂之[絶]蔭

3　但出家
7　式部大丞

4　相當○レ右
5右　羨　議郎
四五七　九一丁オ7左　中国　目　等相當也
四五八　九一丁ウ1右　唐名上　文林郎
1左　下時仕郎
四五九　九二丁オ8　宮々者
四六〇　九二丁ウ1　大臣家
1右　謂二之　政所一
四六一　九三丁オ
2　此抄上下巻以愚慮一字不闕点之同差
聱訖是全
3　非為他人為覚子孫童蒙也依之不依假
名使如名
4　目点之是教下愚一之術也勿生後嘲矣
5　天文八年二月吉曜日清三位入道宗尤
御判
四六二　九三丁ウ
1　右抄環翠老人為覺童蒙一字不缺以
假名加点
2　見之其嚴如陸徳明作音義其勤如郭景
純注尓
3　雅非啻撃童子之蒙亘令解老生之惑唯
恨名

4　目故實或称庭訓或稱家説有尓為尓我
為
5　我故愚管差異者聊以朱注其左側以擬
鄭
6　氏箋而已于時天文第八仲春日都護郎
判
7　凡判形如此
四六四　九四丁ウ1　直大四位
四六七　九六丁オ1　相當者以レ官書レ上
3　上書二守　字一
四六八　九六丁ウ8　左大弁従四位上
8右　大弁者
四六九　九七丁オ5右　位卑官高者用レ之
四七〇　九七丁ウ8右　右衛門督共従四位下官
8左　左レ文右レ武之故以二大夫一
四七一　九八丁オ1　不レ依二相當一在二諸官下一
5　人○經二
四七二　九八丁ウ6　必在二位上一事
8　修理宮
8　造寺長官
四七四　九九丁ウ8　永可為員數者
四七八　一〇一丁ウ4　書様者
四七九　一〇二丁オ
1　以愚慮一字不闕點之賢哲之嘲甚汗面

然按察
2　使亜相竊見之加御奥書給是予榮也後
來勿許
3　聞見矣
4　天文九年二月十七日環翠軒
四八〇　一〇二丁ウ
1　天文九二七三條按察卿折紙云
2　只今不能面候仍此一冊久預候加一見
候処重宝無申計候如形
3　加愚意進之猶又申候て静ニ連々可申
談候先主之候間進之彼
4　御脚氣如何候哉無心元候由申度候猶
期面候
5　公條
6　少納言殿
7　此抄者北畠准后大納言源親房所集也
百官之始末
8　諸家之勝劣殆如指掌宜着眼耳
四八一　一〇三丁オ1　法眼和尚位
2　已講
4　此三ヲ三綱ト云
8　従儀師
四八二　一〇三丁ウ1　與智徳
6　御息所

8 因准㋫　漸　開二諸道一
8 崇神天皇
四〇一　六三丁オ5　稱　曰　与レ我共レ　治
7 可二企　望一
四〇六　六五丁ウ1　以上
四〇七　六六丁オ1左　他人不レ任レ之
四〇八　六六丁ウ8　天皇二年（元イ）
四〇九　六七丁オ3右　者兼レ之
四一二　六八丁ウ3　任レ之
4 兼二　府務一
6 凡　於レ　帥者（權イ）
四一三　六九丁オ1　二三位等一
四一四　六九丁ウ7右　謂二之　二嶋一
8 然　而
四一五　七〇丁オ6左　云二大樹一（シウ）
四一六　七〇丁ウ2　弥　為二眉目一
8 若　一世
四一七　七一丁オ1　實朝公
6 子孫一（「ク」に「ン」を重ねる）
四一八　七一丁ウ4　四位〇拜任
四一九　七二丁オ1　叙留
3 是各　守二故實一

四二一　七三丁オ1　御宇
8 四位〇レ之例一
四二二　七三丁ウ8　可レ謂二無念一
四二三　七四丁オ1　之儀一
四二四　七四丁ウ3　英雄族（強イ）
四二五　七五丁オ1　不レ任レ之
8 共任二諸大夫（之於イ有）
四二六　七五丁ウ5左　典欵
四二八　七六丁ウ1　跪而　推レ轂　曰　閫
6 戯二諸軍一
四二九　七七丁オ6　天　忍日命　帥二
7 背　負二天　磐靫一臂
8 頭槌　釼一
四三〇　七七丁ウ5　日本武　尊一　為二大将ノ【征】
6 【夷】以二武
6 東　征二蝦夷一
8 彼國（「カノ」の下に文字有り）
四三一　七八丁オ4　不レ聞レ有二　其府一
四三二　七八丁ウ1　不レ可二必　然一
四三三　七九丁オ1　位　高
四三四　七九丁ウ6　鎮守一（府イ）
四三五　八〇丁オ1　臨レ　時　加二　征夷号一

3 源　經基〇為（六孫王也イ）
四四一　八三丁オ8　関白〈〇〉後胤（忠通道）
四四二　八三丁ウ1　九條　〇又（流）
3 レ未二〇先途一
7左 一男公季
四四三　八四丁オ1右　『右』大臣一（左道）
四四四　八四丁ウ7　振二威勢一頻（イ有）
四四五　八五丁オ2　准二　名家一
四四六　八五丁ウ3　不レ失二　其名号（清欵）
8 下北面一（ト欵）
四四七　八六丁オ4　無下不レ属二
四四八　八六丁ウ7　上章　執徐之（暦応）（三年ノ）
7 侯豫（7・8行上部に、朱で「上章庚／執徐辰／夾鍾二月／侯豫下旬」有り）
四五〇　八七丁ウ4　在　生（存欵）
5右 開〇儀同（府フ）
四五三　八八丁ウ3　俊房（天喜）建仁　通
四五四　八九丁ウ2　清隆邦綱
3 零落　終
5右 正議大夫
四五六　九〇丁ウ2右　朝【請】議郎（イ无）

7左　掌二宮中修理事一

三七一　四八丁オ1　公卿任レ之

3　大夫任レ之

8　外無下

三七二　四八丁ウ1　レ重其次

4　勘解由使

4右　是強非二唐名一

三七三　四九丁オ3　所二望任一也

4　顕職者

5　顕職者

三七四　四九丁ウ1　鑄錢司

三七五　五〇丁オ2右　兩【字】外

5右　一史

7　防鴨河使

8右　廷尉佐必

三七六　五〇丁ウ1右　同尉志

三七八　五一丁ウ2　糺判之

7　看監長

三七九　五二丁オ6　之〇補

7　又未レ聞

三八〇　五二丁ウ1　職一是流例也

1　可レ備二七德一

三八二　五三丁ウ8　關二其賞一

三八三　五四丁オ1　補レ之稱二追補一

3　六位尉叙二五位一

4　依二殊恩一

5　違二舊例一也

三八四　五四丁ウ3　即蒙二使宣旨一

三八五　五五丁オ1　号二道志一〈タウ清也〉

7　長者宣

三八六　五五丁ウ1　源氏長者

2　奨學院

三八七　五六丁オ5　橘氏之

5　稱二氏長者一

7　者執政

8　為二其長一

三八八　五六丁ウ2　長者号一

6　内竪所別當

三八九　五七丁オ6　大歌所別當　東山左府説

三九〇　五七丁ウ1　寄人

3　宣下一『也』〈之道〉

三九一　五八丁オ2　為二重任一内侍者宦者之〈ミヤツカイノ道〉

3　宦者知レ事

4　唐玄宗

6　悪二宦者一

7　御宇初

三九二　五八丁ウ5　上臈必着二

7　重二其職一故欤

三九三　五九丁オ5　依レ〇天下

三九四　五九丁ウ6　摂政〇為二蔵人頭一

7　為二蔵人頭一

三九五　六〇丁オ2　為二恒規一

三九六　六〇丁ウ1　人頭一

1右　雖レ稟二其家一

5　酌一也

5　非二其才一

5　忽招二耻辱一

6　聴二着禁色一

7　但〇レ本聴二禁色一

三九七　六一丁オ1　【五】人

6　公之志一

8　五人

8　令二奉行一故也

三九八　六一丁ウ1　極臈一者着二麹塵袍一

8　美レ仰召二

四〇〇　六二丁ウ1　瀧口

5　初継二神代之蹤一都二〈ミヤコス道〉

6　初平二

7右　尚倉局
8左　尚倉奉御
8左　殿中監

三五〇　三七丁ウ1右　隆職
三五一　三八丁オ6　醫薬儒（「ク」の下の点を朱で消す）
8　醫道極官也
三五二　三八丁ウ2　侍醫
三五三　三九丁オ1　掃部寮
1左　掌二鋪設事一
4　相續〇於レ今者
8　正親司
8　掌二皇親籍事一
三五四　三九丁ウ2　近代王氏
2右　所レ任邂逅
8　乃為レ正
三五六　四〇丁ウ1　采女司
1右　采女署
5右　采女史
6　主水司
6右　或云膳部署　又不造
7左　白漿令

9　清原頼業真人
三五七　四一丁オ8　所レ任已
8　不レ任之　其外
三五八　四一丁ウ1　助諸大夫
1　皆是
2　以二諸道一
5　可レ随二其人

下冊

三五九　四二丁オ1右　又云憲臺
3　已絶
三六〇　四二丁ウ1　殿上
1　官也
1　そ来多
7　左京職
三六一　四三丁オ5　殿上人〇共
8　五位
8　又任レ之相當五位
三六二　四三丁ウ1　也不レ可レ
2　六位侍
4　東市司
6　所出納

8左　市丞
三六三　四四丁オ8　唐朝
三六四　四四丁ウ1　少保一
1　雖レ為二
3　雖レ多二
3　邂逅也
6　應二其撰一依レ為二儲君之
8　春宮坊
三六五　四五丁オ5　無二拜任之例一
8　同レ前
8　猶不レ為レ可
三六六　四五丁ウ1　也
5右　權三人
三六七　四六丁オ6　主膳監
8　主殿署
三六八　四六丁ウ1　首一人
6　有二蔵人非
三六九　四七丁オ1　撰二重代侍一補レ之
3　伊勢齋宮寮
三七〇　四七丁ウ1　賀茂齋院司
8右　大少
7　修理職

8　任レ之《ニンズコレニ》
三二二　二三丁ウ1　民《ミン》部《フハ》者侍之《サフライノ》
1　号二《カウスル》民部《ミンブ》大《タ》
2　夫《イウノ》〈ト〉〈二〉五位《コイト》一
2　檢非違《ケンビイ》〇使《シ》受領《ジュリヤウ》
2　抑《ソモ〱》當《タウ》
三二三　二四丁オ8右　大少
8左　唐名　國子丞《コクシショウ》
三二四　二四丁ウ1　令外　文《モン》章《□ウ》博士《ハカセ》
1左　唐名『韓《カン》』〈翰〉林主人《リンシュシン》
1左　又《マタハ》『韓《カン》』〈翰〉林学士《リンカクシ》
4　同《ヲナシク》雖《イヘトモ》レ主《ツカサトルト》二　文章《フンシヤウヲ》二
三二五　二五丁オ3左　唐名　音儒《インジュ》〈韻イ〉
8　竿博士《サンハカセ》二人
三二六　二五丁ウ1　竿道《サンダウ》之《ノ》〈ツ〉極官《キヨククワン》也《ナリ》
1　仍一人《ヨテイチニンハ》
6　古来多《コライヲヽク》
三二七　二六丁オ4　近《チカク》至《イタテ》二先朝《センテウニ》一
7　明法《ミヤウボウ》〈〇〉〈道イ〉者《ハ》
8　允亮《スケマサ》道成《ミチナリ》
三二八　二六丁ウ1　坂中《ハンチウ》兩家《ノリヤウカ》
1　『法儒大《ホウジユタイ》』〈道説〉判事《ハンジヲ》一

三二九　二七丁オ5　多《ヲヽク〈ハ〉タリ》　為二公卿《クギヤウノ》　兼官《ケングワン》一
8　名家五位《メイカノコイ》
三三〇　二七丁ウ3　雅楽寮《ガガクレウ》《ウタノツカサ》《ウタマイノツカサ》
3左　掌《ツカサトル》二　音楽《ヲンガク》事《ノコトヲ》一
4左　協律郎《ケウリツラウ》
三三一　二八丁オ8左　掌《ツカサトル》二　諸《モロ〱ノ》　御陵《コレウ》　事《ノコトヲ》一
三三二　二八丁ウ1　頭《カミ》一人
8　圖戸口《ヅコク》〈道〉
三三四　二九丁ウ1左　員〈エン〉外郎歟《インクワイラウカ》
三三五　三〇丁オ8　當《タウ》〈〇〉〈寮道〉頭《カミ》
三三六　三〇丁ウ1　任《ニンスト》二受領《ジュリヤウヲ》一
1　者〇掌《ツカサトル》二天下《テンカノ》
三三七　三一丁オ2　以上《イジヤウ》任《ニンス》レ之《コレニ》
三三八　三一丁ウ1　名家《メイカノ》
2　兵部《ヒヤウブ「ヲ」》
三三九　三二丁オ1左　此《コレヨリ》　已下《イケノ》　諸司《ショシ》
7　刑部省《キヤウブシヤウ》《ウタヘサタムルツカサ》
8　秋官《シウクワン》　大司寇《タイシコウ》
三四〇　三二丁ウ1　所《トコロ》レ掌《ツカサトル》也
1　被《レテ》レ置《ヲカ》二〈ケ〉檢非違《ケンビイ》
三四二　三三丁ウ1　兼《カヌ》レ之《コレヲ》
2　囚獄司《シュゴクシ》《ヒトヤノツカサ》《ウタフルツカサ》

三四三　三四丁オ1　朝《テウ》之准　據《シュンキヨ二》一
8　頗《スコフル》　被《ル、》二　取下《トリクタサ》一
三四四　三四丁ウ5右　大府主簿《タイフシユホ》
三四五　三五丁オ1　任《ニンスト》二受領《ジユリヤウニ》一
2左　織　染令《ショクぜンレイ》云々
5　百工事《ヒヤクコウノコト》〈ハツ道〉
8左　司農卿《シノウケイ》
三四六　三五丁ウ7　大膳職《ダイゼンシキ》〈ヲホカシハテ〉
7左　掌《ツカサトル》二　所々《ノ》
8右　權「ノ」大夫一人
8右　弘仁《コウニン》改《ニアラタム》二　従四位下一
8左　大官《タイクワン》令《レイ》
三四七　三六丁オ4　助之《スケノ》〇中《ナカニ》近代《キンダイ》
8右　大　正八位下
三四八　三六丁ウ1左　掌《ツカサトル》二　工匠《コウシヤウ》　事《ノコトヲ》一
3　多《ヲヽク》任《ニンス》レ之《コレニ》
8左　掌《ツカサドル》二　諸國《シヨコクノ》　御稲田《コタウデン》
8左　公私熟　食《コウシノジユクジキ》
三四九　三七丁オ1右　無《シ》二權官一
2　中原《ナカハラノ》〈ワ〉　師遠《モロトホカ》
7　常ニハ　主殿《トノモン》　寮《レウ》《トノモリノツカサ》（「ノ」に「ン」を重ねる）

8右　相當『今《イマハ》』従三位〈也〉
二九六　一〇丁ウ1　置《オク》㆓此官《コノクワンヲ》㆒　其後《ソノノチ》罷《ヤム》㆑之《コレヲ》
5　參議《サンキノ》勞《ラウ》
二九七　一一丁オ7　罷《ヤメテ》㆓參議《サンギヲ》㆒
8右　合《アハセテ》　八人
8　弘仁《コウニンノ》
8　皆《ミナ》為《スト》㆓
二九八　一一丁ウ1　而始《ハシマル》
1　八座《ハ□ザノ》之号《カウ》㆓任《ニンスルニ》㆒
二九九　一二丁オ7　又《マタ》任《ニンス》㆑之《コレニ》　兼《カヌル》㆓近《コン》㆒
8　有《アリ》㆑之《コレ》先《サキニハ》　者
三〇〇　一二丁ウ2　外記《ゲキ》《トノシルスツカサ》
三〇一　一三丁オ8　多《ヲヽクハ》　者先補《マツフシテ》㆓
8　乃《スナハチ》任《ニンスル也》㆑　辨《ヘンニ》　也
三〇三　一四丁オ2　故《カルカユヘニ》　此〈コレヲ〉云《コ□ヲイフ》㆓
3　史《シ》八人《マツリコトビト》《サウクワン》〈ツ〉
4左　尚書《シヤウシヨ》〈遣言〉『左右《サウ》』
7　任《ニンス》㆑之《コレニ》〈ヲ〉㆓
8　稱《シヨウスディ》㆓称家《ケト》㆒　宿《シユクテイノ》禰〈ネ〉之
三〇四　一四丁ウ1左　唐名『左右《サイウ》』〈尚書〉主事《シユシ》
三〇五　一五丁オ5　中務省《ナカヅカサシヤウ》
ナカノマツリコトスルツカサ道成説
ナカノマツリコトノツカサ或説
ナカツカサ常説

8　相當異《サウタウコト》㆓于七《ナ□シツ》
三〇六　一五丁ウ4右　唐名　中書大卿《チウシヨタイケイ》
4右　或《アルイハ》　中書《チウシヨ》『監《カン》〈侍郎〉』
三〇七　一六丁オ5　侍從《ジジユウ》《オホトヒト》《ヲモトヒト》八人
8　無《ナシ》㆓定《サタマレル》　數《カス》㆒五位《コイ》侍從《ジジユウ》
三〇八　一六丁ウ1　別儀《ヘツギ》也《ナリ》
4　撰㆒　其《ソノ》器㆓
6左　起居郎《キキヨラウ》
7　文筆《フンヒツニ》㆒
7　宣命《センミヤウヲ》㆒
三〇九　一七丁オ8　太皇大后宮職《タイクワウタイコウグウシキ》〈コクウ〉《オホキオホヒキサイノミヤノツカサ》〈オホイオホキサイノミヤ遣〉
三一〇　一七丁ウ1　皇　太后宮職《クワウダイコウグウシキ》〈コクウ〉《オホキサイノミヤノツカサ》
2　皇后宮職《クワウコウグウシキ》〈コクウ〉《キサイノミヤノツカサ》
6　被㆑　置《レテヨリヲカ》㆓此職《コノシキヲ》〈ショク〉㆒
7　号《カウス》㆓四宮《シクウト》〈グウ〉㆒也四宮《シクウノ》〈グウ〉
7　皇　后宮之《クワウコウグウノ》〈ゴクウ〉
三一三　一九丁オ8　内蔵《クラ》寮《レウ》《ウチノクラノツカサ》
三一四　一九丁ウ1左　又蔵《ザウ》帑令《トレイ》
2　禁中《キンチウニ》㆒為《タリ》㆓
8左　倉部員《サウホウイン》〈エン〉外郎《グワイラウ》
三一五　二〇丁オ1　醫陰《イヲンノ》

7右　無《ナシ》㆓權官《ゴンクワン》㆒
三一六　二〇丁ウ1右　權助《ゴンノスケ》
8左　祠部郎中《シホウラウチウ》
三一七　二一丁オ8　陰陽師《ヲンヤウシ》
8　強《アナカチ》不㆑　任《サルセ》㆑之《レニカ》　欤
三一八　二一丁ウ1　暦博士《リヤクハカセ》《コヨミノハカセ》
5左　又《マタ》挈壷正《ハケツコセイ》
7左　掌《ツカサトル》㆓　工匠《コウシヤウノ》　事《コトヲ》㆒
7左　頗《スコフル》　似《ニタリ》㆑無《ナキニ》㆓
三一九　二二丁オ7　此官《コノクワンノ》　所《トコロ也》
8　㆑統《スブル》也本朝《ホンテウ》
三二〇　二二丁ウ1　卿《キヤウ》《カミ》一人
1右　七省《シツシヤウ》皆
2　親王《シンワウ》
2　希《マレナル》　例《レイ》也《ナリ》
7　乗《ノツテ》㆘結《ユフ》㆓
三二一　二三丁オ1左　或《アルイハ》　考功《カンコウ》〈カウ〉
3左　又《ハ》吏《リ》部員《ホウイン》〈エン〉外　郎《クワイラウ》
5右　七省《シツシヤウ》　丞《シヨウハ》
6左　㆑緋初《ヒヲハシメテイツ》　出㆓紫微宮《シヒキウヲ》㆒云々
7　者《モノ、》　所《トコロ》
8　任《ニンスル》也但《タ、シ》
8右　云《イフ》㆓良家《ヨシイヘノ》〈リヤウカ〉　子《コト》㆒

3右　至二三位一帯レ之
4　昔者
4　任レ之中古
6　給二源姓一
7　復二于王氏一

二八三　四丁オ
1　任二祭主一
7左　不レ分二正従一
7左　皆○正六位上也

二八四　四丁ウ
1　大中臣一種也
1　中臣清麻呂任二
2　其庶子有二
4右　大少
4右　〈太卜令史〉
4左　〈依レ請任レ之〉
5　太政官
5右　又号二鸞臺一
7　乾政官一
8　太政大臣

二八五　五丁オ
3　行二公事一
3右　雅實大臣
4左　除目
5　左大臣
5右　正従二位

二八六　五丁ウ
3　棟二梁
4　諸官一塩二梅
4　無二所職一置二
7　三槐
5　申大夫二第

二八七　六丁オ
7　成務
8　大連相並
8　尓来代々有二大

二八八　六丁ウ
1　皇極天皇
1　右乙
1　始置二左右大
4　久絶至二

二八九　七丁オ
2　道鏡
5　三年正月三品刑
6　部親王為〈二〉レ知二
8　濫觴云々
8　伊周歸京之

二九〇　七丁ウ
1　列二朝参大臣下
1　大納言上一
1　五年准二
2　一千戸一自〈レ〉稱二
2　儀同三司一其後

二九一　八丁オ
4　宣一而擬
7　見任注二
4　暫沈淪之
4　慰二晩
5　前大納言
8　大臣兼レ之
8　大臣職一帯レ之

二九二　八丁ウ
1　已来例也凡
1　異朝唐堯時
2　殷湯以二伊尹一為二阿衡一
4　漢昭帝又幼而
4　博陸侯霍光奉二武帝遺
8　白之号　○自レ此

二九三　九丁オ
5　文徳遺詔一
8右　又云二一
8　然而

二九四　九丁ウ
8　太政大臣公季着二
1　久我太政大臣雅實着二
2　上是邂逅
3　大納言
4　然者

二九五　一〇丁オ
4　權一人一其後權官
5　凡當官

難読箇所一覧

山﨑かおり

【凡　例】

一、この一覧は、原文の難読箇所を抜き出したものである。虫損等の欠損による不鮮明箇所、送り仮名や返り点の有無の判断し難い箇所を中心に掲出した。

一、最初に頁番号を漢数字で掲げ、次に底本の丁、表裏を挙げ、アラビア数字で行番号を示した。双行となっている場合は左右を明記した。丁数は写本左下の朱の書き入れに従った。

一、該当箇所を特定しやすくするために、難読箇所の前後の字も適宜抜き出した。

一、虫損等で文字に欠損のある箇所は、判読できる箇所は□で囲って、文字を補い判読できない箇所は□で示した。

一、朱筆による書き入れ箇所は〈　〉で括った。ただし、訓に付された朱筆の濁点については〈　〉で括らずそのまま訓に反映させた。

一、見せ消ちになっている字は【　】、朱で見せ消ちになっている字は『　』で括った。挿入符は○で示した。

一、ヲコト点・合点・声点等は省略した。

一、傍訓の異体仮名等は通行の字体に改めた。主なものは左記のとおりである。

〈例〉キ→オ　ワ→カ　リ→ク　マ→コ　セ→サ　シ・シ→シ
チ→テ　子→ネ　ア→マ　ア→ミ　レ→レ　井→ヰ
ツ→ヲ　ホ→ホ　コ→コト　ナ→シテ

一、頻出する異体字は以下の通りである。一覧に掲出したものに含まれている場合、通行の字体に改めた。

〈例〉貟→員　掾→掾　广→応　乚→乙　幹→幹　関→関　據→據
（拠）卿→卿　局・局→局　兼→兼　權→權（権）　憲→憲
獻→獻　考→考　左→左　差→差　最→最　旨→旨　此→此
従→従（從）　庶→庶　圖→圖（図）　税→税　摂→摂
前→前　族→族　置→置　廳→廳（庁）　勅→勅　典→典
等→等　凡→凡　美→美　備→備　僕→僕　有→有

一、小書きの「清」「濁」は清音か濁音かを示したものであるが、一覧には採らなかった。

上　冊

二七八　一丁ウ
1　〈本文卜部（宣賢ノ子）兼右筆〉
2　〈跋清原（兼右ノ父）宣賢筆〉
3　不レ依二假名使（カナツカイニ）一
3　名目一點之是
3　為（ノ）レ令（シテ）三（シメンカ）幼学（ヲ）不レ謬二名目一之

二七九　二丁オ
4　[環]翠軒宗―（尤）
5　[置]（オク）二八省百官（ハッシヤウ〈ツ〉ヒヤククワンヲ）一
6　不比等（フヒトウ〈ビト〉）
7　及（ヲヨヒ）職〈シキ〉員（シヨクインヲ）一
8　内大臣（ナイダイジン）

二八〇　二丁ウ
4　祇（キヲ）一故也（ユ[ヘ]ナリ）

二八一　三丁オ
5　天照太神（テンセウダイジンノ）
8　天児屋根命（アマノコヤネノミ[コ]トノミマ）孫
1　執（シッスル）二朝政（テウセイヲ）一之儀（ギ）[也]（ナリ）

二八二　三丁ウ
7　見（ミルニ）二伯職〈シキ〉掌（ハクノシヨクシヤウヲツカサトルコト）一々
8　以（[モ]テ）レ之（コレヲ）
1　重任也（テウジンナリ）[又]（マタ）神〈ミ〉國之（シンコクナルカ）

主二云々、然乃其職已一本為二一躰一以レ之可レ知者也、然乃祭官之職者上古之重任也、又神國之故以二當官一置二太政官之上一乎（三丁表〜裏）

と、神宮鎮座に際し設けられ、中臣氏の祖大鹿嶋命が任じられた、と見える。百官が置かれると、祭主と神祇伯の職掌は、一体であり、祭主官は上古の重職であった。それゆえに太政官の上に位置付けられたという。祭主が神宮鎮座に際して、設置されたという説は、『二所大神宮例文』や『倭姫命世記』に見られるものである。恐らくは、親房はこうした伊勢神道書の説に基づき本書を執筆したものと思われる。また、左右大臣については、

我朝天孫天降給時、天児屋根命、〈津速産霊神孫、中臣氏祖、〉天太玉命〈高皇産霊神子、斎部氏祖〉奉二天照大神勅一為二左右之扶翼一、如二今世左右相一歟、神武東征之後、天下一統、二神之孫、天種子命、天富命、又為二左右一。（五丁裏〜六丁表）

と、院政期に成立した二神約諸思想にその起源を求めている。これも二神約諸思想により、中世に相殿神の交代があった伊勢内外両宮の影響が考えられる。また、外武官の条には、天孫降臨に際しての経津主神や武雷神の活躍、及び大伴氏の活躍などが記されている。つまり、本書は単なる抄出本ではなく、「抄（鈔）」と名付けられた所以は、親房独特の解釈を加えた書であったためであろう。（注4）

【参考文献】

兼右本『職原抄』についての主要な参考文献は、左記のとおりである。
・白山芳太郎『職原鈔の基礎的研究』（一九八〇年、神道史学会）。
・加地宏江『中世歴史叙述の展開―『職原鈔』と後期軍記―』（一九九九年、吉川弘文館）。
・岩橋小弥太『群書解題』（一九六〇年、続群書類従完成会）。
・遠藤珠紀「『職原鈔』の伝来について」（阿部猛編『中世政治史の研究』二〇一〇年、日本史資料研究会）。
・新井重行「職原鈔」（『内閣文庫所蔵史籍叢刊古代中世篇 第六巻』二〇一〇年、汲古書院）。
・平田俊春・白山芳太郎校注『神道大系論説編一九 北畠親房（下）』（一九九二年、神道大系編纂会）。
・慶長十三年古活字本『職原鈔』（国立公文書館所蔵）。
・寛文二年板行『（首書）職原鈔』（国立公文書館所蔵）。

【注】

注1 白山芳太郎『職原抄の基礎的研究』（一九八〇年、神道史学会）。
注2 加地宏江『中世歴史叙述の展開―『職原鈔』と後期軍記―』（一九九九年、吉川弘文館）。
注3 斎部広成撰・西宮一民校注『古語拾遺』六「諸本」（一九八五年、岩波書店）。
注4 長澤規矩也『図解古書目録法』（一九七四年、汲古書院）。

掌、宜着眼耳、

という、記名はないが、一条兼良の識語が記されている。この識語は末筆に記されている点と記主が記されていない点、そして明らかに筆が相違することから後世に加筆された可能性が高い。白山芳太郎氏は、梵舜の手跡であろうとしている。[注1] 加地宏江氏は、兼良の識語まで記しているのは京大本と尊経閣本と指摘しているが、[注2] 本書は書写年代や伝来から、それらより早い時期に成立したものと考えられる。

本書には卜部兼右の奥書はないが、國學院大學図書館所蔵の兼右本『延喜式祝詞』(貴六二)や天理図書館所蔵の兼右書写の『日本書紀』・『先代舊事本紀』の筆跡と比較すると、類似点が多く、卜部兼右書写本と考えて誤りなかろう。また前述のように(奥書の項参照)、清原宣賢の識語には、宣賢の花押が据えられている。兼右には『職原抄』を参考とした『官職難儀』などの著書があり、卜部流吉田家に伝来したものと考えて良いのではなかろうか。

二、『職原抄』の特徴

さて、『職原抄』には、白山芳太郎氏が北畠《きたばたけ》教具《のりとも》系本(一条兼良書写のものを祖本とする)といい、加地宏江氏が主として二類と分類するものと、親房の甥である顕統《あきもと》が正平二年(一三四七)に書写したものを嚆矢とする系統、白山氏が顕統本といい、加地氏が一類と分類する二つの系統がある。本書は、加地氏が二類と分類する系統である。「冠位十二階」(二丁表)「准大臣」(七丁表)「治部省」(二六丁裏)「民部省」(二八丁裏)の記載順、兼良補遺の記載等、二類の特徴を有している。しかしながら、書誌情報にも記したが、他の二類に見られる兼良の跋文は本書では別筆であり後世の加筆と見られ、また桃華老人(兼良)の記名もないなど、必ずしも二類の特質を具有していない箇所もある。慶長十三年古活字版と較べると九四丁から一〇一丁までは、「天武天皇十四年正月丁未更改爵位之号」・慶長十三年古活字本では「位署書式」に相当する部分・「官位相当略頌」が記され、「僧職」・「女官」・「立蔭次第」と続いており、類似した記載も見られるが、必ずしも一致しない。

内容についていえば、正治二年(一二〇〇)頃に平 基親《たいらのもとちか》が撰したという『官職秘抄』に比較すると、伊勢神道の影響が濃厚に見られ、神祇官のみならず、左右大臣の設置にも、親房独特の見解が記されている。神祇官については、

以《モテ》二當官《タウグワンヲ》一置《ヲクコトハ》二諸《ショ》官《クワンノ》之上《カミニ》一、是《コレ》神《シン》国《コクノ》之風《フウ》儀《キ》、重《オモンスル》二天《テン》神《シン》地《チ》祇《キヲ》一故《ユヘナリ》也(二丁裏)

と見え、神国の風儀であるため、諸官の上に置かれたとしている。神璽の鏡・剣については、

第十代《タイジウタイ》崇《シュ》《スウ》神《シン》天《テン》皇《ワウ》、漸《ヤウヤク》畏《ヲソレ》二神《シン》威《イニ》一、鋳《イ》二改《アラタメテ》鏡《カヽミ》・剣《ツルキヲ》一奉《タテマツル》安《アン》二置《ヂシ》神《ジン》代《ダイノ》之霊《レイ》器《キヲ》於別《ヘツ》所《ショニ》一、是《コレ》皇《クワウ》居《キヨ》神《シン》宮《キウ》相《アヒ》分《ワカレシ》之初《ハシメナリ》也(三丁表)

と、明らかに、『古語拾遺』に依拠している。それも後掲の大臣条に中臣氏の祖を津速霊神《つはやむすびのかみ》としていることから伊勢神道書が援引した、いわゆる伊勢本に拠っていると考えられる。[注3]

また、令外の官の宣旨職で、弘仁六年(八一五)に成立したと考えられる祭主に関しては、

垂《スイ》仁《ニン》天《テン》皇《ワウノ》御宇《キヨウ》、天照太神鎮《チン》二坐《ザノ》伊勢国《イセノクニ》渡会郡《ワタラエノコホリ》五十鈴河上《イスヽノカハカミニ》一之時《トキ》、命《メイシテ》二中臣《ナカトミノ》祖《トホツヲヤ》大鹿嶋命《ヲホカシマノミコトニ》一為《ス》二祭主《マツリノヌシト》一、其後《ソノコウ》葉代《ヨウダイ》々《〱》為《タリ》二祭《サイ》主《シュ》一、朝《テウ》廷《テイ》被《レテヨリ》レ置《ヲカ》レ官《クワンヲ》以《イ》後《コ》、神《ジン》祇《ギ》官《クワンカミ》伯、〈昔為《ムカシハタリ》二祭《サイ》主頭《シュノカミ》一〉、伊《イ》勢《セノ》神《ジン》宮《グウノ》祭《サイ》主《シュ》、又各別《マタカクベツナリ》、但見《タヽシミルニ》二伯《ハクノ》職《ショク》《シキ》掌《シヤウヲ》一々《ツカサトルコトタリ》為二祭《マツリノ》

然而抄出之本意、為示于初心也、且家々之勝劣、人々存知、只任道理不加今案、抑歴名次第、親王・公卿・諸王・諸臣也、今又以一人・公達・諸大夫等分別之也

とある。さらに八六丁裏の侍者条の次に、親房の、

或人請聞〈問イ本〉官位昇進之次第、欲傳口實可似臆説、欲貽手澤有慙来者、予従出俗塵已移十年之寒暑、況在逆旅不蓄一巻之文書、毎事荒忽恰如蒙瓫、上〈暦广三年ノ〉章執徐之春夾鐘侯豫之日、強而染翰、聊以終巻、見引餘習不顧後〈ヨ遣〉嘲耳

という識語が見られ、先学が指摘しているように、『職原抄』、「上章執徐之春（庚辰の春）夾鐘（二月）」の干支から興国元年（一三四〇）の成立であることが知られる。

また、本書には、天文八年二月吉曜日に點を子孫のために施したという宣賢の識語がある。九三丁表に、

此抄上下巻以愚慮一字不闕点之、同差聲訖、是全非為他人為覚子孫童蒙也、依之不依假名使如名目点之、是教下愚一之術也、勿生後嘲矣

天文八年二月吉曜　日　清三位入道宗尤御判

という識語があるが、「御判」とあることから、兼右が書写した可能性が高い。次いで九三丁裏には、三条西公条の識語がある。

右抄環翠老人為覚童蒙、一字不缺以假名加点、見之其厳如陸徳明作音義、其勤如郭景純注尒雅、非啻撃童子之蒙、宜令解老生之惑、唯恨名目故實、或称庭訓、或稱家説、有尒為尒、我為我、故愚管差異者、聊以朱注其左側、以擬鄭氏箋而已、于時天文第八仲春　日　都護郎判

「判」とあることから、恐らく兼右が書写したものと思われる。ただし、「都護郎」の左行に公条の花押をなぞったものがあり、その下に「凡判形如此」とある。次いで一〇二丁表に、

以愚慮一字不闕點之、賢哲之嘲甚汗面、然按察使亜相竊見之、加御奥書給、是予榮也、後來勿許聞見矣

天文九年二月十七日　環翠軒〈花押〉

という識語がある。この花押は国立国会図書館所蔵永正十一年（一五一四）三月二十三日清原宣賢書写の『尚書』巻五に見られる宣賢の花押と合致する。したがって、宣賢の花押と考えて良かろう。前述の天文八年の宣賢識語とは、明らかに筆跡が相違する。さらに一〇二丁裏には、三条西公条の天文九年二月七日の、

天文九二七　三條按察卿折紙云、

只今不能面候、仍此一冊久預候、加一見候処、重宝無申計候、如形加愚意進之候、猶又申候て、静ニ連々可申談候、先主候〈之カ〉之〈候カ〉間進之、彼御脚氣如何候哉、無心元候由申度候、猶期面候

少納言殿

公條

という、公条から宣賢の子で当時少納言であったと推測される清原業賢（なりかた）宛ての折紙が模写されている。同丁にあることから、宣賢が模写した可能性も考えられる。また、同丁末には、

此抄者北畠准后大納言源親房所集也、百官之始末諸家之勝劣殆如指

兼右本 職原抄

〈請求番号　貴重図書五二三〉

藤森　馨

【書誌情報】

外　題　職原鈔（不出）（左肩原装書題簽）。

内　題　職原抄（第二紙一行目巻頭、「原」の「ゲ」の濁符は朱筆）。

書写年代　天文八年（一五三九）二月までに清原宣賢が子孫のために加点・差声した写本を、子息の卜部兼右が遅くとも翌九年二月までに書写。その写本に宣賢が同年二月十七日までに加点を付したことが、宣賢の天文九年の識語から窺知される（一〇二丁裏の三条西公条の折り紙によれば同年同月七日までには完成）。傍訓の筆跡は、国立国会図書館所蔵の宣賢筆の『尚書』巻五や『尚書抄』ときわめて似ている。宣賢の識語や三条西公条の折紙と一条兼良の識語以降の「僧職」や「女官」、そして「立蔭次第」などが何時頃附記されたかは、不明。遊紙である一丁裏の貼紙に朱筆で「本文卜部兼右筆（宣賢ノ子（墨書））　跋清原宣賢筆（兼右ノ父（墨書））」とあり、墨書で「不レ依ニ假名使一如ニ云一習之名目一點之、是為レ令ニ三幼一学ヲ不レ謬ニ名目一之料簡也、後人勿レ嘲焉　環翠軒宗—」とある。

巻　冊　一冊（上下巻合冊）。八省までが上巻、大将軍までが下巻。その後親王から親王執柄大臣家までが兼良補遺といわれる部分。

装　訂　四ッ目袋綴。

表　紙　薄茶染め。

寸　法　二八・二糎×二一・六糎。

料　紙　楮紙。

丁　数　一〇四丁。

一面行数　毎半葉八行有界十九字詰。二官や八省以下の官職の解説は、基本となる本文は十八字詰。伯や卿以下は、十七字詰。百三丁から一〇四丁にかけては、毎葉無界九行または十行、若しくは七行で二二字詰。

界　高　二四・六糎。

本文用字　漢文体（九二丁まで片仮名総ルビあり）。

墨筆　音読符・訓読符・返り点・傍訓等。

朱筆　音読符・句読点・傍訓・注記等。

書　入　朱書による書入が若干見られる。

奥　書　右記の識語がある。詳細は解題参照。

八一丁表　北畠親房識語

八六丁裏　北畠親房識語

九三丁表　清原宣賢識語（書写）

裏　三条西公条識語（書写）

一〇二丁表　清原宣賢識語・花押

裏　別記識語（書写）

印　記　「寶玲文庫」（フランク・ホーレー）の朱の蔵書印あり。

帙　香色綾地に藤の丸文型染め。二八・五×二一・八×三糎。肉筆題簽に「職原抄（清原兼右自筆　點并跋宣賢自筆）全」とあり、また背表紙にも「職原抄（清原兼右自筆　點并跋宣賢自筆）全」とある。

【解題】

一、成立と伝来

『兼右本職原抄』の成立は、その奥書からうかがい知ることができる。

八一丁表の大将軍の後に、親房の識語がある。

此兩巻中多定ニ種一姓一、頗乖ニ舊一記一、定招ニ後一難一歟、

猪熊文庫について

山本岳史

國學院大學図書館所蔵『令義解』、『朝野群載』、『神皇正統記』の旧蔵者である猪熊信男（一八八二―一九六三）は、徳島藩蜂須賀家の分家に生まれた。のちに香川県白鳥神社猪熊家の養子となる。京都帝国大学工科大学に進学するが中退、次第に和漢の学に関心を持つようになり、古文書や古典籍の蒐集・研究に没頭する。史料編纂所嘱託や京都府史蹟調査会委員、京都府宗教局古社保存計画係嘱託などを歴任し、宮内省図書寮御用掛として東山御文庫の調査に尽力した。昭和十六年に職を辞し、蒐集した蔵書とともに郷里白鳥に戻る。[注1]

猪熊信男は自らの文庫に『日本書紀』の一節をとって「恩頼堂文庫」と名付けている。[注2]その蔵書は、古文書類千二百余点、宸翰類三百余点、古典籍類数千冊あったと言われている。[注3]終戦直後は未曽有の経済変革によって華族や名だたる資産家の秘庫から多くの古典籍が流出しているが、猪熊家もその例外ではなく、戦後に愛蔵品の一部を手放すことになったようである。『令義解』、『朝野群載』、『神皇正統記』は、その時市場に出たものと思われる。そして昭和三十三年に國學院大學図書館が、柏林社から三点を一括購入し、今日に至っている。[注4]また、昭和三十七年には宸翰を除く古文書の大部分（一一六二点）が広島大学に譲渡されている。[注5]その後も少しずつ愛蔵品の売却がなされていたようである。猪熊信男の没後、四天王寺女子大学（現四天王寺大学）が猪熊家から約千五百点の古文書・古典籍群をまとめて購入している。[注6]近年、恩頼堂文庫研究会編『四天王寺国際仏教大学所蔵恩頼堂文庫分類目録』（四天王寺国際仏教大学図書館　平成十五年）が刊行されたことにより、恩頼堂文庫の全体像が明らかになった。[注7]

この『恩頼堂文庫分類目録』で猪熊信男の古典籍の蒐集範囲を見ると、作品の時代やジャンルに偏りがなく、多岐に亘っている。加えて、『令義解』、『朝野群載』、『神皇正統記』が国宝指定されていることからもわかるように、[注8]稀覯性や学術的価値の高いものを見極めて蒐集していたことがうかがえる。猪熊信男の蒐書が国文学、古文書学に果たした功績は極めて大きい。

【注】

注1　猪熊信男の略歴は、以下の文献に基づいてまとめた。
・須原祥二「猪熊信男と恩頼堂文庫について」（『日本語日本文化論叢　埴生野』二、二〇〇三年三月）
・福尾猛市郎「猪熊信男氏の追憶」（『日本歴史』一八四、一九六三年九月）
・『国史大辞典』「猪熊信男氏所蔵文書」項（福尾猛市郎執筆、一九七九年、吉川弘文館）

注2　『日本書紀』神代上第八段一書第六「是以百姓至今咸蒙恩頼」による。
前掲須原祥二「猪熊信男と恩頼堂文庫について」参照。

注3　前掲『国史大辞典』「猪熊信男氏所蔵文書」項参照。

注4　國學院大學図書館古山悟由課長のご教示による。

注5　広島大学に譲渡される経緯、および古文書の内容については、福尾猛市郎「広島大学文学部所蔵猪熊文書について」（『広島大学文学部紀要　日本・東洋』三一―一、一九七二年一月）に詳しい。

注6　前掲須原祥二「猪熊信男と恩頼堂文庫について」参照。

注7　これ以前に、猪熊信男本人が作成したと推定される、手書き目録のコピーを基にして作成された「旧恩頼堂文庫目録（一）～（三）」（『四天王寺女子大学紀要』一～三、一九六九―一九七一年）が公開されている。

注8　『令義解』、『朝野群載』、『神皇正統記』は、昭和十一年五月六日に国宝指定されたが、現在は重要文化財指定となっている。

12　傳テ昔ノ
二四八　三一丁ウ1　宣ノソシリ
2　中□モ鄙禹ト（□、「三」か）
8　シニコ【リ】（ソ）
二四九　三二丁オ11　白河鳥羽
12　一ニナリ□（□、「ヌ」か）
二五〇　三二丁ウ1　眼代ヲ
2　カハイカテカ
二五一　三三丁オ3　イタリコソ
9　習ナリ
9　シ○古（中）
10　豪強（ガウキヤウ）
11　カナラス
12　鳥羽院
二五二　三三丁ウ1　ト、ム
2　アリキ源平ヒサ
二五三　三四丁オ11　カキリアル
二五四　三四丁ウ1　イフトモ日
2　アレ五百
10　傑　ト（「傑」の下、一字分空白あり）
二五五　三五丁オ6　人々ニヒ
11　マコトニ

12　イカニ心
二五六　三五丁ウ1　事ニフレテ
二五七　三六丁オ11　□ケレハ（□、「リ」か）
11　騒動ス
12　軍トシテ
12　□マタツ（□、「ア」か）
二五八　三六丁ウ1　ヲ□タサレ（□、「ク」か）
2　シ□ソキヌ（□、「リ」か）
2　関々ヲカタメ
7　陸奥出羽ノ
二五九　三七丁オ3　ヘリマイリシ
6　ナレトタヨ
11　ニモナリヌ
11　高氏等西國
12　利ナクシテ
二六〇　三七丁ウ1　シ給八月ニイ
2　シカト官
2　イトス、
5　オホシメ【シ】（ス）
7　儀ニテ
11　儀ニテ
二六一　三八丁オ1　ミユキニサキ
2　國々

3　ツ【井】ノ（キ）
6　ツキニケル
11　男山ニ
11　トリテシ
12　ヨリコトナラス
二六二　三八丁ウ1　メサレシ
1　□ホリアヘ（□、「ノ」か）
2　ムナシク
2　ナリヌトキコエ
12　ケシキオトロ
二六三　三九丁オ11　ハモ□ヨリ（□、「ト」か）
11　心サス方□レハ（□、「ナ」か）
12　野州ノ守モ
二六四　三九丁ウ1　オノ〳〵
1　サテモ旧都ニ
2　シテ暦應
2　云ケル
二六五　四〇丁オ5　ク三韓ヲ
11　ヌレハコノ
11　御光ニアラ□ヒ（□、「ソ」か）
12　オホエ侍ル
二六六　四〇丁ウ1　諱□義良（□、「ハ」か）

二二四　一九丁ウ1　サマテナクトモト
二二五　二〇丁オ4　給ヌソノ
8　裎ナク
8　時ウツリ□ニ（□、墨滅した横に「ニ」と傍書している）
8　シカト中六（「尊号例」とあるのを擦り消した上に書いている）
12　オマシ〱キ
二二六　二〇丁ウ4　シ正和ノ比父ノ（擦り消した上に書いている）
5　ナレト【ハ】
9　第二ノ
二二七　二一丁オ2左　無先例
3右　神亀天□□賓（□□、「平感」か）
4右　宇多○帝即位
4右　不改元
7　ナカリキ
二二八　二一丁ウ1　亀山後宇多
9　儲君ノ
10　後二条ノ
12　御子ノ儀
12　親王【早】
二二九　二二丁オ1　アラハコノ
1　ソシルシヲ
4　ノ道ヲ
12　又諸流ヲ
12　ケサセ給
二三〇　二二丁ウ9　イツシカ東宮
10　人々ソ
12　申輩アリ
二三一　二三丁オ1　月ノスヱ
4　今コソ此
12　部ウヘノ
二三二　二三丁ウ1　タルモ
9　イテ、
二三三　二四丁オ3　六波羅ニ
11　ナクテ
12　告文ヲカキ
二三四　二四丁ウ1　御方ニマイル
7　ヌトキコエ
二三五　二五丁オ6　人々マ
6　本ノ宮ニ
12　セシヨリ
二三六　二五丁ウ1　シヨリ
7　古ヲワサト
11　蕃屏（ハンヘイ）タル
二三七　二六丁オ2　勅語アア（文字を書いた上に「ア」と上書きし、その後隣に「ア」と傍書しているか）
4　カシコキ
6　オクノ方
12　拝賀ノサキ
二三九　二七丁オ6　士ノ世ニ
6　シルシハヘ也レ（「也」を訂正して「レ」と傍書している）
8　アマタノ
10　マシマスサレ
12　必ス罰ス
二四〇　二七丁ウ1　タカフヲ乱政ト
2　レハトテ
5　タルモ【者】有
7　ト云諸
二四一　二八丁オ7　カハシキ
二四二　二八丁ウ1　麻見（マミ）ノ
1　中州ヲシツメ
二四三　二九丁オ1　ヲコリノハシヲ
6　マシ〱
7　又功ヲ
11　昇進ヲ
12　ヲ【ヨ】ミシテ
12　近コロ
二四四　二九丁ウ1　シタリシカ
2　矢ニモソ
7　シマテモ
二四五　三〇丁オ6　ヰル才
12　人ヲソエラハレ
二四七　三一丁オ2　アルマシキ
6　ツヽシム
10　ケルモ其首

3　[随]喜シテ
6　治給[コ]ト
7　アリシカハ
7　又[廾]余年
二〇六　一〇丁ウ6　[レテ]阿波[國]
6　三十七歳オ
12　政子トテ
12　其【弟】
二〇七　一一丁オ1　弟義時
3　□戚ニ（□、「外」か）
6　四十六歳オ（擦り消した上に書いている）
7左　翌□[遭(アフ)レ]害ニ（□、「年」か）
8右　令継之
8右　[不能具]記
12左　文章博士[仲]章朝臣
二〇八　一一丁ウ1右　伯耆前□師孝（□、「司」か）
1右　右[兵]衛佐頼經
7右　河越[次郎]
二〇九　一二丁オ1　シカト
1　マテモ
6　マヨフ心
7　[ヌ]ヘク又下
12　白河鳥[羽]ノ御
二一〇　一二丁ウ1　[ス]カタ
1　後白[河]ノ
6　カハ實朝

6　是□マサル（□、「ニ」か）
二一一　一三丁オ1　イハヒハカリ
4　ナトカ
7　[ヲ]ヨクカ、ミ
7　ウコカ□ル、歟（□、「サ」か）
12　第八十五
12　[諱]ハ茂
二一二　一三丁ウ12　世ヲ○(ハ)ヤクシ
二一三　一四丁オ7　[十]二歳
12　収養[シ]申
二一四　一四丁ウ1　世ヲハ[ヤ]ラセ
1　イト[、]
2　御【事】(年)
9　孝行[モ]フカク
12　オモクシ
二一五　一五丁オ4　家業ヲ
7　法式ヲ
12　平治ヨリ
12　ミタリカハシサニ
12　頼朝ト
二一六　一五丁ウ1　日[本][國]ノ
1　イ[カ]、
7　シタカイ[テ]
9　日月ノ[テ]ヲ(ラ)ス
12　狭田ノ
二一七　一六丁オ1　生井(イ[ク])
3　コトハリ

3　イハンヤ
4　其[運]ヲマタクス
7　カ[ラ]世
12　給シサキ
12　[竒]瑞アリ
二一八　一六丁ウ1　告文ヲ
1　石清[水]ノ
1　[啓]白
二一九　一七丁オ1　シ[ハ]ラク
4　後深[草]院
12　政務セサ[セ]給
二二〇　一七丁ウ1　ユツリテ
1　レイノコト□（□、「シ」か）
4右　後[二]京極院
6左　杭(コウ)州ニ
9　大風□[ワ]カニ（□、「ニ」か）
二二一　一八丁オ4　[其]日ハ後
6　世ヲ○(イ)トハセ
7　ヲタツネテ
10　アリカタキ
二二二　一八丁ウ1　[群]書治要ナト[ニ]テ
9　極タル奸人
12　[寛]平ノ
二二三　一九丁オ4　者ス□□シ（□□、「クナ」か）
6　ソマテハ
9　愛成ト
12　[コ]トモ上古ニ

8　癈帝[八]位
12　源ノ時□朝臣ヲ（□、「中」か）
一七四　三九丁ウ1　[傾]申サ
8　院ニテ政ヲ
11　此御時
12　在位ノ君[又]位
一七五　四〇丁オ1　又城南
5　御子堀河ノ
一七六　四〇丁ウ1　曲舞楽ノ

下冊

一八七　一丁オ　6　事ナレハ
11　烏帽子
12　容[儀]
一八八　一丁ウ　3　フ[ル]キ
6　甲[辰]ニ
7　ミタレシ[ヨ]リ
10　治給□ト（□、「コ」か）
一八九　二丁オ　3　世ヲハ[ヤ]クシ
6　ヤ[ミ]ヌ
10　忠實ノ次
12　キコエシカ[ト]
一九〇　二丁ウ　3　醍醐ノ[御]
6　[サ]マニテソ
9　ハカリヤ
10　ケルヨ□（□、「ト」か）
一九一　三丁オ　3　マテ[ヲ]チ

7　シタリシ[ヲ]
10　御乳母ノ[夫ニ]テ
12　アハスシテ
一九二　三丁ウ　1　ハカラヒ
10　經實ノ[女]也
一九三　四丁オ　3　クハタ□ケリ（□、「テ」か）
7　ヲシコメ[タ]テ
12　アカルモ
12　コ[レ]モ
一九四　四丁ウ　9　名行カケ
10　[天]ノ理也
一九五　五丁オ　3　孟子[ニ]タトヘ
7　イ　マタ（「イ」の下に空白あり）
11　朝臣□オホセテ（□、「ニ」か）
12　桯ナク
一九六　五丁ウ　1右　コトナラヌモ
1左　ツイテニ
6　女也
6　治給□ト（□、「コ」か）
7　御コトナリ
10　髙[倉]院
一九七　六丁オ　3　[重盛]ハ
6　配流セラル
7　オホカ[リ]キ
12　義朝[々]臣カ子
12右　前右兵衛[佐従]五

一九八　六丁ウ　1　申ナタムル
6　□[二]年（□、「十」か）
6　神□リ（□、「ナ」か）
7　心ハヘモメ[テ]タク
10　皇[諱]□[言]仁（□、「八」か）
一九九　七丁オ　3　□□ホトナク（□□、「イク」か）
5　ヨハサリ
5　ヨハク
6　成[テ]
7　山[ニ]ノホラ
二〇〇　七丁ウ　2右　院号アリ
6　[ラ]レヌソ
6　人ナ[カ]リケリ
12　位ヲ
二〇一　八丁オ　3　ミエス□比（□、「其」か）
7　ハ[ヒ]奉ル
12　海ニシツミシハ
二〇二　八丁ウ　2　ウラ[メ]シケレト
二〇三　九丁オ　1　ノサカヘ
7　[ヨリ]コノカタ
7　ナリニケ[ルア]
12　ヤスカラヌコト
二〇四　九丁ウ　1　滅亡シテシカハ
6　成ヌ
10　右近□大將ヲ（□、「ノ」か）
12　ノ舘
二〇五　一〇丁オ　1　成ニ【テ[キ]】

10左　召仕ル丶
11　マウ[テ]丶
12　剃法眼ヲ[キ]セ
12左　ト云
一五二　二八丁ウ1　トモツヰニ見[奉]
1　手ヲトリ[テ]
12　テミタツ
一五三　二九丁オ1　トミエ
1　ノモ[チ]ヰ
9　セ[ラ]レケリ
11　天下ノ丶ソ[ム所]
12　ケレハステラ[レ]カ
12　朱[雀]院ニ
一五四　二九丁ウ1　マカセラル□シ（□、「ヘ」か）
1　仰[玉]ヒケル
2　世ニ[モ]レニ
4　マシケレ
6　菅氏ニ災ヲノカ
7　サキニモ申
9　始テ
9　摂政ニ
12　吾日ニ三省（タヒカヘリミル）ニ
一五五　三〇丁オ3　武内ノ大臣
11　天皇天□[ヲ]治（□、「下」か）
12　代□雀（□、「朱」か）
12　十一ノ子
一五六　三〇丁ウ1　太政[大]臣

2　レマシ丶カハ
3　辛卯ニ改
3　忠〇（平）
6　平ノ将門
一五七　三一丁オ1右　御ス[エ]六
3　マイリニキ
12　丙[午]年
一五八　三一丁ウ1　礼[儀]アリ
2　ナルコト
9　ニヤハシ
9　炎上[ア]リ
一五九　三二丁オ4　三百廾余
4　タモテリ
7右　前ニ兼明
11　マテクラ[カ]ラサ
12　シカ[ト]モ
一六〇　三二丁ウ1　云コ□ハ（□、「ト」か）
9　云
10　相續[ス]ル
一六二　三三丁ウ4　カ丶ミサセ
9　ナカ〳〵
一六三　三四丁オ8　懸車ノ齢マテ
12　御堂宇治
一六四　三四丁ウ7　タ丶此
一六五　三五丁オ10　【漢（灌）】頂
一六六　三五丁ウ9　兼家ノ右
12　譲テ出

一六七　三六丁オ1左　トソ[云]ケル
4　ヨシヲ存
5　大納言[ニ]テ
12　コノオト丶
一六八　三六丁ウ9　年即位壬子ニ
11　藤原彰
一六九　三七丁オ1　オト丶
1　嫡子頼通ノ
4　[カ]ハル〳〵
7　所一ノミコ
12　御弟ニ
12　ナヤマシ申
一七〇　三七丁ウ9　七歳オ
11　乙酉年即位
12　スキコエキ
一七一　三八丁オ4　ヰ給ヘリ
12　クラカラス
一七二　三八丁ウ5　コ〇（ナ）タニ
7　侍□シサ（□、「ニ」か）
10　公成ノ女
11　ナントモアリ[又]
12　法勝寺ヲ立
12　御願ノ寺々
一七三　三九丁オ1　タメシナキ
4　カラス封
5　世ノ政
6　モ猶ソノ

3　一藝ハマナフ
4　カランヨリハ
5　アラハコレヨリ
8　ロツノ
9　アラス
9　モタク□ニ（□、「ミ」か）
10　カ、シノ給キ
12　宮ヲシメテソマ□（□、「シ」か）
一三七　二一丁オ1　サツケマシマサ
3　シマシケル
3　カクノカレ給
4　兄弟○（相）譲
7　甲辰ニ
9　マシ〳〵
9　前太○（上）天皇
10　御子
12　第五十四代第
12　天皇諱ハ正良（マサラ）
12左　オホクハ乳母ノ
一三八　二一丁ウ1左　マシマサ
1　第二ノ子御
3　兩皇ニセサセ
9　天皇諱ハ
10　左大臣冬嗣
10　庚午年
一三九　二二丁オ1　后藤原ノ

3　外祖良
13　給テ襁褓（キヤウホウ）ニ
13　神功皇后
一四〇　二二丁ウ1　給シカレト
1　タリコレハ今
10　内麿
10右　閑院ノ
12　南円堂
12　祈申
一四一　二三丁オ1　南ノ岸ニ
4　後ノコト
9　タル人ムネ
10　彼一流ニ
12　サタマレル職ニ□（□、「ナ」か）
一四二　二三丁ウ1　ノ臣ヲオカレタレ
3　權ヲモハラニ
4　アラソフ
10　コトヲキ、
10　アマリニ
12　美男カ
一四三　二四丁オ1　無止コトニ
3　ヨノツネ
10　灌頂ウケ
12　給御年□一歳（□、「卅」か）
一四四　二四丁ウ1　第五十七代陽成
10　一家ニモヲホク

12　大臣大將ニ
一四五　二五丁オ1　餘慶□リ（□、「ナ」か）
9　ト、ノヘテ
10　ナリ乙巳
11　トスコレ我
12　霍光攝政タリ
12　ヲカヘシ□（□、「テ」か）
一四六　二五丁ウ1　政猶霍光ニ関（アツカリ）
1　サツケラレ
10　又ツヰニハ
12　冥助ノ
一四七　二六丁オ1　万姓□スナ（□、「ヲ」か）
3　又マチ
12　シテ天ノ命ヲウケ
12　トカクノ疑
一四八　二六丁ウ1　其後相
1　大友ノ皇子ノ
4　ハラヨリ
12　心エタテマ
一四九　二七丁オ5　ヘキ也此
9　下ハ攝
11　仲野親王
12　源氏ノ姓ヲ給
一五〇　二七丁ウ1　ツカセ給
2　臨時ノ
一五一　二八丁オ1　弘法ノ流ニ
3　室相侍テ

12　宗義ノアキ
12　タエニケル
一二六　一五丁ウ1左　領シテ偏《ヒトヘ》ニ覇《ハ》ノ主
1　ヌルコト
4　宗ヲ再興ス
7　ウツ□國《シ》ニ（□、墨滅している）
9　宿ヲカリ給
10　六月十五日
10　不堂三藏入滅ス
12　揩テ
一二七　一六丁オ1　藝ヲ
1　コト□仰（□、「ニ」か）
3　訶陵ノ辨弘
5左　纂《サン》ノ詞ニ
8　後弘法ニモ
9　ラハレケリ
12右　比叡□云コ□桓武（□、「ト」か）
12右　セラレシユヘ
12左　彼山ノ輩稱
12左　比叡ノ神ノ
一二八　一六丁ウ1　天子本命ノ道
9　大唐ノ内道
10　奏聞シテ
10　正月コ□（□、「ノ」か）
12　観音供
一二九　一七丁オ1　真言イツレ

1　第一トスル
3　ノコト□知行（□、「ヲ」か）
8　戒場トナル
9　ハコ□サ□師資《シシ》（□、それぞれ「ト」「ラ」か）
11　サカリ【テ《ニ》】
12　建立セラレケル
一三〇　一七丁ウ1　ト云名□リ（□、「ア」か）
1　後秦ト云國
9　擁護シ
10　倶舎成
10　云ハ小乗也
12　ナレハニヤ小乗ヲ
一三一　一八丁オ1　人ナキ也
3　僧籍《セキ》ニ
3　ツラナラヌ事ニ
3　中古ヨリ
4　タエニケルヲ
8　ヒロメラレシ
12右　慈覺
12左　孫弟
12　ト云書□（□、「ニ」か）
一三二　一八丁ウ1　教理ノ浅深ヲ
1　天台トツラネ
9　性成佛ノ
10　ナル□□ヲ（□□、「コト」か）
12　但君ト

一三三　一九丁オ3　アヤマ□也（□、「リ」か）
4　宗ヲタニ
4　イマタ
8　教ニカキラス
12　アタ、カニナラ
12　似タレトモ
12　人倫ノ大本
一三四　一九丁ウ1　地ノ利ニヨレリ此
1　通スルモ
1　工巧《クケウ》
4　スルニタヘタリ
5　トスルニタレリ
5　世ミタ
10　ミタレタレ《ヌ》ハ
10　ヒサシカラス
11　侍リヌ○《又》イ
12　民ヲミチ
一三五　二〇丁オ1　礼樂ヲ□テ（□、「モ」か）
3　道ト云代
4　陰陽ノ雨
6　風《フウ》ヲ
8　詩學□本（□、「ノ」か）
9　シカレト
12　ケツリテ齊《セイ》桓
12　弓ヲツクリテ
一三六　二〇丁ウ1　サトラシムルタク
1　碁弾碁ノ戯

一〇九　七丁オ　1　給シヲ大將軍
3　アリ皇子ノ軍
3　皇子コロサ□（□、「レ」か）
12　正月一日即位
一一〇　七丁ウ　10　宮室ノ
10　衣服ノ□（□、「色」か）
12　ト云コレ
12　ヨリサキ□（□、「三」か）
12　天智ノ御
一一一　八丁オ　1　朱雀朱鳥
3　ハシマル□（□、「又」か）
3　鎌足ノ子
12　興福寺ヲ
一一二　八丁ウ　4　以後ノコト也
9　母ニマシマス
10　改【年号（元歟）】三年庚
10　大倭ノ平城宮ニ
12　持統天皇
12　改メタマ
一一三　九丁オ　1　平城ニウツリ
3　草壁ノ太子ノ
3　元明天皇文武□（□、「同」か）
一一四　九丁ウ　1　ヨリ来朝ス南
2　鑒真(シン)和尚
10　繁昌ノ感應ナリ
10　治給コト
一一五　一〇丁オ1　御クシ

3　聖武ノ御子御
3　明子淡海公不
8　親王ノ子
12　マシマサス
12　又御兄弟モ
12　癈帝
一一六　一〇丁ウ1　号ナトモ
7　トテ藤
8　シカシナカラ
8　又寵
10　誅ニフシ
10　淡路ニウツ□□（□□、「サレ」か）
12　女御
一一七　一一丁オ3　髙宗崩シテ
3　ヰ給シ□（□、「ヲ」か）
12　百川ナトアリキ
一一八　一一丁ウ4右　但コ□ハ官ニ（□、「レ」か）
9　試鴻(シコウ)
10　アリシカハ司(シ)
10右　大臣ノ
一一九　一二丁オ3　道鏡ハ法皇ノ
3　サツケラレタ
9　カコチ申
9　光仁位ニ
12　シルキコトナリ
一二〇　一二丁ウ1　程ナクカクレ給

10　天武世ヲ
10　ヨリアラソヒ
12　逆臣ヲ
一二一　一三丁オ1　給猶
3　三歳□マ（□、「オ」か）
6　太子ニ立
9　スヘタテマ
12　天皇ト
一二二　一三丁ウ1　山背(シロ)ノ長岡ニ
5　ナリトノ給
10　朝臣也傳教
10　道遂(スイ)和尚ニ□ヒ（□、「ア」か）
一二三　一四丁オ3　少將ニウツリ
3　弘仁ノ御時
8　宮ニマシマス
12　追討セラレシ
一二四　一四丁ウ2　オナシク
10　僧アリ
10　太后ノ先世ニネム
12　申ケルモ
12左　空海
12　唐ヨリ
一二五　一五丁オ1　此兩師
3　中堂ノ地
3　ニ八ノ舌アル鑰
7　渇仰(カツカウ)
12　観心ヲ

8　□シカハ（□、「ニ」か）
8　ウレヘナケ
8　チカキ[皇]胤ヲ
9　潜龍ノ
11右　カク[レ]給

八五　四〇丁オ　1　仁徳賢王ニテ
2　御[末]カク
5　小鳥也
5　名ニカ□テ（□、「チ」か）
6　ケルニ[ヤ]モロ
8　思外ノ御
11　皇[胤]

八六　四〇丁ウ　7　大和□檜隈（□、「ノ」か）

中冊

九七　一丁オ　1　第三ノ子御母皇后
7　モロ〇（コ）シノ
10　ノ父[ヲ]武帝
11　アカメ給ハン
12　神[盧]ニタカフ

九八　一丁ウ　1　三寳ノ名
2　ケルニコソ
3　イヘトモ天
10　御子ヲ誕
10　厩戸ノ皇子ニ
10　マシマス
12　給シカハ

九九　二丁オ　1　佛舎利ハ今大
3　堅塩姫（カタシオ）
3　稲目（イナメ）
9　小姉（コアネ）君ノ娘
10　大臣[ノ]女也
10　マシ[マ]ス天
12　或人ノ云
12　我ノ馬

一〇〇　二丁ウ　1　コロサレ
3　[崇]峻カクレ
6　厩戸ノ皇子
8　ソレハシハラク
10　流布[シ]キ
11　給ヘハ三

一〇一　三丁オ　1　瑞アリキ天皇[群]
10　一統ノ世
10　文帝一統ノ後
12　忝（ツヽシムテ）　問（トフ）倭皇

一〇二　三丁ウ　1　天子[ノ]諸
3　テ返[報]ヲモ
4　其使ヲ
12　御女也推古天皇ハ

一〇三　四丁オ　1　ヤサレ[ト]マサ
3　ヲ太子ノ申付
6　下ヲ〇（治）給
8　姫ノ女王
12　其家ヲ宮門ト

一〇四　四丁ウ　3　奉ルヿニ
5　蘓我ノ
11　ユヘ也トソ（「ル」の上から「也」と重ね書きしている）
11　祭事ヲツ
13　トルハ即
13　其後天

一〇五　五丁オ　1　伊勢國ニシ
3　鎌足ニ□[タ]リ（□、「イ」か）
3　世ニ寵
11　左右ニ

一〇六　五丁ウ　1　大連ナラヒテ
8　シカハ安帝
10　盧（ロ）[陵]（リヤウ）王
10　子孫王ヲタ[テ]ラ□（□、「レ」か）
12　重祚アリ
12　重祚ナレ

一〇七　六丁オ　3　テヨ□アルニヤ（□、「シ」か）
3　即[位]コノ
3　タヒハ[大]和
9　六十[八]歳
12　冠トス[又]藤原

一〇八　六丁ウ　2　行幸（ユキ）
10　[芳]野ヲ、ソ
10　給ケル[天]皇
12　美濃ヘカ□リテ（□、「、」か）

2左　立ヌ世ト云
7　西ニ□□國（□□、「寶ノ」か）
9　ツヰニシタ

六五　三〇丁オ6　伊弉諾尊日向ノ
10　サミ○《マ》ホ
12　如意ノ珠ヲ傳

六六　三〇丁ウ1　天皇ニマシ
1　神ノ申
7　輔佐シ申
11　後漢書ニミエ
12　漢ノ世始リテ

六七　三一丁オ3　三ニワカレテ
6　晋ノ代ニ
7右　【蜀《蜀》】ノ國
12　マナヒナラヒ

六八　三一丁ウ7　太伯カ後ニ
12　云出セル事

六九　三二丁オ1　シタルコトモ
2　コ○《ト》モア
6　都ニマウテ、

七〇　三二丁ウ2　又神詫
12　示八正道垂
12　生故号八

七一　三三丁オ1　八正トハ
1　業正命正精
2　口ハヲノツ

七二　三三丁ウ5　コト【カ《ナ》】カレ
12　ヲシヘ給ケレ
12　黒○心《キタナキ心》ナク

七三　三四丁オ1　丹　心《キヨキ》ヲモ
1　清　潔《キヨクイサキヨキ》　ヲ
1　齊　慎《イ□トリツ、シメ》　左（□、「モ」か）
1　右ニウツサ

七四　三四丁ウ1　ヲ覺《オホ》エサル
2　報影
7　正ニ居セシコ
10　菀道稚《ウチ□ワカ》（□、「ノ」か）
11　ヲウツクシミ
12　ヲホシメ
12　給ハサリシ

七五　三五丁オ1　マシテ
3　子ヲ失ハン（「失」、摺り消した上に書いている）
11　ヲ止ラレ□（□、「テ」か）

七六　三五丁ウ12　天下ヲ

七七　三六丁オ3　遠　明《トヲツアスカ》　日香
11　大草香

七八　三六丁ウ2　治給コト
10　ノ奐《□□ヰ》井ノ原（□□、「マナ」か）
10　受ノ太神ヲ

七九　三七丁オ1　遷□シメ（□、「ラ」か）
2　ヨリステニ
11　天照太神

八〇　三七丁ウ2　御饌殿
3　トナンカ
10　栗《クリ》ノ宮ニマシマス
12　國々ヘ勅使

八一　三八丁オ1　コロサレ給
6　位ニ即給
9　己丑ノ年
11　我父ノ皇
12　屍《カハネ》ヲハツ□シ（□、「カ」か）

八二　三八丁ウ1　ヲヨハサルコト
2　大和□（□、「ノ」か）
7　ナサスト云
8　必□代ニ（□、「百」か）
9左　ミユ
9　滅スヘキ先
10　ニヲホレス
12　商均《シヤウキン》又
12　譲ラレシ

八三　三九丁オ1　必子孫テ
2　失ヒ殷ノ（擦り消した上に「失」と書いている）
5　統領スア
6　シタカヘタリ
11　タントセ

八四　三九丁ウ1　オシコロス
1　コレヨリ
1　徳□リ（□、「ア」か）
7　也越前國

四八　12　サタメタテ
二一丁ウ2　代ヨリ至テ
7　ナレルユヘ[二]ヤ此
12　[舟]檝(セウ)ヲト[丶]ノヘ

四九　二二丁オ1　ツイテ[ノ]國々ヲ
6　太神健甕槌(タケミカツチ)ノ
9　自ラタイラキ（「タイ」、擦り消した上に書いている）
12　武津之

五〇　二二丁ウ2　皇軍大ニ
5　天ヨリクタ○(レ)ル
7　神宮ニ[マ]シマス
8　饒速日(ニキハヤ)ノ（「饒(ニキ)」、一度金偏を書いた後に上書きしているか）
12　ヨレ[ル]ナルヘシカ

五一　二三丁オ1　タイラキ[二]シカ
1　都ヲサタ[メ]テ宮
6　ス又霊時ヲ
10　尺迦如来入【奥(滅)】
12　七[十]六年
12　歳ヲ[ハ]シキ

五二　二三丁ウ2　ミトセアリテ
7　民ヲナテ給[シ]道
10　ユヘニ　其道ヲ（「ニ」の後、一字分空白あり）
11　八十○(四)御歳ヲ
12　[御]母五十

五三　二四丁オ1　大和ノ[片]塩浮穴(カタシホウクアナ)（「塩」の右側に「ウク」と書いたのを擦り消して「シホ」と傍書している）
6　天豊[津](トヨツ)姫息
11　倭秋津嶋ノ宮ニ
12　ヲマシ〱キ

五四　二四丁ウ2　卅六年
3　モ【モ(ロ)】コシノ（初めに「モ」と書いた後に上から「ロ」と重ね書きし、改めて「ロ」と傍書した）
7　全經日[本]ニト、
12　今ハ見[エ]ス

五五　二五丁オ1　流布シタレハ
6　虫ヲシ[タ]カヘ
11　七十六年

五六　二五丁ウ1　御母細媛磯城[縣]
2　年モロ
7　歳ヲ[マ]シ〱
8　第二○(子)ノ御母

五七　二六丁オ1　天目一箇(ヒトツ)
4　邑(ムラ)ト云所[二]
6　神□ヲ頂戴テ（□、「躰」か）
11　道ノ[將軍]
12　秋仁(任イ)那ノ國

五八　二六丁ウ7　鈴川□ニ宮所（□、「上」か）
12　此所ヲオシ

五九　12　昔ノ猿田彦ノ
二七丁オ1　彼川上ニ
1右　天[ノ]逆戈
1左　キト□一説アリ（□、「云」か）
2　中臣ノ祖
6　葉洲[媛]丹波
10　十九年ノ秋
11　碓略(ヲ、シキ)
12　力[能]カナヘ

六〇　二七丁ウ2　日本[武]
7　シメ[給十]月ニ狂(ヨキリ)
12　カタハラノ

六一　二八丁オ1　草薙ノ劔ト
1　火近付テ
2　上総ニイタリ
6　山東□諸國（□、「ノ」か）
11　御道[ニ]ヨコ

六二　二八丁ウ7　三ノ陵[アリ]
11　伊勢ノ綺(カ[ハ]タ)ノ宮ニ

六三　二九丁オ1　年百四十歳
6　三年ノ春[武]内ノ
11　シ給シニ
12　ヲ太子[ト]シテユツ

六四　二九丁ウ1　ヨリ代ト
1　本トシ[ル]シ奉
2右　差別ナシ
2右　為ニ書分タリ

一八　六丁ウ　10　累世(ルイ)ノ臣[シテ]
　12　云ニタラサ□（□、「ル」か）
　12　者哉【唯】
一九　七丁オ　4　抑神道ノ
二〇　七丁ウ　12　ヒトツツ[ヽ]ノ
　12　ア[ハ]セテ万物
二一　八丁オ　1　二神ニ
二二　八丁ウ　12　イツレト
二三　九丁オ　1　ト、マリテ
二四　九丁ウ　1　泥別ト云
　2　壹岐ノ國ヲ
　12　テリ[ト]ホル
二五　一〇丁オ　1　天ニヲクリ
　1　此時天地
　2　大日孁(ヒ□メ)ノ（□、「ル」か）
二六　一〇丁ウ1左　今ノ[鹿]嶋ノ神
　11　伊奘諾
　12　次ニ月神次蛭子
二七　一一丁オ　1　イヘリ又
二八　一一丁ウ　12　ウマレマ[シ]マス
　12　男神生
二九　一二丁オ　7　中主ノ尊
三〇　一二丁ウ　1　諸[神]ノ心
　8　八咫ノ鏡
　12　ウタヒマウ
三一　一三丁オ　1　㢟燎(□ハヒ)ヲアキラカ（□、「ニ」か）
　1　常世([ト]コヨ)ノ長鳴
　2　キコシ[メ]シ
三二　一三丁ウ12左　草ナキ□劔（□、「ノ」か）
　12　コレアヤシキ
三三　一四丁オ　1　ナソアヘテ
　1　ランヤ[ト]ノ給
　7　正(マサ)哉(ヤ)吾(ア)（「マサヤ」の「ヤ」を墨滅している）
　11　高皇産霊尊
三四　一四丁ウ　11　クタシテミセシ
　12　ツキテ返コト申
三五　一五丁オ　10　シタカヒヌカクテ
　12右　大[汝]ノ神
　12　相共[二]八
三六　一五丁ウ　1　神ヲヒキヰテ
　10　隆(サカンナルマサニ)當(ヘキ)(下)与(ナヲシ)(二)天壌(一)無(中)窮(上)者
　11　當(ニ)(ヘシ)(レ)猶(コ□クナル)(レ)視(ミルカ)(レ)（□、「ト」か）
三七　一六丁オ　1　鏡ノ[如]ニ
　12　一[物]ヲタク
　12　万象ノテラス
三八　一六丁ウ　1　善悪ノ[ス]カタ
　12　【神(臣)】ニモ
三九　一七丁オ　10　神ナカリシニ
　12　筑[紫]ノ日向
四〇　一七丁ウ　1　五十鈴ノ川上
　2　峯ニアマ〇(ク)タリ
　12　ミツカラ
四一　一八丁オ　1　ホノヲノ
　1　オコリケル時
　2　降(ヲリ)ノ命（「ヲリ」、重ね書きをしている）
　7　ト云コトモ
　10右　神武天[皇]元年
　12　時ニヤ
四二　一八丁ウ　1　彦火[ヽ]出
　4　鉤(ツリハリ)ヲ魚ニクワレ
　8　其女ト
　12　鉤ヲサクリ
　12左　ナヨシト[云]魚
四三　一九丁オ　1　天孫ノ饌ニ
　2　ミツ珠ヲタテ
　10　産屋ヲウ[フ]ヤト
　12　龍ニナリ
四四　一九丁ウ　1　シヘタツル
　2　マシマス
　10　孔子ノ
四五　二〇丁オ　1　不合尊ト
　1　御母豊玉姫ノ
　11　二十年コノ[ト]シハ
　12　尊ノ[八]十三万
四六　二〇丁ウ　1　シ[マ]シマス同キ
　12　ナリヌ[ル]カ天
四七　二一丁オ　1　百王マ[シ]マス
　6　アフキテタトヒ
　12　中古[ト]ナリテ

難読箇所一覧

大谷貞徳

【凡　例】

一、この一覧は、原文の難読箇所を抜き出したものである。虫損等で欠損による不鮮明箇所、送り仮名や返り点の有無の判断し難い箇所を中心に掲出した。

一、最初に漢数字で頁番号を漢数字で掲げ、次に底本の丁、表裏を挙げ、アラビア数字で行番号を記した。双行になっている場合は左右を明記した。

一、該当箇所を特定しやすくするために、難読箇所の前後の字も適宜抜き出した。

一、虫損等で文字に欠損がある箇所は判読できる箇所については［ ］で囲って文字を補い、判読できない箇所は□で示した。

一、判読できない箇所は『日本古典文学大系八七　神皇正統記 増鏡』（岩波書店、昭和四〇年）、『神道大系論説編一九　北畠親房（下）』（神道大系編纂会、平成四年）を参照し、文字を推定した。

一、見せ消ち部分は【 】で括って示した。

一、旧字・異体字は、原則として底本のまま翻字した。

一、異体仮名は原則として通行の仮名に改めた。主なものは左の通りである。

「ヽ」→「キ」、「子」→「ネ」、「𪜈」→「トモ」、「ｙ」→「シテ」

一、挿入符は、○で示した。

一、底本には料紙の漉きむらかそれによる染めむらと思われる箇所（原文に白く斑点になって見える部分）が多いため、一々注記しない。

上　冊

頁	丁	行	箇所
七	一丁オ	1	大日本
		1	神ナカク
		2	故ニ神
		3	開闢ノ
八	一丁ウ	12	[イ]サコトモ
		12	マチ□[ヒ]ヌ（□、「コ」か）
九	二丁オ	1	トモカ[ケ]□（□、「リ」か）
		3	ミナ大ノ
		6	シタテマツル
一〇	二丁ウ	12	[東]天皇
一一	三丁オ	1	返牒ニハ
		3	書[テ]
一二	三丁ウ	10	彼土ヲ[ハ]ナ
		12	サレタリ
		12	遮摩（シャモ）[羅]
一三	四丁オ	1	ヘキニヤ
		1	アルハ大倭
		3	世界ノ[中]
		11	劫ノ間ニ
一四	四丁ウ	10	胎生[ノ]
一五	五丁オ	2	王ト[号]
一六	五丁ウ	1	百年ニ○（一年）ヲ
		6	八万四○（千）歳
		7	給ヘシ
		10	スルコト七ヶ
		12	是ヲ
一七	六丁オ	1	大ノ三
		1	コト[ナ]シ
		7	震旦ハコトニ

和四年、「普通本を底とし」とある。）
『校註神皇正統記』（明治書院、昭和七年、「世に流布してゐる版本を土臺とし」とある。）
『雄山閣文庫　神皇正統記』（雄山閣、昭和一二年）

流布本　【翻刻】『有朋堂文庫　神皇正統記・読史余論・山陽史論』（有朋堂書店、大正三年）
『御橋悳言著作集　神皇正統記注解　（上）（下）』（続群書類従完成会、平成一三年）

底本不明　【翻刻】『纂註神皇正統記校本』（同志会、明治二四年）

『十錢文庫四　神皇正統記』（大川屋書店、明治四四年）
『校註国文叢書一八　神皇正統記・梅松論・桜雲記・吉野拾遺・十訓抄・大和物語・唐物語・和泉式部日記・十六夜日記』（博文館、大正四年）
『新釈日本文学叢書一〇　神皇正統記・梅松論・読史余論』（日本文学叢書刊行会、大正一二年）
『大日本文庫国史篇　神皇正統記・愚管抄』（春陽堂、昭和一〇年）

庫松井氏旧蔵本)、国会図書館本(小槻本)、大倉本(榊原本)、朝事片玉本(大慈峰本)、亨禄本(山田一本)、高野本(遍照光院本か)、日光本、永禄本(山田二本)、諏訪本(守矢氏蔵本)、天理村岡本(村岡氏清家本)、静一本(静嘉堂文庫清家本)、大東急文庫本(久原本)、天四本(清原国賢本・青松軒本)、天五本(天理九条本)

(注10) 発見の経緯・調査については、新田英治「六地蔵寺本『神皇正統記』の発見に寄せて」(『茨城県史研究』七二号、平成六年三月)が詳しい。

(注11) 本文の引用は、『日本古典文学大系八七 神皇正統記・増鏡』(岩波書店、昭和四〇年)による。

【テキスト一覧】

●初稿本系統

阿刀氏本

【複製】『阪本龍門文庫覆製叢刊八 阿刀本神皇正統記』(阪本龍門文庫、昭和四三年)

【翻刻】『神道大系論説編一九 北畠親房(下)』(神道大系編纂会、平成四年)

【論考】永井行蔵「神皇正統記阿刀氏本に就いて」(『文学』一九号、昭和八年一月)

●修訂本系統(A~Dは岩佐正の分類に対応する)

A猪熊本

【翻刻】『岩波文庫 神皇正統記』(岩波書店 昭和九年)

『日本古典全集 神皇正統記・元元集』(日本古典全集刊行会 昭和九年。昭和五八年に現代思潮社より覆刻。山田孝雄氏蔵の猪熊本の影写本を使用。)

『日本古典全集 神皇正統記・新葉集』(日本古典全集刊行会、昭和一二年)

『日本古典文学大系八七 神皇正統記・増鏡』(岩波書店、昭和四〇年)

『神道大系論説編一九 北畠親房(下)』(神道大系編纂会、平成四年)

A出雲路氏本

【翻刻】『岩波文庫 神皇正統記』(岩波書店、昭和五〇年)

A徳富氏応永本

【翻刻】山田孝雄『神皇正統記述義』(民友社、昭和七年)

『日本思想叢書一〇 神皇正統記』(社会教育会、昭和九年、『神皇正統記述義』をもとにして作成。)

A青蓮院本

【影印】『天理図書館善本叢書和書之部第一九巻 神皇正統記諸本集』(八木書店、昭和五〇年)

C白山本

【影印】『国宝 白山本神皇正統記』(三秀舎、昭和八年)

【翻刻】『白山本神皇正統記』(白山比咩神社、昭和九年)

【論考】日置謙「第一一章 鎌倉以後の文化 第一節」(『石川県史 第一編』石川県、昭和二年)

村岡典嗣「神皇正統記白山本の学問的意義について」(『国語と国文学』一四九号、昭和一一年九月)

C亨禄本

【影印】『天理図書館善本叢書和書之部第一九巻 神皇正統記諸本集』(八木書店、昭和五〇年)

C六地蔵寺本

【影印】『六地蔵寺本神皇正統記』(汲古書院、平成九年)

【論考】新田英治「六地蔵寺本『神皇正統記』の発見に寄せて」(『茨城県史研究』七二号、平成六年三月)

仲田昭一「平泉澄博士と神皇正統記―六地蔵寺調査と正統記研究を中心に―」(『藝林』五二―二、平成一五年一〇月)

阿部隆一「六地蔵寺法寶蔵典籍について」(『六地蔵寺善本叢刊 別巻 諸草心車鈔・六地蔵寺法寶蔵典籍文書目録他』汲古書院、昭和五九年)

C日光本

【論考】福井康順「日光本神皇正統記とその学問的意義」(『フィロソフィア』一八号、昭和二五年六月)

C諏訪本

【影印】『天理図書館善本叢書和書之部第一九巻 神皇正統記諸本集』(八木書店、昭和五〇年)

D龍門文庫本

【影印】『龍門文庫善本叢刊六』(阪本龍門文庫、昭和六一年)

群書類従本

【翻刻】『群書類従第三輯 帝王部』

『校註日本文学大系一八 神皇正統記』(国民図書、大正一四年)

慶安二年版

【翻刻】『校訂神皇正統記 全』国語伝習所、明治二四年)

『日本国粋全書六 神皇正統記・陽復記・神風記』(日本国粋全書刊行会、大正四年)

『改造文庫第二部第一六篇 神皇正統記』改造出版、昭

『言語と文芸』八七号、昭和五四年三月）。

　『正統記』の文学論・表現論は、本文中の客観的叙述と主観的叙述との分析を通して構築され、特にその主観的叙述に親房の文学的創造を見出すことに主眼が置かれてきた。また、『正統記』と『愚管抄』の比較を通して、それぞれの表現、歴史観、武士観の相違から、『正統記』の独自性を明らかにする論考も多いが、近年は作品全体を視野に入れた文学論はやや少なくなってきている。

六、おわりに

　以上、『正統記』の成立や執筆動機をめぐる議論、諸本論、文学論に関する論考を中心に取り上げて研究史を概観してきた。『正統記』の研究においては、「童蒙」の解釈をめぐる議論がもっとも盛んに行われており、研究史上、最大の課題であったことがうかがえる。そうした議論も研究の進展に伴って様々な見解が提示され、現在はほぼ定説を見るに至っている。諸本論については、系統分類が一旦確立した後に新たに六地蔵寺本が発見されており、これをひとつの契機として系統分類の見直しが期待される。昭和期の研究は『正統記』の総論ともいうべき論考が目立っているが、近年は研究のテーマが細分化してきている。様々な角度からの考察によって蓄積した研究成果の上に、新たな『正統記』論が確立されることが期待される。

【注】

（注1）本稿執筆に当たり、次の文献を参照した。
・久保田収『天理図書館善本叢書和書之部第一九巻　神皇正統記諸本集』解説（八木書店、昭和五〇年）
・平田俊春『神道大系論説編一九　北畠親房（下）』解説（神道大系編纂会、平成四年）
・大隅和雄「六地蔵寺本神皇正統記」「六地蔵寺本『神皇正統記』について」（汲古書院、平成九年）

（注2）平泉澄「神皇正統記研究」（『日本文学講座』八号、昭和二年七月）
鳥巣通明「神皇正統記の覚書」（『藝林』昭和一三年三月）
平泉澄「保建大記と神皇正統記」（『本邦史学史論叢』冨山房、昭和一四年）
平田俊春「神皇正統記」の研究」（『第二回日本諸学振興委員会報告』昭和一六年三月。『神皇正統記の基礎的研究』第一章「神皇正統記の成立―基礎的研究への出発」再録）
林屋辰三郎『創元歴史新書　南北朝』（創元社、昭和三二年）

（注3）久保田収も、当初山田孝雄と同じく後村上天皇とその側近説の立場をとる（『天理図書館善本叢書和書之部第一九巻　神皇正統記諸本集』八木書店、昭和五〇年）。しかし、後に後村上天皇説に修正している（『北畠父子と足利兄弟』皇学館大学出版部、昭和五二年）。

（注4）佐藤進一『日本の歴史九　南北朝の動乱』（中央公論社、昭和四〇年一〇月、二三三頁）
永原慶二「中世の歴史感覚と政治思想」（『日本の名著九　慈円・北畠親房』中央公論社、昭和四六年、五二―五三頁）

（注5）『国史大辞典　第七巻』（吉川弘文館、昭和六一年、大隅和雄執筆）

（注6）坂本太郎も我妻説を支持している（『史書を読む』中央公論社、昭和五六年一一月）。

（注7）「童蒙」の解釈をめぐる研究史をまとめた論考を挙げる。
・平田俊春「神皇正統記著作の目的について―学説の展開とその批判―」（『藝林』二七―二・三　昭和五三年四月）
・時野谷滋「神皇正統記の執筆と修訂」（『藝林』三九―三　平成二年九月）
・平泉隆房「『神皇正統記』解説」解題」（『藝林』六〇―二　平成二三年一〇月）

（注8）近年、村井章介も後村上天皇説の立場を示している（『日本の中世一〇　分裂する王権と社会』中央公論新社、平成一五年、八四頁）。

（注9）『正統記』は研究者によって諸本の呼び方が異なり、一つの伝本に対して複数の名称がある。それぞれ対応する諸本の名称を（）で表示すると次のようになる。
猪熊本（國學院本）、宮内省本（図書寮本）、徳富氏応永本（登局院本）、青蓮院本（池田亀鑑旧蔵本）、彰考館応永本（水戸甲本）、静二本（静嘉堂文

一一号、昭和五二年一一月）。桜井は、『正統記』の「表現そのもの」をいかに読み取るか考察する必要があると指摘する。そして『正統記』が五層（Ⅰ『日本書紀』、Ⅱ『旧事本紀』、Ⅲ伊勢神道書、Ⅳ『元々集』・『紹運篇』、Ⅴ『神皇正統記』の阿刀氏本・流布本）の本文からなっており、「特定の著者（作者）の個性的な創作行為の所産としての著作（作品）を読むという近代において確立した読みの枠組みをはずし」、「重なりあった表現の仕組＝表現構造においてとらえるべき」であると結論づける。

『正統記』の文学論・表現論に関する研究は、しばしば『愚管抄』との比較によって論じられてきた。その理由は、『正統記』と『愚管抄』が、ともに『皇代記』を資料として作られた史書であること、動乱の最中に執筆されたものであることなどの共通点による。しかし、比較とはいっても、昭和前期までは両書の扱いは決して対等ではなく、『正統記』を顕彰する論考が数多発表されるのに対して、「『愚管抄』は『正統記』の正・陽に対する負・陰として引合に出される」といった扱いであったという（塚本康彦「『愚管抄』と『神皇正統記』―政治的イデオロギーの側面―」『国語と国文学』三九―九号、昭和三七年九月）。

昭和七年、平泉澄は『正統記』と『愚管抄』を比較し、両書の違いについて言及する（平泉澄「愚管抄と神皇正統記」『史学雑誌』四七―九号、昭和一一年九月）。平泉は、『愚管抄』の全体を支配するものは運命であるのに対して、『正統記』は道徳が支配していること、慈円は一世の風潮に対して妥協的事大的なのに対して、親房は国体に徹底して理想を追求していること、慈円は武家政治を是認するのに対して、親房は否定していることなどを指摘する。平泉が提示した、両書の時代認識や武士観の違いについては、この後多くの研究者が注目する論点となっていく。続いて塚本康彦は、両書の対武士観の違いに注目する（前掲「『愚管抄』と『神皇正統記』―政治的イデオロギーの側面―」）。『愚管抄』は、「在来の対武士観念の抜本的変革」を促しており、『愚管抄』という作品が武家社会の発展、つまり我国封建化の過程に対応し延命しようとする旧貴族のメタフィジックの産物」であるとする。一方、「『正統記』が天皇独裁を絶対とはせず、忠誠な有能な臣下の助力を取り入れた貴族的官僚体制を理想の政治形態とする」とし、その担い手は、「名家累家」でなければならないという立場をとっていると指摘する。平田俊春は、『水鏡』、『愚管抄』、『神皇正統記』に共通する記事を取り上げて、比較分析を行い、その結果、三書とも、ほぼ同じ資料に依っており、それぞれ和文に表現し直したものであることを明らかにした。加えて、『愚管抄』と『正統記』の表現の違いについて、『愚管抄』は史料を基にしながらも、主観的表現が著しいのに対して、『正統記』は史実の叙述を主体としているが、主観的表現の箇所も史実と一体となっていて、歴史書としての体裁を整えていると評価する。また、『水鏡』と『愚管抄』の即位の表現が「位ニツカセ給」とあるのに対して、『正統記』は「天位ヲ譲給」、「日嗣ヲウケ給」とある点に注目し、客観的叙述の箇所にも親房の史観が反映していると分析する（「神皇正統記の表現について」『国語と国文学』四一―四号、昭和三九年四月）。

『愚管抄』と『正統記』の違いについて、国語学的見地から分析した論考もある。大木正義は、①「侍リ」、②係助詞、③終助詞「カ」および他の終助詞、④挿入句、⑤「ト云フ」「トオボユ」など、⑥注記、⑦説明・評価、⑧「ナルベシ」その他、⑨「ベキナリ」「トカヤ」などに注目し、『正統記』と『愚管抄』の叙述態度の相違について考察する。大木は『正統記』は巻ごとに叙述態度が異なることを明らかにし、「上巻はより客観的、記録的であり、中、下巻はより主体的、情意的と言ってよかろう」と指摘した。『正統記』と『愚管抄』の叙述態度の違いについては、「概括的に言えば神皇正統記の方がより客観的、記録的であり、愚管抄の方がより主観的、論評的でありかつ多用な表現を用いている」と結論づける（「愚管抄と神皇正統記の文章―各巻の叙述態度の相違を中心に―」

のように読まれていたかということも、明らかになることが予想される」と言及している（『六地蔵寺本神皇正統記』汲古書院、平成九年）。

五、文学論・表現論

『正統記』の各天皇の皇代記は、おおむね①代数、②世数（仲哀天皇の条にはじめて見え、以後、「世」の代わる時に限り記している）、③称号、④諱（仁明天皇以後に現われてくる）、⑤系譜上の位置、⑥即位の年、⑦改元の年（文武天皇の「大宝」の年号制定以後、記されるようになる）、⑧都（嵯峨天皇以後、後醍醐天皇までは、平安京であるため、略されている）、⑨在位年数、⑩年齢の十項目からなる（安良岡康作「南北朝期文芸としての神皇正統記」『文学』二一―一二号、昭和二八年一二月）。当然のことながら、各項目は客観的な事実の叙述に過ぎない。しかし、この形式的・客観的叙述の間隙に、親房の主観的叙述がある。例えば後醍醐天皇の崩御に際して親房は、「ヌルガ中ナル夢ノ夜ハ、イマニハジメヌナラヒトハシリナガラ、カズ〳〵メノマヘナル心チシテ老泪モカキアヘネバ、筆ノ跡サヘトヾコホリヌ」（後醍醐天皇条）と、その心情を吐露している。他にも、子息・顕家の死去を目の当たりにして、苦しい心の内を打ち明ける箇所や、「事ニフレテ君ヲオトシ奉リ、身ヲタカクスル輩ノミ多クナレリ。アリシ世ノ東国ノ風儀モカハリハテヌ。公家ノフルキスガタモナシ」（後醍醐天皇条）といった社会評を書き留める箇所もある。[注11] 総じて『正統記』の文学論・表現論は、このような親房自身の主観的叙述をいかに読み解くかといったところに主眼が置かれる。

文学論・表現論で最初に注目すべきは西尾実の論考である（「神皇正統記の表現性」『国語と国文学』一一―六号、昭和九年六月）。西尾は、『正統記』の客観的叙述と主観的叙述の関係に注目し、「全巻を蔽ふものは客観的事実の叙述であつて、主観的なものの表現はわづかにこれに混合し、介在してゐるに過ぎない」と指摘する。しかし、その客観的叙述は「主観的情熱によって指示され定位された事実」と認められるとして、『正統記』は全編を通して作者の信念を核心として形成されていると結論づける。

時を同じくして、齋藤清衛は「神皇正統記は、世に行はれてゐる常識的美学の基準に基けば、文学作品と呼倣すことは、全く不可能である。それは思想の書であるといふ名称こそ宥されるとしても、抒情を目的として叙述された句節などといふものは、殆ど、どの頁にも発見しがたい」と指摘する。その上で、『正統記』について「表現自体には、記実・考證・独断的思想等、殆ど審美感を構成する要素が無いにも拘らず、執筆の動機をなす作者の烈々たる情熱、全篇に内潜（ママ）す作者の崇高な人格感が、その紙背まで徹して、読者の心に、強い示唆を以つて迫つてくる。それは明らかに表現を踰えた別種の存在力で、常識的に考へて文学の埒外から新しく生じた原動力と考へねばならぬ」とする（「神皇正統記の批判上の問題」『国語と国文学』一三―四号、昭和一一年四月）。

安良岡康作は、先の西尾実と同じく、『正統記』は事実を記す箇所に親房の文芸的意志が表れており、所々に主観の表白・披瀝が確認できることを指摘する（前掲「南北朝期文芸としての神皇正統記」）。そして、『正統記』を親房の文芸的創造によって成立した作品と見るべきであると論じている。また、安良岡は、『正統記』が先行する文献によりながらも擬古趣味から脱却していること、評論の一形態でありながら「単なる知的、論理的評論を超えた形象性に達している」ことを挙げ、『正統記』を南北朝期文芸のひとつの到達点として評価する。

以上、三者の見解を示したが、三者とも『正統記』のそれぞれの記事が、単なる事実の羅列に留まらず、ところどころに親房自身の主観的叙述が挟まれていること、全篇が親房の一貫した思想に基づいて構成されていることを評価している。

前掲の三者とは異なる視点で表現論について論じたのは、桜井好朗である（「中世国家神話の形成―『神皇正統記』の表現構造のなかで―」『文学』四五―

一、初稿本系統　―吉田家旧蔵本
二、延元草稿本系統　―阿刀氏本
三、興国修訂本系統
　A底本系統本　―國學院大學図書館本（旧猪熊本）、東北大学図書館本、出雲路敬豊氏所蔵本、近衛家陽明文庫本、森家本
　すべての諸本の中で、善本と称しうる一群。
　B脇坂本系統本　―脇坂本、竹中本、要法寺本、静二本、国会図書館本、大倉本、新潟大学本
　本文及び注記等に種々の記入の多く見られることと内容的にも底本と白山本両系統にまたがる複雑な性格をもつ。
　C白山本系統本　―白山本、高野本、日光本、山田一・二本
　後醍醐天皇・第九十六代の天皇の本文に意識的な種々の作為が加えられている。
　D刈谷本系統本　―刈谷本、天理村岡本、静一本、五島大東急文庫本、天四本、天五本
　第九十二代後伏見院の初行までの残闕本。

　先述したように、吉田家旧蔵『紹運篇』を『正統記』の初稿本とみる説は、平田によって修正されており、以来、諸本を延元草稿本と興国修訂本の二系統に分けることが一般的となった。ただし、阿刀氏本を延元草稿本系統に分類することには異論の余地もあるが、興国修訂本の四分類については、現在の諸本研究の到達点として、ほぼ定説となっている。(注9)岩佐は、先に示した平泉・山田の分類とは異なり、年記や奥書の情報によらずに本文の内容や異文の有無によって最善本と位置づけた猪熊本を軸にして分類を行ったのであった。

　その猪熊本をはじめて世に紹介したのは、中村直勝である（『北畠親房』星野書店　昭和七年二月）。中村は猪熊本の書誌事項や伝来について詳しく紹介している。中でも「猪熊氏の手へはある大社の舊社家の手から出たのを、求められたらしい」や、「用紙は美濃紙の古いものかと思はれるが、三冊とも、すべてに亘つて裏打がされて居る」といった指摘は、本書の伝来や当時の様子を伝えるものとして注目に値する。平泉・山田も猪熊本の紹介をしているが、中村・平泉・山田の三人は揃って猪熊本の書写年代を室町時代中期と推定しており、その見立てはその後も踏襲されている。こうして昭和七年に世に知られるようになった猪熊本は、その後、昭和九年に岩波文庫、日本古典全書の底本になり、広く読まれるようになる。その二年後、昭和一一年五月六日に国宝指定を受けた（現在は重要文化財）。

　岩佐の諸本分類以降、新たに六地蔵寺本が発見された。六地蔵寺本は、群書類従本の奥書にその名前が見えており、早くから存在は知られていたが、長く所在不明となっていた。平泉澄は六地蔵寺本の探索に力を尽くしたが、結局発見に至らず、六地蔵寺本の校合書入のある彰考館応永本を用いて、復元を試みている（前掲「神皇正統記諸本の研究」）。平成三年、六地蔵寺本は茨城県東茨城郡常北町の教育委員会所有の古文書群の中から発見される。(注10)六地蔵寺本は、先に示した岩佐分類のC白山本系統本に属するもので、享禄本や日光本、諏訪本と同じく明徳五年の法橋春全の奥書を有している。六地蔵寺本のもっとも大きな特徴は、その巻二・三に、大永八年（一五二八）に書写した旨の奥書を有することである。この大永八年の年記によって、六地蔵寺本は、永享一〇年（一四三八）の年記を持つ白山本に次いで古い伝本ということになる。大隅和雄は平成九年に刊行された六地蔵寺本の影印本の解説で、六地蔵寺本の意義について「六地蔵寺本は、明徳本の系統の諸本の中で、書写年代の最も古い本であり、翌年に書写された享禄本をはじめとするこの系統の諸本との比較研究によって、白山本系統本の成り立ちがわかり、『神皇正統記』がど

究」『史学雑誌』四三―九号、昭和七年九月)。平泉は、一七種の伝本を紹介し、現存最古の年記のある書写奥書を有する白山本を軸にして、奥書の年記に基づいて四つの系統に分類している。

第一　「延文元年大和國信貴山に於いて親房の家僕瀧口左衛門尉基邦の本を以て寫したといふ奥書を傳へてゐるもの」

白山本

第二　「明徳五年(即ち應永元年)東坂本田中の宿に於いて寫したといふ法橋春全の奥書を傳へてゐるもの」

群書類従本、日光本

第三　「應永四年實位の奥書を傳へてゐるもの」

登局院本、青蓮院本、榊原本、水戸甲本、水戸乙本

第四　「この記は上中下三巻北畠大納言入道南山に於いて之を述作すとの奥書を存するもの」

猪熊本、梅小路家本、青松軒本

同じく昭和七年、山田孝雄は約二〇種の伝本の特徴を示し、奥書や本文内容に基づいて大きく七つの系統に分類している(『神皇正統記述義』「神皇正統記諸本解説略」民友社、昭和七年)。

第一　白山本
第二　徳富氏応永本、青蓮院本、彰考館応永本、平松家本(紛失)
第三　徳富氏梅小路本、猪熊本、森本本、宮内省本(図書寮本)
第四　村岡氏清家本、静嘉堂文庫清家本、花山院本、久原本、刈谷本
第五　小槻本、中原本、朝事片玉本、大沢本
第六　群書類従本
第七　慶安版本、評註校正神皇正統記慶應二年版

平泉・山田の分類は、白山本を軸にしている点で共通している。これ以降、昭和八年に永井行蔵の「神皇正統記阿刀氏本に就いて」(『文学』一九号、昭和八年一月)、昭和一一年に村岡典嗣の「神皇正統記白山本の学問的意義について」(『国語と国文学』一四九号、昭和一一年九月)、昭和一二年に「神皇正統記見林校合本について」(『古典研究』二―九号、昭和一二年九月)など、諸本に関する論考が次々に発表される。また、昭和一〇年前後は、白山本の複製本や、猪熊本を底本にした岩波文庫(昭和九年)や日本古典全書(昭和九年『神皇正統記・元元集』・昭和一二年『神皇正統記・新葉集』)が刊行されるなど、諸本に関する研究が活発化した時期であった。

その後、諸本研究に一石を投じたのが、昭和三三年、宮地治邦の「神皇正統記初稿本の発見」という論考である(『國學院大學日本文化研究所紀要』二号、昭和三三年三月)。宮地は、京都吉田家の文庫の中にあった『紹運篇』と題する一書の影写本を紹介し、『紹運篇』を『神皇正統記』の初稿本であると位置づけた。この主張は、『正統記』の成立、及び諸本流動の想定の根幹に関わるものとして注目された。しかし、この『紹運篇』の位置づけは、後に平田俊春によって修正されることになる(「神皇正統記の成立過程の研究」『防衛大学校紀要　人文・社会科学編』一六号、昭和四三年)。平田は、『紹運篇』と阿刀氏本、『正統記』修訂本の本文を詳細に比較し、『紹運篇』は『元元集』を国文にまとめ直したものであり、その『紹運篇』をもとにして作られたのが、延元草稿本の阿刀氏本であると想定した。平田が提示した、この『元元集』を含めた『正統記』の生成過程(本書五一〇頁参照)は、現在最も通用している。

諸本の系統分類に関する研究は、平泉・山田の論考以降ほとんど見られなかったが、昭和三九年に岩佐正が次のような系統分類を提示した(「神皇正統記伝本考」『国文学攷』三五号、昭和三九年一一月。『日本古典文学大系八七　神皇正統記・増鏡』解題　岩波書店、昭和四〇年)。

関連させながら考察する論考が目立つ。先に示した朝山の論考もその一つである（「二、成立・執筆動機」参照）。

石村吉甫は、『正統記』と『職原抄』の奥書の文言に注目し、「初心とか童蒙とか将又或人、或童蒙の或等は既に先覚の説かれた如く幼帝後村上天皇を措いては他にないと思はれる」と指摘する（「職原鈔の研究」『北畠親房公の研究』日本学研究所、昭和二九年）。一方、加地宏江は『職原抄』著作時期の前後に書かれた結城親朝宛書翰の分析により、『職原抄』は武士の不当な任官要求を契機として、一般の武士を対象として書かれたものであると推定する（「職原鈔の思想的基盤をめぐって」『時野谷勝教授退官記念会編　日本史論集』清文堂、昭和五〇年）。『職原抄』の奥書の解釈でも、後村上天皇説、武士説など様々な説が提示され、『正統記』と同様の議論がなされてきた。

奥書の解釈で問題になるのは、親房が「人」という語を用いたとき、それはどういった人物を対象としていたのかということである。この問題について岩佐正は、『正統記』の本文中で使われる「物・者」と「人」との間に明確な使い分けがあることを指摘する（前掲「神皇正統記伝本考」）。岩佐の分析によれば、親房は、「物・者」は武士またはそれに準ずるもの、「人」は摂政・関白を除いた藤原氏一門のもの、あるいは親房と同類の公卿およびそれに準ずるものに用いているという。我妻建治は、この岩佐の分析結果をさらに発展させて、奥書の解釈に用いている（我妻建治「神皇正統記のヒトとモノ―「童蒙」補考―」『成城文芸』六九号、昭和四九年四月）。我妻は、「人」が公家・僧侶・知識人を中核とする、いわば貴族階層にふくまれるであろう特定の人間を指し、複数・集団を表す場合は「人々」を用いる、「者」は武士階層にふくまれる特定の人物たちを指し、複数・集団を表す場合は「輩」を用いると指摘する。その上で、この結論を『正統記』と『職原抄』の奥書の解釈へ敷衍する。そして『正統記』の「童蒙」は後村上天皇、「展転書写之輩」は親房の側近に当たる人物（武士）、「以前披見之人」は南朝方の公家知識人、『職原抄』の「或人請聞官位昇進之次第」は公家知識人、「初心」は『正統記』の「童蒙」に相応する存在として後村上天皇を指していると結論づける。明快な論証であって首肯されるが、後に我妻自身が「『神皇正統記』本文中の「ヒト（人）」「モノ（者・物）」「人々」「輩」などの諸概念を、後段において、「奥書」中の「ヒト（人）」「輩」の解釈へそのまま適用することは、史料操作のうえでも、したがって解釈のうえでも、一つの飛躍をおかしていることは、筆者じしんもこれを認めるものである」と言及しているように、本文中と奥書とで言葉の使い方を同列に扱うことができるのかという批判を伴う。そこで我妻は、『正統記』と同時代の『増鏡』の用例を分析し、『増鏡』の「ヒト（人）」「モノ（者・物）」も『正統記』と同じ傾向を示すことを明らかにし、旧稿を補強している（我妻建治「「ヒト」と「モノ」考（一）『増鏡』の場合」『成城大学短期大学部紀要』八号、昭和五二年三月）。

時野谷滋は、『正統記』と『職原抄』の関係について、「正統記の後醍醐天皇条の官職の任用・昇進に関する部分は、云はば基本原則を述べた総論に当り、半年後にその云はば各論として成立したのが『職原抄』であると思ふのである」と指摘する（前掲「神皇正統記の執筆と修訂」）。さらに時野谷は、稿を改めて、『正統記』の初稿本（君徳涵養・側近公卿の訓誡）から興国修訂本（後醍醐天皇条に武士への訓誡を付け加える）への展開の延長線上に『職原抄』を位置づけている（「神皇正統記と職原抄」『神道史研究』三九―三号、平成三年七月）。『正統記』の本文の生成過程と『職原抄』の成立を本文内容の共通性を通して明らかにした論考で、示唆に富む。

四、諸本

『正統記』の諸本に関する体系的研究は、昭和七年、平泉澄が伝本を網羅的に調査し、系統分類を試みたのが最初である（「神皇正統記諸本の研

この平田の説に対して、白山芳太郎は『紹運篇』と阿刀氏本、流布本の本文を比較して、「あたかも阿刀本を経ないで『紹運篇』より流布本に至つてゐるやうに思われる。即ち、『紹運篇』から阿刀本に移行していく途中に、中間の本が成立し、それをもとに流布本が成立してゐるやうだと考へるのである」といった本文の生成過程を想定する（「『神皇正統記』の著作対象に関する一考察」『皇學館大學紀要』一六号、昭和五三年三月）。

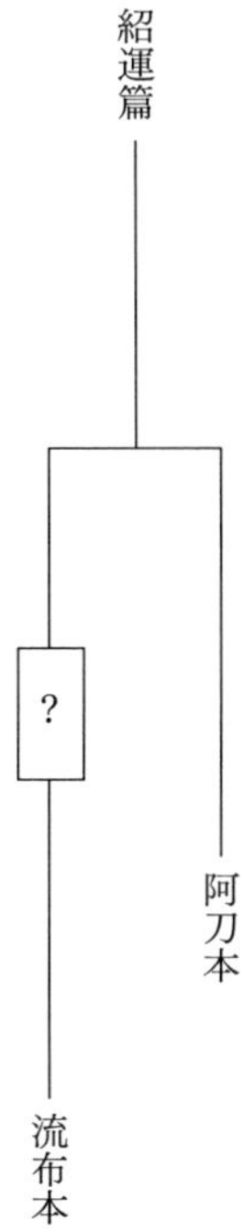

その上で、「流布本にいふ「童蒙に示さんが為に」記した本と、阿刀本にいふ「ヲロカナラン類マテモ聞ミセシメン為ニ」記した本とは、別の物と想定する」と結論づけている。この白山説に対しては、平田がさらに反論し、『元元集』と『紹運篇』を含めた新たな本文系統図を提示している（『神皇正統記の基礎的研究』第五篇第三章「神皇正統記著作の対象と目的―学説の展開とその批判―」補記　昭和五四年）。

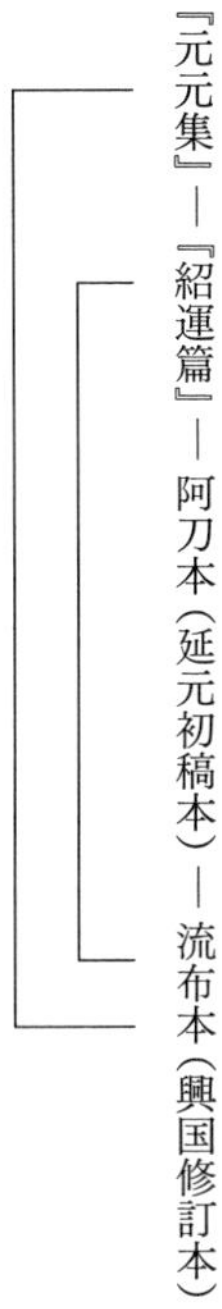

また、我妻建治は阿刀氏本の「疎カナル類ニモ」、「ヲロカナラン類マテモ」の「ニモ」、「マテモ」という文言に注目し、『正統記』の対象は天皇から公家、知識人、武士など広範囲の人々であって、奥書からは特定の人物に限定することはできないと推定する。そこで『正統記』中の敬語表現（書き手の、聞き手に対する敬語、話題の人物への敬語の使われ方）に注目し、敬語の使用法から『正統記』が後村上天皇を当面の対象として叙述されたものと推定する（「『阿刀本神皇正統記』をめぐって」『神皇正統記論考』吉川弘文館、昭和五六年）。

近年、初稿本と修訂本の関係について論じた論考の中で、もっとも注目される見解を提示しているのは、時野谷滋である（「神皇正統記の執筆と修訂」『藝林』三九―三号、平成二年九月）。時野谷は、『正統記』に武士を直接教誡する内容があること、同じく君徳涵養の書としての性格を帯びていることをふまえて、それぞれ書かれた時期が異なると想定する。すなわち、初稿本の段階では、君徳涵養・側近公卿の訓誡の要素が中心で、修訂本の段階で後醍醐天皇条に武士への訓誡を付け加えたとみるのである。この時野谷説は、本文の展開と執筆動機とを関連させた論考で、論旨は明快といえる。しかし、どこまでがもとからあった本文で、どこからが修訂後の本文なのか、その判断はきわめて難しい。この説の是非に関する論考は、管見の限り、今のところ確認できない。

ここまで、『正統記』の成立、及び執筆動機に関する研究の動向を概観してきた。修訂本の「延元四年奥書」にある「童蒙」の解釈、および執筆動機をめぐる議論は、これまで十分になされてきており、一応の定説を見るに至っている。一方で、「延元四年奥書」の真偽や初稿本を含めた『正統記』全体の執筆動機や本文の生成過程については、いまだ議論の余地がある。

三、『神皇正統記』と『職原抄』

『職原抄』の成立は、奥書によって、『正統記』の初稿本成立の半年後、興国元年（一三四〇）とされている。『正統記』と『職原抄』は、成立の時期が近いこともあり、しばしば併せて論じられる。その際、特に注目されているのは、両書の奥書の文言である。『職原抄』の奥書には、「初心」に示さんために、また「或人」が「官位昇進之次第」を請うために執筆したとある。そこで『正統記』同様、「初心」、「或人」が誰を指しているかということが問題となり、『正統記』の「延元四年奥書」と

兼卿撰進二条院」（「古蹟歌書目録」中）とあることを根拠として、『和歌童蒙抄』が二条院のために作られたものであることを明らかにした（太田晶二郎「和歌童蒙抄はどなたの為に作ったか」『前田育徳会尊経閣文庫小刊』四巻、昭和五二年）。この太田の指摘によって、天皇に対して「童蒙」という語が使われることが明らかになり、武士説の根拠がひとつ揺らぐことになった。

昭和五三年には、平田俊春が近世から現在に至るまでの『正統記』の著作目的、「童蒙」の解釈をめぐる説を網羅的に取り上げて、詳細な批評を加える論考を発表する（「神皇正統記著作の目的について―学説の展開とその批判―」『藝林』二七―二・三号、昭和五三年四月）。平田は後村上天皇補導説の立場に立ち、「童蒙」については謙辞と解する説を提示する。この論考によって、後村上天皇説の見直しが一層加速することになる。(注7)

『正統記』の読者対象をめぐっては、近年、岡野友彦が注目すべき見解を示している（『北畠親房』ミネルヴァ書房、平成二一年）。岡野は、『正統記』には、「皇統内に「不徳の天皇」が現れた時は、その天皇の属する父子一系の「正統（小王朝）」が途絶え、それに代わって新たな「正統」に属する天皇が即位するという筋書き」があることに注目して、「「神国日本」独特の「皇統内革命」、あるいは「易姓」革命ならぬ「易系」革命論」があると指摘する。このような点から、『正統記』が君徳涵養の書であると結論づけている。

以上、『正統記』の執筆動機、および「童蒙」の解釈にまつわる学説の変遷を辿ってみた。昭和四〇年代頃から「童蒙」＝武士という学説が広く支持されることになるが、我妻建治の『周易』を用いた論、太田晶二郎が紹介した『和歌童蒙抄』の例、岡野友彦の「正統」論に基づいた解釈など、「童蒙」の解釈、及び『正統記』の対象をめぐって様々な角度から再検討がなされている。その結果、近年は武士説が否定され、再び後村上天皇説が見直されている状況にある。(注8)こうした状況の中、窪田高明は「延元四年奥書」の「童蒙」の解釈から『正統記』の執筆動機を考察する方法に疑問を投げかける（「『神皇正統記』の執筆意図―北畠親房研究ノート一―」『神田外語大学日本研究所紀要』三号、平成一四年三月）。窪田は、「延元四年奥書」が「作品の不完全さを自ら指摘してへりくだるという修辞の性格が強い」ものとみて、「このような奥書の記述をそのまま信用して、それを論拠に主張を作り上げること自体が危ういことではないだろうか」と指摘する。そして、『正統記』の本文内容からは、後村上天皇、結城親朝、どちらの人物も直接対象としていないと主張する。「延元四年奥書」の真偽もさることながら、当該の奥書が白山本などの特定の諸本にしかないことを考慮すれば、『正統記』全体の執筆動機を考える根拠と成り得るかといった疑問を挟む余地はある。今後、「延元四年奥書」の真偽や『正統記』の本文内容から執筆動機を探るといった考察が必要になってくるだろう。

ここまで「童蒙」の解釈をめぐる『正統記』の執筆動機に関する議論をみてきたが、「童蒙」という語のある「延元四年奥書」は一部の修訂本だけにしかない。とすれば、初稿本を含めた『正統記』の本文生成全体を見通したものへ敷衍することはできないことになる。その点について平田俊春は、昭和四三年に初稿本と修訂本の両者を取り上げて、『正統記』そのものの執筆動機について言及している（「神皇正統記の成立過程の研究」『防衛大学校紀要　人文・社会科学編』一六号、昭和四三年三月）。平田は、阿刀氏本の神代条にある「疎カナル類ニモ令レ悟為」、「ヲロカナラン類マテモ聞ミセシメン為」という表現から、初稿本が後村上天皇だけではなく、一般武士をも対象としていると解釈する。しかし、昭和五四年に当該論文を著書に再録する際に「天皇や朝臣に対して、その著作の態度を説明したもの」と、解釈を修正している。そして修訂本の「童蒙」は、初稿本の「疎カナル類」に対応するものではなく、初稿本を離れて、独自に解釈すべきであるとする。

「童蒙」は後村上天皇を指し、直接後村上天皇のために著したと記さなかったのは、親房の謙遜の辞であるという説が有力となる。後村上天皇説は、『正統記』の伝本の奥書に後村上天皇の名前が明記されているものがあることや、作品全体にわたって君徳涵養を説く内容が目立つこと、後村上天皇の践祚を寿(ことほ)いで擱筆していることなどを主な論拠とする。後村上天皇説が有力視される中、山田孝雄は『正統記』の読者対象について、後村上天皇だけではなく、後村上天皇の側近をも対象にしていると指摘する(『神皇正統記述義』民友社、昭和七年)。[注3] 後村上天皇説以外では、小島吉雄が、「童蒙の語を文字どほりに解して、親房は、東国の陣中にあって側近の一後輩のためにこれを執筆したものだと考へる」と指摘し、『正統記』は親房の側近、あるいは北畠一族の師弟を対象としているという説を提示する(「神皇正統記の研究」『岩波日本文学講座』八号、昭和八年)。同じく岩佐正は「「童蒙」が八歳の幼帝後村上天皇をそのまま指すものとは考えられない」とし、「顕家の跡を継ぐ顕信以下の北畠一族の子弟に対して、家の訓誡を残そうとしたものであろうと思われる」といった見解を示した(岩佐正「神皇正統記伝本考」『国文学攷』三五号、昭和三九年一一月)。小島や岩佐のように、後村上天皇を直接の対象とみない説もいくつか提示されてはいるが、昭和四〇年ころまでは、「童蒙」は後村上天皇を指すと解釈し、『正統記』の読者対象を後村上天皇と見る説が有力であった。

ところが、昭和四〇年代に入ると新たに『正統記』の読者対象に武士を想定する説が提唱されるようになる。この説の主な論拠は、『正統記』の後醍醐天皇条に武士の官位、所領所望の心得を説く文言が見られることである。加えて、「童蒙」という語に「幼稚蒙昧」という意があることから、その語を天皇に対して用いるのかといった疑問に基づいている。もっとも早く武士説を提唱したのは、管見の限りでは朝山晧である(「職原鈔を中心にして」『北畠親房公の研究』日本学研究所、昭和二九年)。朝山は『職原抄』に関する論考の中で、『正統記』は関東の武士に与えて、「大義を教へ名分に奮起せしめんと」するために執筆したものと推測し、「決して後村上天皇を童蒙に比し奉るなどのことではなかつたに相違ない」と指摘する。朝山が武士説を提示してからやや時を経て、その後の武士説の展開に大きな影響を与えたのは松本新八郎である(「神皇正統記の「童蒙」」『日本古典文学大系月報　第二期一一回配本』昭和四〇年二月)。松本は先の朝山同様、『職原抄』と『正統記』を取り上げて、両書が東国武士のために著されたものであると指摘する。松本はさらに論を展開し、「神皇正統記の「童蒙」というのは、結城親朝であって、結城宗広、親光の忠誠をたたえて身方に引き入れようとした親房執念の絶筆がこの書であったと思える」と、「童蒙」の対象を結城親朝と推定する。この松本説は、佐藤進一、永原慶二などによって継承され、[注4] 次第に支持を得るようになる。ただし、佐藤・永原は、「童蒙」は武士を指しているという立場を取りながらも、『正統記』が君徳涵養の書としての性格を帯びていることや、後村上天皇の目を意識して書かれていることは否定していない。それでもその主たる読者対象は武士であるという立場をとっている。

『正統記』の読者対象を武士と想定する説は、『国史大辞典』に「結城親朝に対して南朝を中心とする日本国のあるべき姿を説いたものとする見方も、多くの支持を得ている」と言及されるほど、広く認められるようになる。[注5] しかし一転して、昭和四〇年代の終わりから昭和五〇年のはじめにかけて武士説を見直す論考が盛んに発表される。そのひとつが我妻建治の論考である(「『神皇正統記』の童蒙」『成城文芸』六六号、昭和四八年六月)。我妻は、「童蒙」の語が、『周易』の中で「君主の象」を示していることに注目し、「童蒙」が後村上天皇を指していると指摘し、再び後村上天皇説が支持を得るようになる。[注6]

さらに、武士説のひとつの論拠となっていた、「童蒙」という語が天皇に対して使われるのかという疑問点に関連する論考が発表された。太田晶二郎は、前田綱紀が遺した『桑華書志』に、「童蒙抄一部五帖　範

『神皇正統記』研究史

山本岳史

一、はじめに

『神皇正統記』（以下、『正統記』と略す）の研究は、文学、歴史学に関する論が中心であることはいうまでもないが、北畠親房（きたばたけちかふさ）の思想や歴史観を読み取る論や近世・近代の享受に関する論など、その研究範囲は極めて広範である。また、『正統記』は早くから注目された作品ということもあり、一口に研究史といっても、その歴史は長く、膨大な研究の蓄積がある。それゆえ、ここですべての分野、年代の研究を通観することは叶わない。そこで本稿では、成立や執筆動機、諸本、文学論に関するものを中心に取り上げることにする（注1）。文中、敬称を略す。

二、成立・執筆動機

『正統記』の成立は、白山本をはじめ多くの諸本に見られる奥書の内容によって推定されている。その奥書には、「此記者、去延元四年秋、為㆑示㆓或童蒙㆒所㆑馳㆓老筆㆒也。旅宿之間、不㆑蓄㆓一巻之文書㆒、纔尋㆓得最略皇代記㆒、任㆓彼篇目㆒、粗勒㆓子細㆒畢。其後不㆑能㆓再見㆒已及㆓五稔㆒。不㆑圖有展轉書寫輩㆒云々。驚而披㆓見之㆒處、錯亂多端。癸未秋七月、聊加㆓修治㆒。以㆑此可㆑為㆑本。以前披見之人莫㆓嘲弄㆒可耳。」とあり、延元四年（一三三九）の秋、「或る童蒙」に示すために、「一巻之文書」も蓄えず、わずか最略の『皇代記』を基にして執筆した（初稿本）こと、五年後、初稿本が展転書写されていることを知り、その本文に錯乱が多いことに驚いて、興国四年（一三四三）に修訂（修訂本）したとある（以下、この奥書を「延元四年奥書」と称す）。親房は初稿本作成の段階で、簡略な『皇代記』を頼りにして執筆したと記しているが、平田俊春は、『正統記』は『皇代記』の他に、自らの著作である『元元集』を参照していたこと、併せて『仏祖統記』（宋の仏教史書）も参照していたこと、さらに、現在の『正統記』の基になった『皇代記』そのものは現存しないこと、現存本の『皇代記』や『年代記』の中では『帝王編年記』と『仁寿鏡』が近いことを明らかにした（「神皇正統記所拠の皇代記（上）（下）」『防衛大学校紀要　人文・社会科学編』一二・一三号、昭和四一年三・九月。「神皇正統記と仏祖統記との関係について」『防衛大学校紀要　人文・社会科学編』二六号、昭和四八年三月）。

親房は、この「延元四年奥書」の中で『正統記』は「或る童蒙」のために執筆したと記している。この「童蒙」とは誰を指しているのか、そもそも『正統記』がどういう目的で執筆されたのかということが盛んに議論され、とりわけ「童蒙」は誰を指すのかということについては様々な説が提示された。『正統記』の応永本系統（青蓮院本など）の奥書には、「此記者北畠大納言親房卿於南方書進後村上院云々」とあり、『正統記』が「後村上院」に献上されたとある。また江戸時代成立の『北畠親房卿御伝記』には「此時親房公為奉教幼帝、先作神皇正統記五巻奏之」とあり、親房が「幼帝」のために『正統記』を著したとする。この「幼帝」とは言うまでもなく、後村上天皇のことである。その他、『桜雲記』、『本朝通鑑』、『南方紀伝』、『北畠准后伝』などに後村上天皇のために『正統記』を著したとの記述がある。このように『正統記』の奥書や明治時代以前の様々な文献では、『正統記』は後村上天皇の為に執筆したと見る向きが一般的であったようである。近代に入り、初めて「延元四年奥書」を利用して『正統記』の成立に言及したのは、田中義成である（『南北朝時代史』明治書院　大正一一年）。田中は、「童蒙」を親房の「謙遜の辞」と解釈し、『正統記』と『職原抄』が天皇に進献されたと想定する。この田中の指摘以降、平泉澄、平田俊春、鳥巣通明、林屋辰三郎（注2）などが続き、

ラズ」（嵯峨天皇条）とするのは、『平治物語』の序に共通するところがある。ここでは彼は、文化政策の重要性を力説している。

そういう親房にとって、近年の、功をむさぼり、とめどなく所領を望む風潮は許し難いものであった（後醍醐天皇条）。武士の跋扈だけでなく、欲心熾盛の世情が堪え難かったのである。彼が武士を対等ではなく使う者として見ていたことは確かであり、彼の立場からはやむを得ぬことであったが、分不相応の欲心を嫌ったのは武士に対してばかりではなかった。

四、文学としての享受

従来、思想史や歴史の側からではなく文学の側から『神皇正統記』を批評しようとする論者は、親房の真情あふるる名文を讃え、それはそのまま論者自身の文体のハイトーンに反映していくことが多かった。戦前戦中を通じて『神皇正統記』が軍国思想や天皇崇拝の鼓舞に一役買ったことに対する嫌悪感と警戒心が、その研究史を遅らせたばかりではない。同時代の中世日本紀や軍記物語との比較、相互の関係の考察など、文化史的な分野へ向かって研究が拡がっていかないことも、享受後の一時的な昂揚にとどまってそこで関心が閉ざされがちだからだとしたら、残念なことである。

例えば同じく歴史評論である『愚管抄』との相違はしばしば論じられるが、原理を求め、聞き書きを取り入れるなど好奇心旺盛で、意識的に口語的文体を用いようとする『愚管抄』に対し、『神皇正統記』は倫理を説き、規範意識が濃厚で、書き言葉・漢文体をつよく意識するという風に、両者はまったく対照的である。しかしそれらは作者の個人差ばかりではなく、それぞれの同時代作品である『平家物語』と『太平記』の差異にも共通するところがあるのは興味ふかい。

また『元元集』『古今序注』『職原抄』などと併せて『神皇正統記』を著述した親房の教養は、一方で王権と日本文学の関係という問題のありかを示し、一方で注釈文芸という中世的な文学方法の由来を暗示するという、きわめて今日的なテーマにつながるものでもある。本書の刊行を機に、新たな研究が（個人的研究だけでなく学際的な共同研究も）輩出することを願ってやまない。

て注に当たる内容の文章が入っている箇所があるが、その数は諸本によって出入りがある。後人の書き入れが本文化したものか、執筆当初から鏡物などの形式に倣って書かれたのかは不明である。

二、構成

上巻には序論・神代から宣化天皇まで、中巻には欽明天皇から堀河天皇まで、下巻は鳥羽天皇から後村上天皇の延元四年八月一五日即位、先帝後醍醐天皇の八月一六日崩御までを記す（なお巻冊は諸本によって区々である）。以下、本文の引用は日本古典文学大系による。

冒頭には「大日本者神国也。天祖ハジメテ基ヲヒラキ、日神ナガク統ヲ伝給フ。我国ノミ此事アリ」と、天照大神を祖とする皇統が伝わってきたところに日本の独自性があり、それゆえに「神国」を称するのだと揚言する。続いて国号の由来、日本の地理的位置、天地開闢について述べ、その中で「神代ヨリ正理ニテウケ伝ヘルイハレヲ述コトヲ志」したので、「神皇ノ正統記」と名付けたという。続いて国常立尊（くにのとこたちのみこと）から鸕鶿草（うがや）葺不合尊（ふきあえずのみこと）までの神代を記述した後、人皇年代記に入り、代・諱・父母・即位年・治世・没年などを、唐土の例、天竺の仏法の歴史を参照しながら記していく。第一四代仲哀天皇から世と代が一致しなくなったとして、「マコトノ継体」（父子の間の承継）と「凡ノ承運」とを区別して、代のみと代・世並記とを書き分けている。光孝天皇条では、「神代ヨリ継体正統ノタガハセ給ハヌ一ハシヲ申サンガタメナリ」と言っており、当今、第九六代第五〇世後村上天皇が正統の天子であることを結論づけるための論理構成をとっている。三種の神器についても、真器は失われず継承されてきているとして、その正統性を主張する。

三、著述の意図とその思想

前掲の「延元四年奥書」の文中には、「為示或童蒙」とあった。この「童蒙」が誰を指すのか、親房の執筆動機は読者として誰を想定していたのかについては論争があり、本書にも研究史を載せたので参照されたい。そのいずれにせよ、本作品は当初から人に読まれ、説示を与えることを意図して書かれたと考えられてきた。

著者が理想としている政治形態は、血統が正しく受け継がれてきた（父子間で承継されてきた）君徳ある天子の下の藤原氏による摂関体制であり、儒教的な徳治主義から外れてはいない。その点では、熱烈に敬愛する後醍醐天皇の建武新政に対する批判も曇ってはおらず、『太平記』が後醍醐天皇を賛美しながら批判を緩めてはいない立場と共通するものがある。武士政権に対しても、分を守って善政を行う限りに於いてはその功を評価している。勿論、若くして高家を背負った親房には、新興勢力の武士が人民の代表として政治権力の頂点にあるべきものとは考えようがないであろう。しかし彼は、「凡（およそ）保元平治ヨリコノカタノミダリガハシサニ、頼朝ト云人モナク、泰時ト云者ナカラマシカバ、日本国ノ人民イカガナリナマシ」と言っており、「神ハ人ヲヤスクスルヲ本誓トス。天下ノ万民ハ皆神物ナリ。君ハ尊クマシマセド、一人ヲタノシマシメ万民ヲクルシムル事ハ、天モユルサズ神モサイハイセヌイハレナレバ、政ノ可否ニシタガイテ御運ノ通塞アルベシトゾオボエ侍ル」と、易姓思想ではなくあくまで天照大神以来の正統を承けた天皇が即位すべきなのではあるが、治政の善し悪しが天皇の運を左右し、世が交替することはやむを得ないと考え、「人を安くする」、すなわち万民の人心を安定させる政治を理想としている。また「マシテ人臣トシテハ、君ヲタウトビ民ヲアハレミ、天ニセグクマリ地ニヌキアシシ…」と、臣下の心がけを説いて驕りを戒め、君臣の道が政治の基本であることを述べる。個人的倫理が国家の倫理の基になるという考えなのである（後嵯峨天皇条）。さらに「モロモロノ道、イヤシキ芸マデモオコシモチヰルヲ聖代ト云ベキ也」と言い、仕官には文武二道があり、「文武ノ二（ふたつ）ハシバラクモステ給ベカ

筆時に記した跋文として読まれてきた。延元四年秋（このとき親房は常陸国小田城にいた）に書いた初稿本と、興国四年七月（このとき親房は、同国関城にいた）に改稿した修訂本とがあったことを、著者の親房自身が述べたものとされている。

現存の『神皇正統記』諸本はほとんどが、この跋文（「延元四年奥書」）を有する諸本の系統に属するとみてよく、修訂本（興国本）系統と呼ばれて一括されている。それに対し、大きな異同のある本として阿刀氏本（龍門文庫蔵、第一巻一冊のみ）や「紹運篇」（吉田家旧蔵、天理図書館現蔵。神代のみ一冊）などが注目され、古態本、もしくは流布本『神皇正統記』へ成長変化していく前段階とみなされている。親房が伊勢神道の教説の要諦をまとめた『元元集』をもとに、和文化したものが「紹運篇」であり、『神皇正統記』の初稿本に近い形態をもつ本文が阿刀氏本であるとするのが、平田俊春以来の通説である。「紹運篇」は『神皇正統記』の原本ではないが、これに注目することによって、草稿段階では現在の『神皇正統記』とはやや異なる形態をとっていたかもしれぬこと、必ずしも全編が一気に執筆されたわけではないかもしれぬことなど、中世の散文作品にありがちな、流動過程を伴う成立を想定することができるようになった。しかし古態性の判定は観点が変われば変わりうるものであり、現存本はどれも誤脱や後補などの問題を抱えている。殊に、それぞれの伝本の書誌的状態、奥書類の記された経緯などは一旦、本文の評価とは別個の問題として客観的に究明する必要があり、現在の研究水準で見直され、論議される必要のある課題が山積しているのが現状である。「紹運篇」や阿刀氏本が、元来何巻の本であったかも未審と言わざるを得ない。

『神皇正統記』は本来、注釈を内蔵する作品であり、親房自身のみならず書写者・享受者が補筆したくなる性格の作品である。いわば書承による流動本文であることを宿命づけられている。「延元四年奥書」はあくまで成立伝承であり、それによって現存伝本を初稿本か修訂本かに当てはめることは必ずしも事実に近づかない。「延元四年奥書」や延文元年の転写奥書（白山本にのみあり。但し白山本では「延元四年奥書」とともに本文に続け書きされ、その後に増補記事がある）から読み取るべきことは、『神皇正統記』には著者による初度本・精選本があったかもしれないこと、早くから転写され（限られた範囲であれ）読者を有したこと、南朝の危機にあって説示を目的として著述されたと中世から考えられていたこと等々であろう。

諸本の系統立てや分類は平泉澄・山田孝雄・岩佐正らによって行われ、岩佐正の分類が最も新しいが、その後六地蔵寺本（大永八年＝一五二八写）の存在が確認され、白山本に近いグループに分類される。岩佐正の分類によれば、阿刀氏本を別として、白山本系統と猪熊本系統、両者の混態本というグループが、諸本群の中核を形成していることになろうか。影印・翻刻として公刊された諸本も少なくはないが、現在、代表本文として読まれているのは、猪熊本を底本とした岩佐正の校訂本『神皇正統記　増鏡』（岩波書店　日本古典文学大系）、同じく猪熊本の『神道大系　論説編　北畠親房（下）』所収本文である。以下、猪熊本を中心に述べる。

猪熊本には白山本などに見える「延元四年秋」云々の序跋・本奥書はなく、書誌情報に掲げたように、「此記上中下三巻」は北畠親房が「於南山述作之」との本奥書がある。「南山」を必ずしも吉野山中という意味にとらず、南朝方にあって、と解釈するならば「延元四年奥書」と矛盾するものではないが、両者の関連は不明である。猪熊本の本奥書は後世の第三者が記したものであり、「延元四年奥書」は、著者自身が記した跋文の体裁をとっていて、同列には扱えない。白山本には花園院の諡号と享年が記され、また光厳院から称光院までの記事が書き足されている。本奥書の解釈とは別の根拠によって、これらの後補の少ない猪熊本が、本文として信頼される所以である。なお本文の中に「裏書云」とし

猪熊本 **神皇正統記**

〈請求番号　貴重図書七七―七九〉

松尾葦江

『神皇正統記』は南朝に仕えた北畠親房が著述した日本通史である。延元四年（一三三九）に一旦擱筆し、興国四年（一三四三）に修訂したと考えられてきた。成立当初の原本は現存せず、諸本が存在する。本書の底本猪熊本は、修訂本と呼ばれる系統の古写本として、度々翻刻・校訂され、現在ひろく読まれているテキストである。猪熊信男氏旧蔵（猪熊文庫については別途解説あり）、旧国宝指定、現在重要文化財。

『神皇正統記』は神代から人皇の治世を年代記的に著述し、ときに批判を加えて理想的な政治のあり方を示そうとするが、それを支える官職制度を整理して解説したのが、続けて親房の執筆した『職原抄』で、この二著は、いわば車の両輪の役を果たす関係にある。

【書誌情報】

外題　「神皇正統記上（中）（下）」（表紙左端題簽）。
内題　なし。
書写年代　室町初期から中期。
巻冊　三巻三冊。
装訂　袋綴（四つ目）。
表紙　無地香色。見返しは本文共紙。
寸法　縦二七・〇糎、横二一・〇糎。
料紙　楮紙（漉きむらのためか、紙色に一部濃淡の斑らがある）。
丁数　上巻四二丁・中巻四二丁・下巻四三丁。
一面行数　一二行。
字高　二四・〇糎。
本文用字　漢字片仮名交じり。
書入　本文に付訓。擦り消し訂正箇所あり。
奥書　「本云此記上中下三巻北畠大納言入道（親房卿建武三年叡山臨幸時於行宮叙一位出家之後云云又其後於南朝芳野殿蒙准三后宣旨云云）於南山述作之」。
印記　朱方印「樟陰山房」（岡本経邦の蔵書印）、朱円印「聖護院蔵書記」、朱楕円印「愛鋤氏」。
箱　黒塗りの箱の中にさらに桐製の箱入り。内箱の箱書①箱蓋表「國寶 紙本墨書 神皇正統記（上中下）三冊」。②箱蓋裏「この神皇正統記／昭和十一年五月六日　國寶に指定せらる／昭和十六年春　猪熊信男（花押）識之」。
その他　全丁裏打ち補修、地は裁ち落としたか。藍色帙入り。

【解題】

一、成立と諸本

北畠親房（きたばたけちかふさ）が著述した自筆原本はいま残っていない。成立の手がかりとされる最も古い年記は、白山本や享禄本、諏訪本、六地蔵寺本など多くの諸本に、奥書または序跋として記される文章（本書では「延元四年奥書」と呼ぶことにする）中にある、左の一文である。

此記者去延元四年秋為示或童蒙所馳老筆ヲ也。

すなわち「或る童蒙に示す」為に、延元四年（一三三九）秋、老いの身で筆を走らせたのがこの記である、として、さらに文章を続けて、「旅宿で著したので参考書も何もない、纔（わず）かに「皇代記」に頼って記した、その後五年再見することも出来なかったが、ふと転写されたものを見ると誤りが多かったので、「癸未秋七月、聊（いささ）か修治を加ふ」という。延元四年から足かけ五年目の癸未は、興国四年（一三四三）である。この文章はいわば著者の一人称形式によって記されており、従来、北畠親房が擱

解題・難読箇所一覧

表1　北畠親房年譜

和暦	北朝年号	西暦	齢	関係事項
永仁元		一二九三	1	正月　北畠親房（以下親房）生まれる。
嘉元元		一三〇三	11	この頃、親房、祖父師親の養子となり元服する。
延慶元		一三〇八	16	11・8　親房、従三位に叙せらる。
延慶三		一三一〇	18	3・9　親房、正三位に叙せらる。　12・11　親房、参議に任ぜらる。
応長元		一三一一	19	12・21　親房、権中納言に任ぜらる。
正和元		一三一二	20	8・10　親房、従二位に叙せらる。
正和五		一三一六	24	1・5　親房、正二位に叙せらる。
元応元		一三一九	27	8・5　親房、中納言に任ぜらる。
元亨三		一三二三	31	1・13　親房、権大納言に任ぜらる。
元亨四		一三二四	32	4・27　親房、大納言に任ぜらる。
元徳二		一三三〇	38	9・17　世良親王没。親房、同日出家する。
元弘三		一三三三	41	10・20　親房、嫡男顕家とともに義良親王を奉じて陸奥へ下向。
建武二		一三三五	43	10月　親房、上洛。12月顕家、軍勢を率いて奥州を発す。
延元元	建武三	一三三六	44	正月　親房、従一位に叙せらる。　1・27　顕家、足利軍を破り入京。　3月　顕家、再び陸奥へ下向。　10月　親房、伊勢へ下向。
延元二	建武四	一三三七	45	12・13　顕家、義良親王を奉じて再度上洛、鎌倉を攻略する。
延元三	暦応元	一三三八	46	5・22　顕家、和泉国で戦死。　9月　親房、伊勢大湊より東国に向かうも難破し常陸に着く。　11月　親房、小田城に入る。
延元四	暦応二	一三三九	47	親房、「神皇正統記」を著す。
延元五	暦応三	一三四〇	48	2月　親房、「職原抄」を著す。
興国二	暦応四	一三四一	49	5月　南朝の近衛経忠吉野を出奔する。　11・10　親房、小田城を出て関城へ移る。
興国三	康永元	一三四二	50	5月　律僧浄光、東国に下向し、南朝の「勅裁」錯乱する。
興国四	康永二	一三四三	51	8月　結城親朝、足利方に転ずる。　11月　関城落ち、親房吉野へ発つ。
興国五	康永三	一三四四	52	春、親房、吉野に到着し、南朝で准大臣となる。
正平三	貞和四	一三四八	56	正月　親房、後村上天皇を奉じ賀名生へ遷る。
正平五	観応元	一三五〇	58	12・13　南朝（親房）、足利直義の降服を認める。
正平六	観応二	一三五一	59	5・19　直義と南朝の講和交渉、決裂する。　10・24　南朝（親房）、足利尊氏の降服を認める。　11・7　南朝（親房）、北朝の天皇・皇太子・年号を廃止する（正平の一統）。同月親房、准三后となる。
正平七	文和元	一三五二	60	閏2・24　親房、南朝軍を率いて上洛する。　3月　親房、足利軍に追われ出京する。　6月　南朝（親房）、光厳・光明・崇光三上皇と皇太子を賀名生に連行する。
正平九	文和三	一三五四	62	4・17　親房没す（他に9・15没とする説、正平14年没とする説などあり）。

幡（石清水八幡宮山下）の陣に確保しており、その前日、南朝軍は足利義詮の率いる幕府軍と戦火を交え始めている。これら一連の行動（戦闘の開始・三上皇の確保・親房の上洛）は、いずれも既定の路線であったに違いない。

しかし、いかんせん「公家」と「武家」との戦いでは、軍事力の差は歴然としていた。僅か数日を経る間もなく、三月に入る頃に京都は義詮の軍勢によって奪還されてしまう。親房をはじめとする南朝軍は、洛中から八幡へと退いた後、まず光厳・光明・崇光の三上皇を河内国の東条へと移送している。さらに五月に入ると、ついに南朝軍の敗北は決定的となり、後村上天皇もまた八幡の陣を捨て、河内東条に向けて退去した。六月に入るとその東条の陣も危うくなり、南朝軍は光厳・光明・崇光の三上皇を、東条から賀名生へと移送している。

状況は明らかに南朝方にとって劣勢であった。しかし親房は悲観していなかった。なぜなら、三種の神器とすべての上皇はこちら側にある。そうである以上、再び北朝が復活することだけはあり得まい。朝廷を仰がない幕府は必ず滅亡する。彼はそう確信していたからである。

ところが、父尊氏から京都を預かっていた足利義詮は、親房が予想もしていなかった作戦に打って出た。すなわち正平七年八月十七日、京都に唯一残っていた皇族である光厳院の第二皇子「三宮」（弥仁王）を、光厳院の母、つまり弥仁王にとって祖母に当たる広義門院（西園寺寧子）の「伝国詔宣」によって践祚させてしまった。弥仁王は時に十五歳、後光厳天皇の誕生である。(注6)

かくして三種の神器はおろか、「治天の君」もなきまま、北朝は復活してしまった。と同時に、親房にとって最後の作戦も、その終焉の時を迎えたことになる。

北畠親房は、それから二年後の正平九年四月十七日、失意のままに、吉野の地でその激動の生涯を終えた。六十二歳であった。なお親房の没年月日については、同年九月十五日とする説、五年後の正平十四年没とする説などあり、判然としない。いずれにせよ、親房ほどの人物が、その没年月日すら確定できないという事実、そのことこそが、彼の晩年がいかに苦難に満ちたものであったかを物語っていよう。

えてして北畠親房の人生は、「武士の時代」へと進む現実を無視した、観念的・復古的なものと考えられがちである。しかしその人生は、軍事の専門家に過ぎない武士たちが、その武力（軍事力）を以て政治に口出しようとする風潮（軍部の独走）に抵抗し、しかるべき学識に裏打ちされた、文人貴族中心の「文治政治」を再建しようとした、きわめて現実的・先進的なものであったと私は思う。

戦後、あたかも軍国主義の権化のように見做されてきた「大日本は神国なり」ではじまる『神皇正統記』も、また先例主義の見本の如く見做されてきた『職原抄』も、今、そうした先入観を外して読み直すべきときが来た。是非、本影印を通じ、改めて両書をご味読いただきたい。

【注】

注1　本伝記における種々の具体的考証は、特に断らない限り、全て拙著『北畠親房―大日本は神国なり―』（二〇〇九年、ミネルヴァ書房）に拠った。

注2　本伝記における年号表記は、親房はじめ南朝の事績については南朝年号（北朝年号、西暦）の順で、足利方はじめ北朝の事績については北朝年号（南朝年号、西暦）の順で記した。

注3　高柳光寿『足利尊氏』（一九五五年、春秋社）

注4　『神皇正統記』について、注1拙著執筆以降の卑見は、拙稿「北畠親房『神皇正統記』」（岩波講座『日本の思想』第八巻、二〇一四年、岩波書店）に記した。

注5　例えば『日本史広辞典』（山川出版社、一九九七年）「北畠親房」の項には、「一三三三年（元弘三）従一位准大臣」とある。

注6　この広義門院西園寺寧子による「伝国詔宣」とその意味については、拙著『院政とは何だったか―「権門体制論」を見直す―』（二〇一三年、PHP研究所）で改めて論じた。

直の執事職を罷免した。これに憤った師直は、兵を集めて直義を討とうとし、結局直義は失脚。出家を余儀なくされるなど、みじめな敗北を喫したのである。

翌観応元年（正平五年）十月末、直義は京都を脱出して師直討伐の兵を諸国に募り、兄尊氏に対しても明確に反旗を翻した。世に言う観応の擾乱の幕開けである。この際、直義は朝敵となることを恐れ、南朝方を頼った。師直に追われて賀名生に逼塞を余儀なくされていた南朝方にとっても、直義の降服は安易に一蹴し得ない僥倖であった。『太平記』によるとこの時、親房その人が直義と和睦すべきであると主張し、十二月十三日、直義に勅免の綸旨が下されたという。

年も改まった観応二年（正平六年）正月、直義は軍勢を率いて入京。京を守っていた尊氏の嫡男義詮が、光厳・光明の両上皇と崇光天皇を放棄して逃亡するに及び、直義は北朝の天皇・上皇を易々と確保した。そもそも直義が南朝に降服しなければならなかった喫緊の事情とは、京都に反旗を翻すに当たり、朝敵となることを防ぐという、その一点にあったのだから、北朝の天皇・上皇を確保できた以上、彼にはもはや、南朝に降る必要性そのものがなくなってしまった。

次いで二月十七日、直義は、摂津国打出浜の合戦で尊氏・師直軍を討ち破り、同月二十六日には師直をはじめとする高氏一門を討ち取ってしまう。かくして観応の擾乱の前半戦とも言うべき直義と師直の不和は、師直の誅戮という形であっけなく幕を閉じた。そして同年五月十九日、半年にわたって続けられた南朝との和睦交渉もまた、決裂を迎えることとなったのである。

ところが、それから二カ月ほど経った七月末、尊氏が佐々木征伐と称して近江に出陣、義詮が赤松征伐と称して播磨に向けて出陣すると、直義は尊氏・義詮の父子に東西から挟撃される恐れを察して京都を出奔し北国に向かった。観応の擾乱後半戦の始まりである。

こうして再び弟直義と対決することになった尊氏は、後顧の憂いをなくそうと、同年八月二十五日、南朝の後村上天皇に対し、事実上の全面降服を申し出た。この余りにも思いがけない展開に、しばらく対応を躊躇していた南朝であったが、二カ月ほど経った十月二十四日、ついに尊氏の降服を受け入れた。

正平六年（一三五一）十月末、後村上天皇から勅免の綸旨を受け取った尊氏は、十一月四日、ただちに直義追討のため、関東へと発向していった。すると、入れ替わるかのように賀名生から、四条隆資（しじょうたかすけ）・洞院実世（とういんさねよ）の二人が京都執政官として上洛してくる。十一月七日には、崇光天皇と皇太弟直仁（なおひと）親王が廃され、ここに北朝というものは存在しなくなった。世に言う正平の一統の実現である。

すなわち親房は、尊氏の降服を好機として、ただちに京都を回復するとともに、北朝を廃するという作戦に出たのである。次いで同年十二月二十三日、南朝は、これまで北朝に伝えられてきた三種の神器を接収した。この神器は、延元元年（建武三年、一三三六）十一月、後醍醐天皇から光明天皇に渡されて以来、光明・崇光の二代にわたり、真器として内侍所の神事に用いられてきた。それが虚器であるか否かは別として、この神器を南朝が接収することなしには、真の意味での「一統」を実現することはできなかった。

そうした意味で、この正平六年十一月二十三日という日は、賀名生の朝廷にとって後醍醐天皇の無念を晴らし、念願の「一統」を実現し得た、記念すべき日と言える。その功績であろうか、親房はこの頃、後村上天皇から准后の宣下を受けている。

年も改まった正平七年二月二十六日、後村上天皇は賀名生の皇居を出発、二日後の二十八日には河内の住吉に到着した。そして閏二月二十六日、北畠親房は十七年ぶりに京都の土を踏んだ。その五日前の閏二月二十一日、南朝軍は光厳・光明・崇光の三上皇と廃太子直仁親王を、八

に報い奉る」所案、すなわち戦死する覚悟まで固めている（結城家蔵文書「北畠親房書状」）。

同年十一月、小田治久が足利方に転じ、高師冬らの軍を小田城に引き入れるに及び、親房は遂に小田城を捨て、西に十五キロほど離れた関城（茨城県関城市）へと移った。そんな親房の足元を揺るがす人物が、またもや吉野からやってきた。それは浄光とよばれる律宗の僧侶である。「結城古文書写」に残された年月日未詳の「某書状」（おそらく親房書状）を見ると、この浄光が「吉野殿の御使い」としての「律僧」であること、後醍醐天皇健在のころから使僧としての役割を果たしていたこと、小田治久が足利方に転じた際も小田城に潜伏しており、親房が関城に移った際も敵方となった小田城に留まっていたため不審に思っていたところ、再び「御使い」と称して下向してきたことなどが記されている。彼こそが小田城内を撹乱させ、これを落城へと追い込んだ張本人だったのである。もとよりこれほどの大事を、一介の律僧が単独で実行できるはずがなく、その背後には、近衛経忠を首班とする吉野の南朝内和平派が関与していたに違いない。そしてそれは、親房自身もまたよく承知していた事実であった。

つまり、常陸滞在中の親房にとっての最大の課題、それは再三の出兵要請にもかかわらず、ついに白河の地を動くことのなかった結城親朝ただ一人の去就などではなく、結果として彼らの離反を決定づけてしまった、吉野の朝廷内和平派との不協和音だったのである。

『神皇正統記』と『職原抄』は、まさにこのような歴史的環境の中で書き上げられた。なおこれらの著作については、幼少の後村上天皇を訓育するために執筆されたとする説と、結城親朝をはじめとする東国武士を説得するために執筆されたとする説が並立している。私としては、常陸下向後の、しかも後醍醐天皇没後の親房にとっての最大の課題が、幼少の後村上天皇を訓育・啓蒙するという点にあった、という事実を勘案するならば、おのずから結論は明白と考えているが、本書には、それぞれ両著作に関する解題が用意されているため、ここではその詳細を論ずることは差し控えたい。(注4)

五、観応の擾乱と親房による正平の一統

興国四年（康永二年、一三四三）八月、親房の再三の出兵要請にもかかわらず、ついに結城親朝は足利方へと転じ、同年十一月、関・大宝の両城は落城。親房は、五年にわたる東国経営をここに断念し、海路、吉野へと逃げ帰った。

このようにして吉野へとたどり着いた親房が最初に着手したこと、それは言うまでもなく、近衛経忠を中心とする南朝内和平派勢力の刷新をはかることであった。そして政権に参画するためであろう。親房は翌興国五年春、准大臣という地位に就いている。なお一般に親房は元弘三年（一三三三）、建武政権において従一位・准大臣に叙任されたと考えられている。(注5)しかしすでに述べた通り、親房が従一位に叙されたのは、彼が陸奥から帰京し、嫡男の顕家が足利軍を九州へと駆逐した建武三年（一三三六）正月のことであり、准大臣に任じられたのは、この興国五年春のことであった。

さて、親房が南朝の中枢に返り咲いて四年後の正平三年（貞和四年、一三四八）正月、楠木正成の嫡男正行が河内国四条畷で高師直・師泰兄弟に敗れて戦死。師直・師泰の兄弟は、三万六千余騎の大軍を率いて吉野へと乱入してくる。親房は、後村上天皇とともに西吉野の賀名生へと逃れざるを得なかった。

一方、大勝利をおさめた師直の意気は軒昂で、戦場となった河内の公家・寺社領を勝手に兵粮料所として配下の武士に宛て給してしまうなど、目に余る行動が目立つようになってきた。これに対して、かねてから高師直と対立していた足利直義は、翌貞和五年閏六月、兄尊氏に迫って師

また親房も、決して最初から非現実的な要求を繰り返していたわけではない。むしろ、親房のいた常陸国小田城から、親朝のいた陸奥国白河まで、直線距離で百キロ以上も離れていることを勘案するならば、両者は当初、それでもよく連絡を取り合っており、きわめてよく連携の取れた軍事行動を展開していたとすら言える。そして実際、延元四年から興国元年にかけて、親房の南朝軍は明らかに優勢であった。そのような親房軍が、劣勢へと陥ることとなった理由は何か。その問題を考える際に重要となるのは、常陸における親房の立場が、劣勢へと転回し始める時期である。

常陸在陣中の親房が、白河の親朝に送った七十通余りの古文書を通覧すると、興国二年五月頃まで、主として「御教書」とよばれる文書を使用していた親房が、同年六月頃から、「書状」形式の文書を使うようになっていった様子が読み取れる。興国二年五月を境とした親房文書のかかる変化は、御教書を使って親朝に出兵命令を下していた立場から、私信を使って親朝に出兵依頼を繰り返さなければならない立場への転落を意味していよう。それでは興国二年五月、東国には、そして親房の身には何が起こっていたのであろうか。

興国二年五月前後、それまである程度の優勢を保っていた親房軍を、徐々に劣勢へと追い込んでいったもの、それはこの当時、吉野で大勢を占めつつあった南朝内和平派との不協和音であった。

話は二年前、延元四年八月十六日にさかのぼる。この日、南朝に属する人々全てにとって、常に絶大な精神的支柱であり続けた後醍醐天皇その人が亡くなった。後醍醐天皇の譲りを受けて即位した後村上天皇は、この年未だ十二歳。劣勢の南朝をまとめていくには幼すぎる。それではいったい誰が、幼主後村上天皇を支え、動揺する吉野の廷臣たちをまとめていったのであろうか。

ここで注目される人物に、近衛経忠（このえつねただ）という名門の公家がいる。近衛家は言うまでもなく五摂家の筆頭であり、経忠自身も元徳二年（一三三〇）、後醍醐天皇のもとで関白に任ぜられていた。その家柄・経歴から言って、新生後村上政権の首班は、この近衛経忠であったに相違ない。

ところが問題の興国二年五月、その近衛経忠が吉野を出奔した。親房によれば、近衛経忠が吉野を出奔して京都に逃げ帰ったものの、京都の朝廷からも相手にされず、あばら屋一軒と所領二ヶ所を与えられたほかは、みっともない有り様であるという。ところがこのことが方々で憶測を呼び、経忠の使者があちこちをまわっていると噂されている。その噂によれば、藤原氏がそれぞれ一揆を結び、経忠が天下を取り、小山朝氏（おやまともうじ）を坂東管領に任ずるつもりであるとのことである（松平結城文書「北畠親房事書」）。

かつてこの出奔事件は、こうした親房の発言を文面通りに解釈し、藤原氏である近衛経忠が、村上源氏である北畠親房に対抗して、小山・結城・小田などといった東国の藤原氏系武士団を「藤氏一揆」として結集せしめ、よって自己の権力の樹立を図ろうとしたものと考えられてきた。しかしこの事件は、高柳光寿氏の指摘にあるとおり[注3]、吉野の廷臣主導による、両朝和平工作と考えたほうがよい。幼主後村上天皇を抱え、かつてない不安と厭戦気分に覆われた吉野の廷臣たちが、親房をはじめとする地方の南朝勢力と十分な連絡を取る間もなく、北朝との和平工作に走り出していたと考えられるのである。そして、この経忠らによる和平工作は、結果として東国の南朝勢力に様々な疑心暗鬼を生じさせ、彼らを分断するきっかけをもたらしてしまった。

かくしてそれまで一定の協力を期待できた結城親朝が様子見の姿勢に入り、親房の居る小田城内にも不穏な空気が漂い始めた。そして、経忠の出奔（単独和平工作事件）から半年近く経った興国二年十月、遂に小田城内の亀裂は修復不能に陥った。親房は、小田城内に「異心の輩」が出現し、すでに進退も極まったとして、「一命を以て先皇（後醍醐天皇）

ただ、そのためには奥州の北畠軍が是非とも必要であった。延元元年十二月二十五日、後醍醐天皇は顕家に対して「速やかに官軍を率い、京都に発向せしむべし」と命じた綸旨（結城文書）を発している。しかし、この頃の顕家は、わずか一年前、足利の大軍を九州へと駆逐した勇姿とは、比べようもない状況にあった。

東国で顕家らの軍勢を待ち受けていたもの、それは尊氏の嫡男義詮を擁して鎌倉に踏みとどまり、東国武士の再編成に成功していた斯波家長の軍勢であった。延元元年三月、京都を出発した顕家らは、東国各地で足利軍に行く手を阻まれ、ほうほうの体で陸奥国府多賀城に到着した時には、すでに六月になっていた。しかもなお東国の情勢は安定せず、顕家は義良親王・結城宗広とともに多賀国府を捨て、伊達郡の霊山に本拠を移した。顕家に上洛を促す後醍醐天皇の綸旨は、このような霊山にいる顕家のもとに届けられたわけである。

綸旨を受け取って半年以上経過した延元二年八月、顕家はようやく義良親王を奉じ、結城宗広らとともに霊山を出発した。四か月余りを経た同年暮れ、鎌倉に攻め入った顕家は、休む間もなく延元三年の年明け早々に鎌倉を出発。そしてその後、東海道を破竹の勢いで西へと進撃した。ところが同年二月、美濃国青野原合戦を経て、伊勢から吉野へと迂回した顕家は、奈良から京都へ北上しようとしたところを幕府軍に防がれ、軍勢は散り散りになってしまった。その後顕家は河内に入り、天王寺・阿倍野あたりを転戦したが、五月二十二日、高師直の軍勢に敗れて戦死してしまう。

こうして陸奥の顕家軍との連携作戦に失敗した親房は、今度は自ら東国に下り、そこで関東・東北の南朝軍を再建しようと考えるに至る。すなわち、次男の顕信を鎮守府将軍に任命してもらい、親房がその後見人となり、顕家とともに陸奥から攻めのぼってきた義良親王を再び奉じて東国に下ろうというわけである。

けれども延元三年九月、「五百余艘」の大船団を率いて伊勢大湊から東国へと船出した親房一行は、同月十日過ぎに暴風雨と遭遇してしまう。『神皇正統記』によると、房総半島沖で急に天候が悪化し、激しい風と波にさらされて、多くの船が行方不明になってしまったという。旧暦の九月中旬といえば太陽暦の十月中旬、まさに秋の台風であったに違いない。

なおこの台風は、義良親王らの乗る船を、伊勢湾まで吹き戻していた。その結果、義良親王は吉野に戻り、翌年八月、父後醍醐天皇崩御を受けて即位した。これが後村上天皇である。

四、常陸での苦闘と『神皇正統記』『職原抄』の執筆

一方で親房の乗った船は、暴風雨で難破しそうになりつつも、なお初志を貫こうと東を目指し、常陸国の東条庄に着岸した。その後、親房は神宮寺城を経て阿波崎城に入り、烟田氏ら北朝方の軍勢と交戦したが、阿波崎城も落城し、霞ケ浦の上流、桜川の左岸に位置する小田城に向かった。延元三（暦応元、一三三八）年十一月、小田城に落ち着いた親房は、早速、結城宗広の嫡男親朝に対し、その出兵を促している（松平結城文書）。

そして親房は、これから興国四年（康永二、一三四三）までの五年間、実に七十通余りもの御教書や書状を、結城親朝に対して送り続けることになる。その大半は、親朝に早期の挙兵を促すものばかりであり、これらの古文書を通じて得られてきたこれまでの歴史像は、言を左右にのらりくらりと挙兵を渋り続けた優柔不断な親朝像（主として戦前の評価）か、あるいは武士の実情を理解しようともせずに非現実的な説得を繰り返した頑迷固陋な親房像（主として戦後の評価）の、いずれか（もしくは両方）であった。

しかし、親朝は決して最初から挙兵に消極的であったわけではなく、

ることで、「新政」批判派の公卿層を抑えようとした。

同年正月、後醍醐天皇の叡山行幸に供奉していた親房は、叡山の行宮において天皇から従一位に叙されている。そして同年三月下旬、陸奥大介・鎮守府大将軍に任ぜられた北畠顕家が、三品陸奥太守に叙任された義良親王を奉じて、結城宗広とともに再び陸奥国へと下向していくと、親房はこれに同行せず、「新生後醍醐政権」の中枢として京都に留まったのである。

しかしそのわずか二カ月後の同年五月、九州で勢力を挽回した足利尊氏が、有名な湊川の合戦で楠木正成を破り、京都に攻め込んでくる。後醍醐天皇はこの難を逃れて再び叡山に遷幸し、約五カ月間足利軍と対峙したのち、同年十月、尊氏の要請を受け入れていったん京都に戻ることとなった。

三、南北朝の分裂と親房の伊勢下向

北畠親房が、後醍醐天皇とともに逃れていた叡山から、その皇子宗良親王を奉じて伊勢に下向したのは、延元元年（建武三年・一三三六）十月十日のことと考えられる。(注2) そしてこの同じ日、新田義貞もまた恒良親王と尊良親王を奉じて叡山から越前国へと下向していった。さらにその二カ月後の十二月二十一日深夜、後醍醐天皇自身もまた夜陰に乗じて京都を脱出し、三種の神器を奉じて吉野に遷御。ここに京都の北朝と吉野の南朝という両朝が並び立つ、南北朝の時代がはじまった。つまり親房の伊勢下向は、南北朝分裂の前夜、新田義貞と北畠親房の二人に、自らの皇子を預けて、全国の南朝勢力を糾合させようとした後醍醐天皇の意志と、深く関係するものだったわけである。

それでは、なぜ義貞は越前、親房は伊勢へと下向していったのであろうか。まず義貞については、その本拠地である新田荘のある上野国が越後国と隣接しており、また建武政権において、義貞が越後守に任ぜられていることなどから、北陸に拠点を持つ義貞が、越前から越後、そして上野国の南朝勢力を糾合しようとしていたものと考えられる。

一方の親房については、彼自身がこれまでの二年間、陸奥国に下向して現地に一定の勢力を築きつつあったこと、またこの延元元年当時、陸奥国には嫡男の顕家が健在であったことなどから、太平洋交通を使って伊勢と陸奥とを呼応させ、東国の南朝勢力を糾合しようとしていたものと考えられる。言い換えるなら、義貞は日本海側、親房は太平洋側を担当したということができようか。

この時、新田義貞の奉じた皇太子恒良親王が、その直前、後醍醐天皇から密かに皇位を継承しており（もとより三種の神器は後醍醐天皇の手許にあり、まもなくこの皇位継承は取り消される）、北国落ちする義貞が、後醍醐天皇の帰洛によって「賊軍」の扱いを受けることのないよう配慮されていたことは、『太平記』の記事などでよく知られている。それでは、伊勢に下向した親房に対して、後醍醐天皇はどのような配慮をしていたのであろうか。

ここで注目されるのは、年が改まったばかりの延元二年正月元旦、親房が陸奥にいる嫡男の顕家に対して送った書状（結城家文書）の中で、後醍醐天皇が京都を脱出し、河内東條から吉野に逃れたことを顕家に知らせるとともに、「(後醍醐天皇は) 御願を果たされんが為、勢州に幸ずべきの由、仰せられ候なり」と告げている事実である。この書状を信用するならば、親房の伊勢下向は、後醍醐天皇の伊勢遷幸計画の先遣隊という意味を持っていたことになる。

結局、後醍醐天皇は吉野、北畠一族は伊勢に永住することとなるため、私たちはこの両者、すなわち後醍醐天皇の吉野遷幸と親房の伊勢下向を切り離して考えてしまいがちである。しかしこの延元二年正月当時、少なくとも親房の脳裏には、後醍醐天皇を吉野から伊勢にお迎えし、京都に攻め上るという計画が秘められていたことはほぼ間違いない。

妃阿野廉子・千種忠顕・名和長年らを中心とする一派と、護良親王と北畠親房・赤松円心らを中心とする一派、そして足利尊氏・直義兄弟を中心とする一派とに分かれ、いわば三すくみの状態にあった。このような三派が形成された背景には、討幕運動の真の主役であった後醍醐天皇が、隠岐に配流されて事実上身動きがとれなかったのに対し、畿内近国で終始一貫討幕運動を牽引し続けてきたのが護良親王とその一派であったということ、にもかかわらず最終的に幕府を滅亡へと追い込んだのが、足利尊氏らの率いる旧御家人勢であったという、鎌倉幕府滅亡へと至る複雑な相関図が関係していた。

隠岐で後醍醐天皇と苦楽を共にした阿野廉子や千種忠顕・名和長年らは、自分たちが常に討幕運動の中心にいたつもりでいた。一方、天皇配流後の畿内でゲリラ戦を継続し、終始一貫して幕府軍を悩ませ続けた護良親王や赤松円心らも、自分たちこそ討幕運動の主役という自負があった。そして、最終的に六波羅探題を陥れ、嫡男の義詮を新田義貞とともに鎌倉へと攻め込ませた足利尊氏とその一門も、幕府を倒したのは自分たちだと思っていた。建武政権にとってこの三派の対立関係は、政権のアキレス腱ともいうべき課題であった。

阿野廉子が、自らの産んだ皇子二人を、それぞれ護良親王派と足利尊氏派の最有力者に託して地方へと下したのは、地方支配を充実させたいという両派の思惑を逆手にとり、両派の有力者を中央から遠ざけるとともに、最終的には三派のいずれが勝利を収めても良いよう、皇子たちの将来に対して布石を打ったものと見なすことができよう。親房父子の陸奥下向は、護良親王と阿野廉子の思惑が絡み合う中で、立案されたと考えられるのである。

しかし、この三派の微妙な緊張関係は、そう長くは続かなかった。護良親王と足利尊氏を対立させて両者の力を削ごうとした阿野廉子の目論見と、後醍醐天皇と護良親王を対立させて両者の力を削ごうとした足利尊氏の謀略が絡み合う中で、建武元年十月、護良親王は阿野廉子派の名和長年に逮捕され、足利尊氏に引き渡されてしまう。

そうこうする内に、建武二年七月、最後の得宗北条高時の遺児で、信濃の諏訪氏のもとに身を隠していた北条時行が、軍を率いて鎌倉を奪還するという事件が起きた。いわゆる中先代の乱である。この北条時行を討伐するため鎌倉へと下った足利尊氏は、八月に鎌倉を奪還した後も後醍醐天皇からの召還命令に従わず、逆に新田義貞を討伐するよう天皇に奏上する。これに対して後醍醐天皇は十一月十九日、尊氏追討のために新田義貞を出陣させ、同二十六日には尊氏・直義の官位を剥奪する。当初、勅勘を懼れて鎌倉の浄光明寺に籠もっていた尊氏であったが、十二月十一日には自ら出陣して箱根竹ノ下の戦いで義貞軍を破り、敗走する義貞軍を追って西上。翌建武三年正月八日には、京に近い山城八幡にまで攻め入り、十日に後醍醐天皇が比叡山に逃れると、翌十一日、遂に入京するに至る。

この足利軍の背後を突いた軍勢こそ、尊氏離反の報に接して直ちに陸奥で追討軍を編成し、足利軍の後を追って南下してきた北畠軍であった。この正月十三日以降、北畠顕家の率いる奥羽勢は、新田義貞・楠木正成らと連携しつつ各所で足利軍と戦いを繰り広げ、同二十七日には尊氏を京から丹波へと敗走させる。そして、三十日には後醍醐天皇が京都に還幸し、二月に入ると足利軍は丹波から兵庫、さらには九州へと逃れていった。

こうして一旦、政権の危機は去ったかのように見えた。しかし、政府内部では、後醍醐天皇の「新政」そのものに対する批判の空気がみなぎっていた。同年正月、後醍醐天皇のお気に入りであった万里小路宣房と千種忠顕が、相次いで出家に追い込まれているのは、その何よりの証拠と言える。そのため後醍醐天皇は、これまでの「新政」に手を染めておらず、むしろ批判的な立場にあった親房を、彼らに代わる側近として迎え

いては、『公卿補任』にも、また『尊卑分脈』にもその記載があり、『増鏡』には、

御めのとの源大納言親房、我世つきぬる心ちして、とりあえず頭をろしぬ。この人のかく世を捨てぬるを、親王の御事（世良親王の夭逝）にうちそへて、かたがたいみじく、御門（後醍醐）も口惜しくおぼし歎く。世にもいとあたらしく惜しみあへり。

とあって、後醍醐天皇をはじめ、世の人々に少なからぬ衝撃を与えたことがうかがい知られる。しかし親房は、そうした人々の慰留には耳を貸さず、まさに「我世つきぬる心ち」して世を捨てた。北畠家の家督は嫡男顕家となり、親房は政治の表舞台から姿を消してしまう。

歴史に「もしも」は禁物だが、もし親房の出家後に、あれほどの大内乱が起きなかったならば、親房という人物の評伝は、鎌倉末期を生きた一人の有能な公家というだけのもので終わっていたに違いない。親房は完全に「世を捨てた」つもりでいたのである。

二、建武政権の成立と親房父子の陸奥下向

ところがこの直後から、時代は急展開を見せる。翌元弘元年（一三三一）八月、後醍醐天皇による鎌倉幕府討幕計画が発覚し、翌年三月には後醍醐天皇が隠岐に流されてしまう。そして、その年末から翌年にかけて、後醍醐天皇の皇子大塔宮護良親王や、楠木正成・赤松円心らの活躍により幕府軍は苦戦を強いられ、元弘二年閏二月には後醍醐天皇が隠岐を脱出。四月に入り、足利高氏（元弘三年八月以降は尊氏。以下尊氏で統一）が後醍醐天皇方に転じたことで、形勢は完全に逆転し、同年五月、遂に鎌倉幕府は滅亡。六月には後醍醐天皇が帰京し、ここにいわゆる建武の新政が開始された。

翌元弘三年十月二十日、その建武政権の命により、北畠親房は、嫡男顕家とともに陸奥国に下向することとなった。この陸奥下向に関しては、保元の乱から暦応年間までの歴史をまとめた『保暦間記』に、護良親王の発案によるものと記されている一方で、親房自身の著作である『神皇正統記』に、護良親王の関わりが一切記されていないことから、これを疑問視する見解も強い。

けれども私は、護良親王の母民部卿三位局が、北畠師親の娘（親房の伯母）と考えられること、親房の妹が護良親王に嫁していた可能性が高いことなどから、陸奥下向の背景に、護良親王の働きかけがあったことは間違いないと考える。しかも、北畠親房・顕家父子が義良親王を奉じて陸奥国へ下向した二カ月後の同年十二月、足利尊氏の弟直義もまた、義良親王の兄成良親王を奉じて鎌倉へと下向している。

建武政権成立直後に行われたこの二つの地方下向政策、すなわち義良親王を奉じた北畠父子の東北下向と、成良親王を奉じた足利直義の関東下向は、その後の両者の行動が、前者は南朝、後者は北朝と、あまりにもかけ離れたものとなっていったため、前者が建武政権の政策の一環であったのに対し、後者は足利兄弟の謀略によるものであったというように、全く別の意図によるものであったと考えられることが多い。しかしながら、むしろこの両者には共通点の方が多い。

例えば義良親王も成良親王も、いずれも後醍醐天皇の寵愛を一身に集めていた阿野廉子が産んだ皇子である。しかもこの廉子という女性は、天皇との間に三人の皇子を産んでいるが、その長男に当たる恒良親王は、翌建武元年（一三三四）の正月、後醍醐天皇の皇太子に立てられている。つまり、元弘三年十月から翌年正月という四カ月の間に、三男の義良親王が東北へ、次男の成良親王が鎌倉へと遣わされ、そして長男の恒良親王が京都で皇太子に立てられているということから考えて、これらの諸政策には、いずれも阿野廉子が絡んでいたと考えざるを得ない。

きわめて単純化すれば、鎌倉幕府滅亡直後の政局は、後醍醐天皇の寵

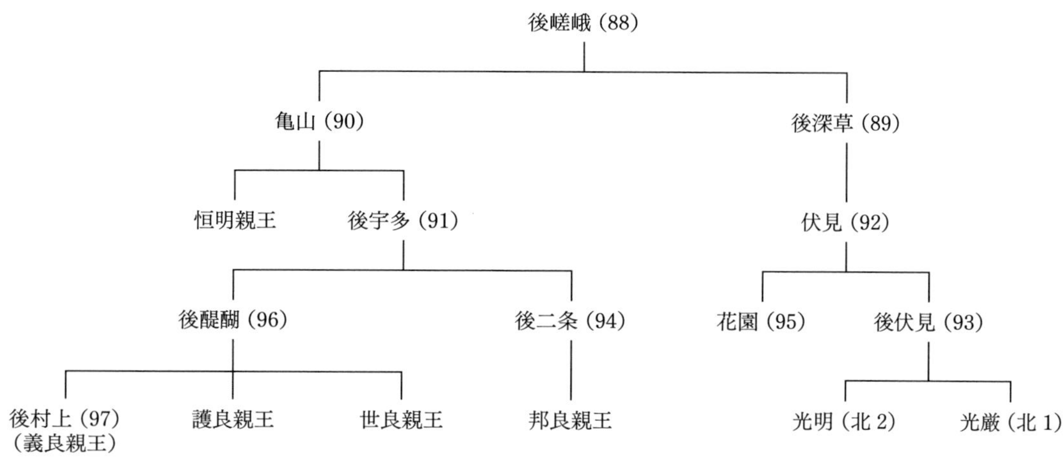

図２　天皇家家系図
（ ）内は代数

末子であり、次期東宮予定者たる恒明親王の側近となるべきことが予定されていたと言える。

　ところがその年のうちに亀山法皇が没すると、恒明親王を次の皇太子にという約束はたちまち反古となった。後宇多上皇は嫡孫邦良親王を改めて東宮に立てようとし、恒明親王の生母昭訓門院との間に対立が表面化したのである。そんな両者の思惑が絡み合う中、徳治三年（一三〇八）に後二条天皇が二十四歳の若さで没すると、持明院統から花園天皇が即位し、その東宮には後宇多上皇の皇子尊治（たかはる）親王（後の後醍醐天皇）が立てられることとなった。

　この尊治親王立太子は、一見すると後宇多上皇の主導の下に進められたように見てとれる。しかし、後宇多上皇の最終目標があくまでも嫡孫邦良親王の立坊であったこと、尊治親王が後宇多上皇よりむしろ亀山法皇の寵愛を受けていたこと、尊治親王が花園天皇より九歳も年長の二十一歳であったこと等を勘案するならば、尊治親王の立太子は、恒明親王を推す故亀山法皇派と、邦良親王を推す後宇多上皇派の痛み分けとして選ばれた、ワンポイントリリーフ起用であった可能性が高い。実際、文保二年（一三一八）に尊治親王＝後醍醐天皇が即位すると、その皇太子には後宇多上皇の念願であった邦良親王が立てられている。

　ここで政治は不思議な展開を見せる。恒明親王の立坊を望んでいた故亀山法皇派の人々が、今度は、自らの実子世良（よよし）親王に皇位を伝えたいと考える後醍醐天皇と結びつくことによって、邦良親王を推す後宇多上皇派に抵抗するという道を選んだのである。その結果、亀山法皇の側近北畠師親の養子として公家社会にデビューした親房は、その前半生を、後醍醐天皇の皇子世良親王の傅役として過ごすこととなった。

　ところが元徳二年（一三三〇）九月十七日、親房が傅役として養育してきた世良親王は、十八歳で夭逝してしまう。親房の悲しみはいかばかりのものであったろうか。このとき親房が三十八歳で出家したことにつ

一、鎌倉後期の北畠家と親房の前半生

『神皇正統記』『職原抄』の著者北畠親房は、鎌倉時代後半の永仁元年（一二九三）正月、中流の公家北畠師重の嫡男として京都で生まれた。

そもそも北畠家は、村上天皇の第七皇子具平親王の嫡男師房が、寛仁四年（一〇二〇）、源の姓を賜ったことに始まる村上源氏の一門である。師房から数えて六代目の源通親は、鎌倉初期に朝廷で権勢をふるい、「源博陸」（源氏の関白）と称されたことで知られるが、その通親の五男通方の次男雅家が、鎌倉方公卿として有名な一条能保女を母とする弟通成（中院）によって、父通方の後継者としての地位を奪われ、一条大路より北、すなわち平安京にとって郊外に当たる「北畠」の地に暮らすこととなったのが「北畠家」のはじまりである。[注1]

つまり北畠家は、その発祥の瞬間から鎌倉幕府との間に微妙な緊張関係を持っていた。そして、その結果として北畠家は、鎌倉幕府と一定の距離を置こうとする大覚寺統の天皇に接近していくこととなった。すなわち、北畠家の祖雅家が、近侍していた後嵯峨院に従って出家しているのをはじめ、その嫡子師親は大覚寺統の初代とされる亀山院に近侍して院と同時に出家。師親の嫡子にして親房の父である師重もまた、亀山院の皇子である後宇多院に近侍し、徳治二年（一三〇七）七月二十八日、やはり院と同じ日に出家している。そしてこれこそが、北畠親房という人物の生涯を決定付けた、第一の要素であった。すなわち親房は、北畠という家の嫡男として生まれた時点で、大覚寺統派の公卿として活躍すべき運命が、既に定められていたと言える。

そのような親房の人生をさらに複雑にしたものが、大覚寺統内における亀山法皇と、その嫡子後宇多上皇との微妙な対立関係であった。乾元二年（一三〇三）、晩年の亀山法皇に末子恒明親王が生まれると、二年後の嘉元三年、亀山法皇は後宇多上皇ならびに持明院統の伏見院にはかって、恒明親王を次の皇太子とする約束を取り付けた。時の天皇は後宇多上皇の皇子後二条天皇であり、しかもその後二条天皇には、恒明親王より年長の嫡子邦良親王がいたのだから、この時点で恒明親王の立太子を了承するということは、後宇多—後二条—邦良親王と続く皇統の断絶を意味するに等しい。この時期、持明院・大覚寺の両統に分裂していた皇統は、大覚寺統の内部で、さらに再分裂する兆候を見せ始めていたのである。永仁元年（一二九三）に生まれた親房は、ちょうどその頃、公家社会に参加していかなければならなかった。

『尊卑分脈』を見ると、親房は「祖父師親の子となる」と記されている。かかる養父子関係がいつ頃なされたのかは詳らかにし得ないが、「親房」という諱が、祖父師親の偏諱を受けながら、父師重の諱を全く継承していないことなどから、彼が元服して「親房」と名乗り始める頃までには、彼は祖父師親の養子となっていたものと考えられる。そしてそれは、先ほど述べた恒明親王誕生の前後のことに相違ない。

北畠親房がその元服に当たり、祖父師親の養子となったのは、斜陽の傾向にある後宇多院の側近であった師重の実子としてより、次期東宮予定者たる恒明親王系、すなわち亀山法皇の側近師親の養子としてデビューする方が安心だろうといった計算があったと考えられる。そしてもし、この推測が当たっているとすると、親房は本来、亀山法皇最愛の

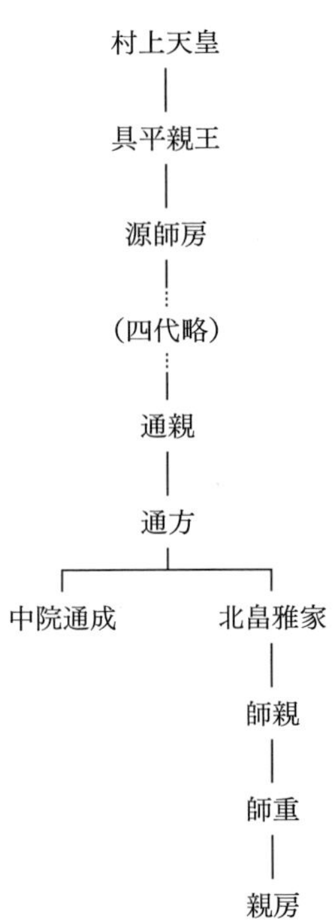

図１　北畠家の系譜

解説

北畠親房伝

岡野友彦

立蔭次第父位卑於祖父者爲蔭孫父位高於祖父者爲蔭子是依高可有蔭〻故也父祖共爲六位謂〻絶蔭祖出家無蔭〻〻給爵時依父蔭之次第蔭位〻次依令位而已官位相當之時先書官次書位大内記正六位上〻類也官高位卑之時先書位注守字正六位上守修理亮之類也官卑位高之時先書位注行字正六位上行式部大丞之類也

節事専可依品秩其智徳且依智行之文言立身
優賞之儀叶道理無行無智之輩難及彼優異者
乎矣

女官

太皇太后宮　皇太后宮　皇后宮　中宮　女院
内親王　女王（ニヨフワウ）　女御　二代　御息所　更衣
北政所　御臺盤所　尚侍　典侍（ナイシノスケ）　御匣殿
宣旨（攝関ナトノ任ノ時召仕）　掌侍（ナイシ）　口蔵人　命婦（ワラハ）　女官　主殿（トノモ）
得選　釆女　刀自（トシ）　女孺　東豎司（アツマワラハ）　雑仕
上童（ワラハ）　下仕（シモツカヘ）

僧職

僧正大正権　僧都大正権少　律師正権　法印大和尚位　法眼和尚位

法橋上人位　法務惣正権元　威儀師大　従儀師正権　已講

阿闍梨　内供　長吏　別当　執行　座主　検校

上座　寺主テラヌシ　都維那ツイナ　此三ツ三綱ト云　句当　専当

竪者　注記

諸寺三綱及八幡社官僧綱寺可准地下四位諸大夫凡

僧可准同五位諸大夫但如日来殿上五位不可書上所威儀

師可准五位下北面従儀師可准同六位抑僧中礼

天文九二七　三條拾遺以判[illegible]

此之不德候以他一冊又誤し加一見者也家説比め敷

かゝる愚管を得て[illegible]文字しれ静にみて一[illegible]之事[illegible]

ハ聊気色もなしと[illegible]

かゝる[illegible]

[illegible]

此抄者北畠准后大納言源親房卿所集也百官之始末

諸家之勝劣陷如指掌且〻有服膺

以愚意一字不闕点之賢哲之嘲甚汗面然採筆
俾亜相公窺是之加以奥書給是予栄也後来勿許
開見矣
天文九年二月十七日
環翠軒（花押）

弾正大忠両市正　正六位上是相當
此外従七位下官　除月叙位不被載
其数細々無位記　相當略頌無益也
官位相當書様着　先官後位是相當
先位後官不相當　位勝官劣書行守
高官下位以守字

左右馬寮兵庫頭　大國判史已下等
従五位上皆一列　神祇大副侍従等
七省少輔文博士　中宮東宮兩職亮
縫殿陰陽大炊頭　主殿典薬掃部頭
大宰少貳齋宮頭　勘解由次官齋長官
上國刺史大監物　従五位下皆同之
神祇少副大内記　左右大史大外記
中務大丞囚獄正　内膳主膳造酒正

百一

勘解由長官神祇伯　弾正大弼按察使
大宰大貳已下等　衛門兵衛四府督
皆是従四位下官　中務大輔両中弁
大膳大夫以下等　以上正五位上也
弾正少弼両少将　七省大輔両少弁
已上正五位下官　中務少輔大舎人
圖書内蔵大学頭　雅楽玄蕃諸陵頭
主計主税木工頭　内匠寮頭四府佐

官位相當略頌

太政大臣従一位　左右大臣是二位
大納言等正三位　大宰都督中納言
近衛大将弾正尹　以上皆是従三位
皇太子傅中務卿　以上正四位上也
式部以下七省卿　皆是正位下官
近衛中将両大弁　又是従四位上也
中宮春宮両大夫　京職修理両大夫

左右衛尉各廿人
左右兵衛尉各廿人
左右馬允各廿五人
内舎人六十人　久安四年正月廿七日以蔵人木工頭平範家仰外記
左右近衛中少将各四人并十六人宜為定数矣
外闕不可取上者　保元々年正月廿九日院宣　俊憲奉
左右衛門左右兵衛各廿五人　左右馬允各廿人
内舎人六十人永可為員数者　保元三年正月卅日蔵人右少弁親範仰外記

施藥院使　内舎人　外國前司　未公文受領書之

攝政大政大臣從一位　關白同之

參議民部卿正四位下兼行春宮大夫　民部卿者正四位下官也相當也春宮大夫從四位下官也

九十九

4　　2

散位用之、雖非文章生任諸國介掾之者、任限

過之後可用散位

攝關書散位字事

堀河院和歌宴、京極前關白被書散位從一位

近則後光明照院前關白同被用散位字 後醍醐院御時

必在位上事

攝政 關白 參議 別當 藏人頭 五位藏人

修理宮城使 判官 次官 造寺長官 同上 鎮守府將軍

外國不依相當在諸官下事

從五位下行中宮大進兼近江守（大進着六位官也 大國守從五位上官也。不依相當以外國為下）

散位

四位五位無官之人用之歴受領之人經數官雖去之猶以本所歴之國守用之不用散位字

是未公文之受領也勘公文之前司用散位字

六位用散位字着文章生外國之後任限過畢

従三位守大納言兼行春宮大夫（大納言ハ着正三位官也、仍有守字、春宮大夫ハ着従四位上官也、仍有行字）

相當官又有行字事

左近衛大将従三位兼守大納言行民部卿（大将ハ着相當官也、仍有上、大納言ハ着正三位也、仍有守字、民部卿ハ着正四位下也、仍用行字）

同位官先文官事

権中納言従三位兼行中宮大夫右衛門督（中宮大夫右衛門督ハ共従四位下官也、左文右武之故、以大夫置上也）

左少弁正五位下　少弁ハ着正五位下官也

行ノ字　位高官卑着用之

正二位行大納言　大納言ハ着正三位官也

正四位下行左大弁　大弁ハ着従四位上官也

守字　位卑官高ハ着用之

従三位守大納言　大納言ハ着正三位官也

従四位上守治部卿　治部卿ハ着正四位下官也

行守ノ字共用事

選敍令云凡内外文武官而本位有高下者
若職事卑為行高為守　謂若以無位人任長上官者亦須注守也
近代不謂相當以京官書上京官之中以文官
為先以武官為次以外國為下敍随時可斟酌
也

位所書様　先官次位

中納言従三位　中納言者従三位官也

左大弁従四位上　大弁者従四位上官也

官位相當者以官書上不相當者以位書上位貴
官賤書行字官貴位賤書守字官位相當有又書
行字同列者書守行兩字之事高官上書守字下
官上書行字若有數兼官者以相當官書上餘官
皆雖高官為兼官若共不相當者書官次第見次謀職
須令相當官賤不相當官貴以相當賤官可書上有相
當官無兼官不書行守字令凡位有貴賤官有
高下階貴則職高位賤則任下官位相當各有等
級

進大三位　進廣三位　進大四位　進廣四位

并四十八階以前諸臣之位

直大三位　直廣三位　直大四位　直廣四位

勤大一位　勤廣一位　勤大二位　勤廣二位

勤大三位　勤廣三位　勤大四位　勤廣四位

務大一位　務廣一位　務大二位　務廣二位

務大三位　務廣三位　務大四位　務廣四位

追大一位　追廣一位　追大二位　追廣二位

追大三位　追廣三位　追大四位　追廣四位

進大一位　進廣一位　進大二位　進廣二位

天武天皇十四年正月丁未朔丁卯更改爵位之号

明大一位　明廣一位　明大二位　明廣二位

浄大一位　浄廣一位　浄大二位　浄廣二位

浄大三位　浄廣三位　浄大四位　浄廣四位（并十二階以前諸王已上之位）

正大一位　正廣一位　正大二位　正廣二位

正大三位　正廣三位　正大四位　正廣四位

直大一位　直廣一位　直大二位　直廣二位

右抄環翠軒老人為覺童蒙一字不缺以假名加点
見之其嚴如陸德明作音義其勤如郭景純注尒
雅非啻擊童子之蒙亘今解老生之惑唯恨名
目彼實或称庭訓或稱家說有尒為尒我為
我故愚管差異者聊以朱注其左側以擬鄭
氏箋而已　于時天文第八仲春　日　都護亭　判

凡判取以之

此抄上下巻以愚意一字不闕点之間若聲訓是全
非為他人為賢子孫童蒙也依之不依假名使如名
目点之是故下愚一之術也勿生後嘲矣

天文八年二月吉曜日　清三位入道宗尤 在判

九十三

4　2

親王執柄大臣家　謂之政所

別當　諸大夫宿老任之

令　重代之侍任之

知家事　下家司也

大従　同上

少従　同上

大書史　同上

小書史　同上

院廳

大別當　大臣公卿清華之人任之

執事　名家之人任之

年預　名家人任之

判官代　諸大夫任之

主典代　廳官宿老任之

官人　云廳官

代字限院中者也。宮ゝ有宮司等在之

少初位上下　唐名　上文林郎　下將仕郎　下國目等相當也

已上三十階訖

從七位上下　唐名　上朝散郎　下宣議郎

左右少史・少内記・陰陽・漏剋博士・助教・明法博

士・大上國掾等七位相當也

正八位上下　唐名　上給事郎　下徵事郎

從八位上下　唐名　上承奉郎　下承務郎

采女・主水佑・中下國掾・八位相當也

正九位上　唐名儒林郎　中國目等相當也

大初位上下　唐名登仕郎　相當同之

九十一

是又無別儀外従五位下叙内階載入内勘文

正六位上　唐名　朝請議郎

蔵人及少外記少史侍等叙之外記史等以六

位十年労叙爵其餘相當右

正六位下　唐名　兼議郎

從六位上下　上奉議郎　下通直郎

子細大略同右　以上十八階訖

正七位上下　唐名　上朝請郎　下宣徳郎

從四位上下　唐名　上　大中大夫　下　中大夫
貴賤任次第叙之無殊子細法曹輩及侍叙
四位随分抽賞之儀也
正五位上　唐名　中散大夫
五位職事及外記史明法道等叙之如正四位
上
正五位下　唐名　朝議大夫
従五位上下　唐名　上　朝請大夫　下　朝散大夫

道中将信輔敦兼通基等濁流捨文南家捨武
平家及事濶屋清隆邦經等輩去弁去中将山
中昨木之類也何況塵土出身始清華零落終
万人以此境為道仍近年世人号三位淵云々

正四位上　唐名正議大夫

蔵人頭及賀安両家陰陽道神祇輩外記史等
宿老叙之

正四位下　唐名通議大夫

和銅二年以長屋王始叙之　文武四年中納
言大神高市丸叙之近衛中将者養和二年源
信公（正三位 左中将）任始叙之依彼例東三條開白（兼家）
始為三位中将其後執柄凡人息皆叙之少将
者宇治開白始之　或御堂其以後執柄息時々
叙之（孫 卿）忠家規模事也　抑叙三位者儒道神
祇者尤得之　順徳院御記曰近年諸大夫生
公達或上或下一面趣此境如雲霞所謂離二

八十九

之攝政關白大臣納言參議敍之散正二位始
延久師成卿同從二位正暦成忠初也二位中
將始賴宗公也攝關子及孫得之只人俊房通
光公等也又少將永久教實始之或又侍從敍
之祐家儒道宿老公卿以下皆敍之者也
正三位　唐名金紫光祿大夫
文武五年以中納言直大一石上麿敍之
從三位　唐名銀青光祿大夫

叙之現任大納言叙例嘉元三年具守公也近
代宜房卿叙之以来名家輩多以叙之可謂無
念

正二位　唐名 特進 或上柱國
大寳元年以右大臣正廣三多治比嶋真人改
正廣三始叙之

従二位　唐名 光禄大夫
文武五年以大納言正廣三阿倍御主人始叙

正一位　唐名文散位

天平勝寶二年以從一位左大臣諸兄始叙正一位其後藤原押勝同永手等公叙之此外無在生例皆以贈位也

從一位　唐名開府儀同三司

天平十五年右大臣諸兄始叙之大臣以十年勞必叙一位或又依時議叙之前大納言叙例弘安六年基具公始叙之其後皆以可然人々

嘲（アサケリ）ノ耳（ミヽ）

上章庚
執徐辰
夾鐘二月
侯豫上旬

進事彼此各可因准先例不應任雖意者也此
外本所侍品或列諸道或傳一藝之輩種類繁
多不遑羅縷矣
或人請聞官位昇進之次第欲傳口實可似
臆説欲貽手澤有慇来者予從出仕歴已移
十年之寒暑况在逆旅不蓄一巻之文書毎
事荒忽恰如蒙霓上章執徐之春夾鐘侯豫
之月強而染翰聊以終巻見引餘習不顧後

暦応三年

是也凡稱侍有親王大臣以下諸家恪勤之名
也此中賞譜第賤放埒事古来之儀也諸大夫
之家者不仕諸大夫仍世會之名家殊撰仕重
代侍云々抑至武士者昔無不属源平両家者
其子孫皆稱譜第鎌倉右大將同右大臣昇將
相之後諸大夫後胤或新加之輩雖立本秩自
列昇進重代武士強不存差別云々両家元諸
大夫也其時已入肩成一列之好故欲官位昇

達諸大夫之号起於執柄事也云〻執柄一門
及可然人〻子孫謂之公達縦雖累代家礼之
人不失其名号称諸大夫者正補彼家司職事
列家僕之輩之後胤也云〻

侍者

此抄所〻称五位六位侍頗不古躰歟但准近
日之俗所号之也弘安之比被定書札礼之時
被書五位六位下北面畢又公家称諸司官人

名家之号此外南家式家菅江之儒或昇進或
沈淪然而登用之時准名家被召仕流例也又
源平両家武士中源氏頼義々家後胤平家者
正盛忠盛等餘流（断絶）於今有自古諸大夫一列也
或又候執柄及諸大臣家輩六位時補侍中五
位已後参院上北面剰聴院内昇殿家々不可
勝計加之官外記醫陰侍勢齊宮等諸大夫一
列也且正本系且随行状有其沙汰事也凡公

諸大夫者
六條修理大夫顕季餘流此号四条隆房大納
言初任近衛將以来昇進多如公達之家又稱
名家者大蔵卿爲房餘胤兩流号勧修寺葉室
參議有國子孫又有兩流号大福寺日野流但此流儒
門也中納言親宗子孫平氏等是也經歴侍中弁
官昇大中納言多執院中權故振威勢頗有鷹
揚之恩歟然而累代爲執柄家々司職事不遁

臣稱花山院右大臣乃此外大炊御門流家忠
其子孫云花山院也大臣
弟經實大納言子孫也雖別以此三流為花族
流世存花山院一家之由
公達也但當時雖皇子皇孫賜姓昇大臣大將
右執柄息中雖不遂先途令相續將相者昂又
清華勿論事歟近代依無其人三家頻成英雄
之思者也將又雖不至將相經歴近衛次將昇
納言已上家々又公達之列也於不放埒之輩
者隨分皆稱雄乎

是也近衛流又分為二九條又分為三雖其一
族不被遂先途者諸大臣家不可有差別又雖
未遂先途被受其家督之人優恕無異儀又又被
見在之時者雖末子猶加其礼云々

公達者

三家菁華族也稱三家者中院（具平親王子孫源氏也本云土御門流雖定大臣以後有中院号）閑院（九條右大臣師輔公十一男公季太政大臣子孫也被大臣号閑院太政大臣當時雖為三流惣云閑院也）花山院（京極関白息家忠大

諸王

雖一世二世未為親王未給姓者皆諸王也叙位已後着無王卿之差別守位次着也

諸臣

四位已下初位已上惣云諸臣也

公卿諸臣中又分別之者有四等

先一人者

當時両流也法性寺入道関白後胤近衛九條

有但一向為。後宇多院御猶子云々如此事不足為例凡親王者其次在大臣之上而其礼等同也至殊礼者可依時宜當代親王及治世上皇御子貴重不可混余事也

公卿

攝政關白及三公是公也散一位及三位已上是卿也參議者雖四位猶卿也但召名猶稱四位也

親王

皇子立親王是為恒規雖襁褓童躰被蒙宣旨也元服之時叙品當代后腹親王者三品自余者四品云々或又後月叙品皆有例童躰及無品親王者無任官之例又無給姓之人更為親王者不改本位乃為品但不分正従者也

皇孫親王非常之儀也然而近来及數輩畢忠房親王為三世源氏被蒙宣旨世以為未曾

此西巻中多定種姓頗乖舊記定招後難欤
然而抄出之本意為示于初心也且家々之
勝劣人々存知只任道理不加今案抑歷名
次第親王公卿諸王諸臣也今又以一人公
達諸大夫等分別之也

至大臣歟之彼流断絶之後藤原頼経卿下向
元服已後同任之其子頼嗣卿又任之中務卿
宗尊親王下向以後四代親王任之元弘一統
之初兵部卿護良親王暫任之其後上野太守
成良親王令兼給之建武三年二月被止其号
畢凡頼朝卿補之後依重征夷之任不並任鎮
府元弘已来被並任畢建久已来未任副将軍
於軍監軍曹者時々請任之云々

之日臨時加征夷号於坂上田村丸者称征東将軍平将門叛乱時参議右衛門督藤原忠文朝臣任征東大将軍其弟仲舒源経基（六孫王也）為副将軍発向其後征夷号久以中絶源義仲朝臣京上暫執兵権之日任征夷将軍之〻其後又権大納言右近大将源頼朝卿辞両職帰東国之後有勅被任征夷大将軍尓来連綿頼家朝臣自少将之時兼之又実朝公自兵衛佐之時

撰重代武士補之将軍判授之官也凡儀仗者
陸奥守同給二人按察使給四人云〻

征夷使

大将軍一人

征夷者始於日本武尊毎有兵事遣将帥也粗
見舊記未置鎮守已往東征人或為按察使或
為鎮守将軍文屋綿丸以来有征夷将軍之号
云〻愚案於鎮府者已有鎮将依之重遣将帥

位也三位已上位高職下依之申加太字而已

副將軍二人

中古以来不任之

軍監　相當正七位下

軍曹　相當從八位上

堪武勇之士可補此職歟近代於軍曹者公卿

給之時聞申之無其謂事也

傔仗二人

者多兼鎮府不可必然事歟守者宜擇吏幹之
才将者須用藩鎮之器故也又胄並置府國依
恐于地廣而在邊要也以信夫郡以南租税充
國府之公廨以苅田以北稲穀充鎮府之兵粮
云々　見于格文邊要之中以陸奥為最仍此國胄
置五千人兵也是皆可属鎮府乎建武三年
勅三位已上為當府将軍者可加大字者云々
是依國司請奏被下宣旨也将軍相當五

置日本府遣鎮守將軍治之云々然乃建將軍府之初在此乎（年紀猶可勘入）　聖武天皇御宇陸奥國置鎮守府初任將軍遣之若是本朝置軍府之初欲征夷征東等臨時置之不聞有其府也

鎮守府

將軍一人　相當從五位上

古來尤為重寄非武略之器者不當其仁仍代々稱將軍者鎮守府將也中古以來為陸奥守

而立天孫之前云々神代之制可見矣至于人代神武天皇東征之日物部氏祖道臣命爲軍帥〈古稱武士云物部起於此云々〉崇神天皇十年命四道將軍遣四方云々將軍之號正起於此歟其後景行天皇四十年以皇子日本武尊爲征夷以武日命武彦命爲左右將軍東征蝦夷云々尒來征行之日命將軍不可勝計我國平定新羅高麗百濟之後百濟尤納懇款依之彼國

降天孫於豊葦原中國之時遣經津主神又云齋主
神香取神是也健雷神鹿嶋神是也令平諸不順者云々大
物主神帥八十万神昇天　天神勅曰宜領八
十万神永為皇孫奉護乃使還降之云々一書
曰事代主神八万四千鬼類大神將也云々又
云大伴連遠祖天忍日命帥來目部遠祖天槵
津大來目背負天磐靫臂着稜威高鞆手提天
梔弓天羽々矢及副持八目鳴鏑又帯頭槌釼

七十七

云馮唐曰王者遣將跪而推轂曰閫以内寡人
制之閫以外將軍制之軍功爵賞皆決於外云
々大將謂之元帥出左傳其居處謂之幕府漢書
註將軍職在征行無常處所在為治故言幕府
云々又稱將帥云麾下又云戯下漢書師古曰
戯諸軍之旌麾也云々又將帥有賜節鉞之制
節度者所以示其信也斧鉞者所以專刑戮本
朝將帥之任起於神代也其初天照太神欲

頭一人　無權頭　唐名武庫令　相當從五位上

五位諸大夫任之

助　相當正六位下　唐名武庫少令

六位諸大夫任之

允　大少　唐名武庫益

六位侍任之

屬　大少　唐名武庫主事

外武官

將帥之職古今重之所以分閫外之權也漢書

撰之職

助一人　権助一人　典厩少令
相當正六位下

五位諸大夫任之其撰超于他諸司助也五

位侍任之太倫肩者也

允　大少　唐　典厩丞
典云

近代六位侍任之瀧口給官時任允是例也

属　大少
唐名典厩主事

兵庫寮　唐名武庫署

非要官仍府官之外強不任之

府生　唐名　武衛史　同前

左右馬寮　唐名典厩

頭一人　相當從五位上　唐名典厩令

四位五位中可然之輩任之知寮務時尤為

重職

權頭一人

五位殿上人諸大夫共任諸大夫者尤為清

之字イ有

佐一人　相當從五位上　唐名武衛次將

權佐一人

五位殿上人中可然之輩任之但英雄族不
叙之即任少將故歟

尉　大　相當從六位下　唐名武衛校尉
　　少　相當正七位上

六位諸大夫并侍任之侍者自當府尉多轉
衛門也諸大夫不必然

志　大
　　小　唐名武衛録事

宣旨者至于今為異他之儀又五位後叙留
検非違使之外未聞其例
志　大少　唐名金吾録事　見検非違使篇
府生　唐名金吾衛史　或監門衛史
左右兵衛府　唐名武衛
督一人　相當従四位下　唐名武衛大将軍
中納言参議散二三位非参議四位等皆任
之

佐一人　相當從五位上
五位殿上人中任之　唐名　金吾次將

權佐一人
名家譜第擇其人任之必蒙使宣旨又必
可補藏人故也

尉　大　相當從六位上　少　相當正七位上
唐名　金吾校尉
顯官也仍六位諸大夫并侍尤可擇其仁也
近代不及是非沙汰可謂無念其中蒙使

元者衛士府嵯峨天皇御宇弘仁二年十一
月改云衛門府
督一人 相當従四位下 唐名右金吾将軍
左衛門督者為中納言参議之人兼任之近
代無非参議任之例 但源頼家朝臣任四府 左衛門督別儀欤
之中殊執之
右衛門督者雖非参議任之但近代無非参
議任之例

同前　大將判授之

番長

近衛舎人中撰用之

上皇執政若給兵杖大臣及左右大將必召

仕之大納言大將不召仕府生大臣大將以

上召加府生也

外衛

左右衛門府　唐名金吾　又云監門

六位諸大夫任之五位時叙留随分執之舞
人樂人等任之即又叙留定事也然而諸大
夫者執之是各守故實故也六位侍任之或
執之或不執之凡者不打任事也於叙留者
更無其例

將曹　相當従七位下
　唐名親衛録事
舞人樂人近衛舎人等任之

府生
　唐名衛史

少将

権少将　相當正五位下

唐名羽林次将　親衛良将歟

五位殿上人中為譜第公達者任之叙四位時去職但叙留者是殊恩也近代毎人叙留又四位除任又常事也三位少将者執柄息常被任之又蔵人頭時為少将是古例也又弁官兼之公達中有才名人事也近代殊執之少納言兼任又希例也

将監　相當従六位上

唐名　親衛校尉

納言時兼之凡人兼之實朝公是也非常之極也清華之人参議時兼之中絶家兼帶為無念之儀也二位三位中將非大臣子若孫者不任之至二位中將者執柄息外希例也五位時任之執柄息外不可然之々英雄大臣息任之近代事也非大臣子孫任之隆房卿等是也其外強雖非英雄重代拜任家有之

又《マタ》多《シンノ》被《ラルナリ》任《シンゼ》左《ヒダリニ》也。至《イタツテ》大《ダイ》臣《ジンニ》帯《シフルウコフ》之為《ス》規《キ》模《ホト》又《サシ》中《チウ》納《ナ》言《ゴン》任《シンス》之《コレニ》於《オイテハ》凡《ハン》人《ジンニ》者、弥《イヨヽ》為眉《ビ》目《ボク》。参《サン》議《ギノ》時《トキ》任《シンスル》例《レイ》後《ノチノ》二《ニ》條《テウノ》開《クワン》白《バク》師《モロ》通《ミチ》公《コウナリ》也。非《ヒ》参《サン》議《ギノ》人《ヒト》任《シンスル》例《レイ》氏《ウヂ》宗《ムネ》公《コウナリ》也。近《キン》代《ダイ》不《セル》可《ベカラ》有《アル》此《コノ》比《ヒ》量《リヤウ》者《モノ》歟《カ》。又《マタ》任《シンスル》大《ダイ》将《シヤウニ》人《ヒト》其《ソノ》職《シヨク》《シキ》掌《シヤウ》大《ダイ》略《リヤクノ》同《オナシ》大《ダイ》臣《ジンニ》。只《タヽ》守《マホテ》位《イ》次《シツ》着《チヤク》座《ザ》許《ハカリナリ》也。其《ソノ》外《ホカ》内《ナイ》外《ゲ》作《サ》法《ホウ》不《セズ》混《コンゼ》餘《ヨ》人《シンニ》者《モノナリ》也。

中《チウ》将《シヤウ》

権《ゴンノ》中《チウ》将《シヤウ》　相当従四位下　唐名《カラナ》羽《ウ》林《リンノ》中《チウ》郎《ラウ》将《シヤウ》

親《シン》衛《エイ》中《チウ》郎《ラウ》将《シヤウ》　或云《アルイハイフ》虎《コ》賁《ホン》中《チウ》郎《ラウ》将《シヤウト》

華《クワ》族《ゾクノ》四《シ》位《ヰ》任《シンス》之《コレニ》。執《シツ》柄《ヘイノ》息《ソク》若《モシハ》一《イツ》世《セ》二《ニ》世《セノ》源《ゲン》氏《ジ》中《チウ》

諸衛

左右近衛府　當唐羽林　又云親衛

元者近衛中衛也　平城天皇御宇大同二年

勅以近衛為左近衛以中衛為右近衛唐朝殊

重此職統領諸宿衛禁軍故也本朝又為重任

大将　相當従三位　唐名羽林大将軍　常云幕府　又云幕下　又云大樹　惣以将軍之稱也

非譜第之華族者更不任之多是大納言中

譜第上﨟任之於執柄息者超次第所任也

典　大相當正七位上　唐名都督録事　少相當正八位上
監典者公卿給時間依請任之多是府中有
縁之輩任之稱府官是也此外博士筭師大
唐通事等上古任之中古以来断絶仍略之
筑前　雖為都督府帯守已下官如例　筑後　肥前　肥後
豊前　豊後　日向　大隅　薩摩
謂之九國　壹岐邊要　對馬　謂之二嶋邊要
已上諸國司謂之外官然而文官列也

近代例多以参議散二三位等任之非参議
四位又有其例有權帥者不任大貳任大貳
有不任權帥雖無其謂已為流例多是以名
家人任之

少貳　有權官　相當從五位下
唐名　都督少卿
殊撰其人任之

監　大　相當正六位下
唐名　都督府中
少　相當從六位上
六位侍任之

省権帥若大貳知府務而已

権帥

納言以上若前官任之中古以来例於正帥者擬親王官兼府務人任権也或又任正依時宜欲為大臣之人左遷之時任権帥然而不可知府務也凡於帥者令條所定已為高官仍重其仁雖華族又任之

大貳　無権官　相當従四位下
唐名　都督大卿

大宰府　帯筑前國　當唐大都督府

聖武天皇天平十五年始置筑紫鎮西府先是有太宰府号云〻天平寶字二年勅請國司以四箇年為任限宝亀十一年勅大宰任限為五箇年云〻凡當府都管九國二嶋別帯筑前也

帥　唐名都督　相當従三位

勅任官也多是以有品親王任之親王任之

伯耆　出雲　石見　隠岐

山陽道　八箇國

播磨　美作　備前　備中

備後　安藝　周防　長門

南海道　六箇國

紀伊　淡路　阿波　讃岐

伊豫　土左

西海道　十一箇國然而云九國二嶋除二嶋云六十六箇國

相並行國事云々

秋田城

介　爲出羽介者兼之除目不任之被宣下也

北陸道　七箇國

中 若狭　大 越前　上 加賀　中 能登

上 越中　上 越後　中 佐渡

山陰道　八箇國

上 丹波　中 丹後　上 但馬　上 因幡

六十七

按察使　相當従四位下　唐名都護　近代納言已上兼之

記事　唐名都護録事

鎮守府　見武官下

將軍　副將軍　軍監　軍曹

陸奥者上古以来為邊要為其國境廣　元

明天皇和銅五年九月分置出羽國　元正

天皇養老二年置按察使令監按察両國事

聖武天皇二年陸奥國内又置鎮守府〻國

下伊賀　大伊勢　下志摩　高橋氏為内膳正者任之、仍他人不任之

上尾張　上参河　上遠江　上駿河

下伊豆　上甲斐　上相模　大武蔵

中安房　大上総　大下総　大常陸　有太守

東山道　八ケ國

大近江　上美濃　下飛驒　上信濃

大上野　有太守　上下野　大陸奥　上出羽

陸奥出羽按察使府

叙位之時預爵者即任権守例也納言以上
貶謫之時任諸國権守也仍常儀参議兼國任
納言之日即止之介権介者弁官近衛中少将
等兼之

畿内
五箇國此云五畿

山城　大和　河内

和泉　攝津

東海道
十五箇國

掾　司馬　目　主簿

凡國司者相當五位已下也然而雖四位已上
或随其望或應其撰古今之例也或説歴七箇
國受領合格之吏勤公文畢拜參議云々白河
院仰但可依其中云々又太守者為親王置之
親王任時不知吏務仍件國以介為守乃令知
吏務也權守者近代多是遥授之官也參議二
三位中將少納言等必兼之又殿上六位藏人

掾(ゼウ)　正八位下

目(サツクワン)　大初位下(ダイソヰゲ)

下國(ゲコク)

守(カミ)　従六位下

掾(ゼウ)　従八位下

目(サツクワン)　少初位下(セウソヰゲ)

唐名(カラナ)

守(カミ)　刺史(シシ)　使君(シクン)　宰吏(サイリ)
牧宰(ボクサイ)　國宰(コクサイ)　太守(タイシユ)

介(スケ)　長史(チヤウシ)　別駕(ヘツカ)

掾　従七位上　有權掾

目　從八位下

大上國守相當五位也依之其身雖六位除

目之時執筆之人押以書從五位下不待

勅處分者也

中國

守　正六位下

介　官位令中國無介

吏也

大國

守　有權守　相當従五位上

介　有權介　相當正六位下

掾　大　正七位下　少　従七位上　有權大掾　有權少掾

目　大　従八位上　少　従八位下

上國

守　従五位下　有權守

介　従六位上　有權介

遣使於四方所向皆以臣伏同年十月更命四
道將軍進發云々第十三代成務天皇四年始
定國造同六年始分國境國造乃國司名後改
云守也凡國司之撰和漢重之此云烹鮮之職
又云分憂之官漢宣帝稱曰与我共治者唯良
二千石乎云々誠是當一方之重寄察百姓之
寒苦非庸才之所可企望故昔時固設格制以
勘治否合格者蒙賞違格者被黜是所以擇良

瀧口
同上堪武勇之輩可補之云々

諸國
神武天皇即位之初繼神代之蹤都日向國宮崎宮此時天下草昧封域未定東征之後初平中州定都於大倭國橿原宮尒來闢四門朝八方歷代因准漸開諸道第十代崇神天皇十年

仰出納令告知其人也蔵人頭已下六位蔵人
已上書位署之時書加其名是古来之例也

出納

小舎人
以上皆有重代経歴之輩

雑色
良家子補之

所衆
六位侍可然之輩補之

極﨟者着麹塵袍是申下御服之儀也晴時雖
下﨟着之第二﨟稱之差次第四稱之新蔵人
也

非蔵人　無員数

重代諸大夫中未補蔵人之間先遂昇殿此云
非蔵人又云非職之者不奉行公事不着禁色
已上宣下之職也但蔵人者頭以下非上御
奉勅之宣所謂内侍宣也管領職事兼仰召

六位藏人 五人
重代諸大夫中不放埒有器量之輩補之地下
諸大夫多以之為先途雖五位已後以藏人五
位為規模之故也藏人者不依年齒老少以常
參次第定上下至于極臈者必預巡爵若有奉
公之志者除其籍更加末座也六位藏人奉行
禁中細々公事朝夕御膳等事稱之日下臈也
五人分月令奉行故也六位職事又聽禁色至

人頭猶帯弁提又精撰也若雖稟其家非其器者去弁任他官也是故頭弁為規模次任参議有其闕者蔵人頭任之是常例也故也又公達為中少将侍従之輩有稽古之人望補此職是為表其才也不練習舊章不稟受口傳者尤可有斟酌也至于今非其才補其職者忽招恥辱殆失於身者也頭及五位蔵人必聴着禁色拝賀以前被下宣旨例也但本聴禁色之人更不及宣下

五位殿上人中名家譜第殊撰其器用所補也
補當職者次第昇進已為恒規是故以補當職
已為出身之初々々常例先任八省輔治民兵等次
任勘解由次官次任廷尉佐次補五位蔵人次
任辨官是順路也補蔵人之日帯廷尉佐是第一勘
解由次官是第二省輔等是第三以之知朝奨
之淺深也自廷尉佐補蔵人兼弁官此為至極
之朝奨所謂三事兼帯頗選中之選也次補蔵

四位殿上人中清撰之職也辨方一人近衛司
方一人補之常例也凡頭者當職之時不依位
次着諸侍臣之上有參議闕者必任之仍古来
為重職又奉行大小公事之間非器無才之輩
不能競望者也以之思之雖末代可謂清撰歟
昔東三條攝政（菅家公）為蔵人頭叙三位帯中将後任
中納言猶為蔵人頭希代之例也
五位蔵人三人

別當

為公卿第一之人補之世俗稱一人者執柄也

一人一所稱之於禁中者殿稱之衆人殿下

稱之自往昔無異儀稱一上者執柄之外第一

大臣也當所別當一上所補也是執柄依天下

之政無其暇仍宮中諸公事併与奪次大臣之

故以次人為一上也殿上事准之可知之

頭二人

五十九

位侍臣中殊撰其人為頭但上古有五位頭近代無之五位
中又撰補三人六位中又撰補四人謂之職事
又為要籍駈仕六位中撰良家子令候殿上謂
之非蔵人凡殿上事頭以下職事所奉行也依
之聴昇殿輩併以頭為貫首雖位階上臈必着
其座下是流例也但非参議大弁猶不着其下
之重其職故欤執頭之輩雖大弁猶着其下
也

嵯峨天皇御宇弘仁年中初置之模異朝侍中
内侍寺職敘彼侍中尤為重任内侍者宦者之
任也或有卑之代或有貴之時古来宦者知事
先賢之所謗也唐玄宗以内侍高力士為一品
将軍尒降内侍執文武之柄遂亡唐祚依之執
政之官太悪宦者之本朝不必然弘仁以往
少納言及侍従為近習宣傳之職而此御宇初
置當所以公卿第一人為別當左大臣為別當當是流例也四

五十八

上卿　辨　開闔　寄人
已上依宣旨行其事但於上卿辨者可令
行記録所事由被宣下也
樂所別當　知樂所事也
堪其道之公卿補之
大學別當
親王大臣納言中補之近代中絶畢
藏人所

大中納言中堪具道之人補之

内膳別當　知内膳司事

大中納言中補之

御厨子所別當

内蔵寮頭補之

大歌所別當　知大歌事

東山左府説

納言已上補之上古親王之中天補之

記録所

九十七

橘氏者昔橘家有昇納言已上之人仍為長者而其家衰微之後雖有長者号只知學館院領許也於氏爵者是定人挙之是定者擇其人被下宣旨也近代九條流被傳之仍他人不望之依之橘家皆属彼家云〻

内竪所別當　知内竪所事

一人必為其仁他人不望之

内教坊別當　知女樂事

勅定之、然者他流人縱雖為公卿上首不可
及競望事歟

淳和院別當　同上

學館院別當

橘氏之中補之此号長者凡稱氏長者王氏源
氏藤氏橘氏有此号王氏者往古之例親王為
其長近代為王氏之者第一稱之藤氏者執政
為其長源氏者見任大臣納言中為第一人也

源氏長者

爲奬學院別當之人即爲長者而近例爲前大
臣有爲長者之人仍被下宣旨

奬學院別當

源氏公卿第一人補之爲納言之時多兼奬學
淳和兩院任大臣日以淳和院與奪次人於奬
學院者猶帶之是流例也但兩院別當事中院
右大臣之時永可付彼家之由有鳥羽院

此号道志也

府生　左右

府生者非奏任官仍府督判授之後申下

使宣旨者也

藤氏長者

蒙摂政関白詔之人為其仁仍別不及宣下

也但宇治左大臣頼長公非摂関為長者宣

下之例初於此乎

志

左 大少　右 大少

明法道輩六位時任衛門志即家使宣旨也非成業輩轉任爲規模稱非成業者院主典代廳官太政官史生藏人所出納諸家下家司中譜第器用者先任左右衛門府生蒙使宣旨也武勇家幷追捕輩者不任之凡志者奉行使廳諸公事之故以當道爲其撰

明法而補之稱追捕是世俗之所云傳也又
源平武士雖諸大夫多補之大夫尉源義経
者剰為昇殿廷尉云々又六位尉叙五位時
多者去之明法道者必叙留其外輩依殊恩
令叙留也但近代毎人叙留違舊例也又左
右尉者必左右衛門也至大理者衛門兵衛
依闕事也佐尉志者必衛門也但近衛兵衛
邂逅有例云々

左大尉二人　右大尉二人

左右少尉　近代員数不定

明法道儒必任之上古其流不一中古以来坂上中原両家為法家仍必任之於少尉者追捕輩各任之至大尉者多明法道所任也但殿上蔵人為廷尉者間任大尉追捕者歟士重代者并諸家恪勤中殊撰重代器用所被補也真実追捕犯人関其賞者希事歟非

以別當為其冣也

佐二人　左右

為左右衛門権佐者兼使宣旨止佐為廷尉之例邂逅也又上古有中少將兼宣旨之例凡廷尉佐者名家講第之中清撰之職也昔者廷尉佐着大理廳屋中古已来不着之於使廳政者佐以下着行也

尉　稱之判官

職是流例也世俗訛稱大理之人可備七德
所謂譜第器量才幹有職近習容儀富有云
〻有剰事歟又昔者諸大夫不任之而光頼
卿初任之其後連綿歟參議大理者過納言
闕之時必任之上有參議縱雖爲英雄不相
爭事也但參議大辨者勞効等同仍或同時
登用或互有超越之例是可依勞之淺深歟
又參議中將勞効久者自相爭也然而近代

斷京職訴訟併帰使廳仍為國家之樞機歷代
以為重職者也
別當一人　唐名大理卿
參議已上尤擇其人也補此職之人必帶衛
門兵衛督往古有參議中將補之例雖非參
議補之中古以来更無其例昔為大將之補
之又有例仍至大納言帶此職近代又未聞
事也仍中納言大理任大納言之日必去其

月大司寇即此任也後代置大理寺本朝又以
刑部省為糺判之官天長年中准唐朝置使廳
蓋是大理寺也但別當以下為宣下職為衛
府之人補之又書位署之時不書此職号是流
例也又別當宣旨則廳宣也古来被准勅宣
仍天下重之違背廳宣者可准違勅云〻又
當使補看督長六十六人此為遣諸國也云〻
朝家置此職以来衛府追捕彈正糺彈刑部判

主典
件職往古藤氏長者宣也近代　勅補歟但
不載除目

宣下官
撿非違使　此云使廳　本所乃勅負廳也
淳和天皇御宇天長年中初置之異朝尤重此
職昔唐虞代皐陶為士此云大理周礼立官之

判官　同尉志奇兼之

主典

已上除目任之

春秋除目悉所載大間也。外記録關官取大間

矣

施薬院使

使　醫道四位已下任之　為彼道重職也

判官

主典

造寺使
東大興福寺両字外無此号

長官
東大寺者大弁必兼之
興福寺者南曹弁兼之

次官

判官
東大寺者一史兼之

主典

防鴨河使

使
廷尉佐必兼之

鑄錢司
近代常不任之可任者官外記諸道中當其仁

歟

長官

次官

判官

主典

修理宮城使

左右

使

弁官兼之

多者左右中弁兼任之

判官

官史常兼之

夫等不任之

判官　相當從六位下

六位侍任之但聊堪右筆者所望任也為顕

職故也凡顕職者無指事之輩拝任無念之

義也顕職者外記官史式部民部丞弾正忠

勘解由判官等也左右衛門尉猶雖為顕官

於今者不及沙汰

主典　相當從七位下

亜其次修理其次大膳也但大膳亮頗劣也

進　大少　唐名　匠作録事

属　大少　唐名　匠作丞

勘解由使　云勾勘

是強非唐名取義歟

長官　相當従四位下

四位已上任之多着参議二位三位任之

次官　相當従五位下

名家五位任之頗為顕官仍一向地下諸大

四位已上任之或公卿任之兼帯

権大夫一人

四位五位殿上人任之或諸大夫任之頗規

模也

亮 相当従五位下 唐名匠作少尹

諸大夫任之相当五位也然而六位又任之

諸司四分中頗為重敷大膳左右京修理之

外無当五位之四分然而近代以左右京為

賀茂斎院司　無唐名

長官　相当従五位下

同上

次官

判官

主典

令外

修理職　唐名匠作　掌宮中修理事

大夫一人　相当従四位下　唐名匠作大尹

帯刀者撰重代侍補之自公家被補之也

背者源平重代武士多補之

伊勢斎宮寮　無唐名

頭一人　無権官　相當従五位下

四位五位殿上人若諸大夫任之

助　相當正六位下

允　大少

属　大少

首一人　相當從六位下　唐名典郎

主馬署　唐名廐牧署

首一人　相當從六位下　唐名廐牧令

主膳者膳部之家任之歟但近代不必任之

内膳司并兼知坊中御膳之故歟主殿主馬

者重代侍等所望補也此外坊中有蔵人非

蔵人是坊中之沙汰也重代諸大夫補之蔵

人者勤仕日下﨟事如禁中仍撰其人也又

少進一人　権　相當從六位下
名家六位任之或雖五位猶帯之
屬　大少　唐名詹事録事
院主典代官史生等中為重代者任之掌坊
中雜務故也
主膳監　唐名典膳局云〻
正一人　相當從六位上
唐名典膳郎
主殿署
唐名典設局云〻

四十六

也

亮一人　相當従五位下　唐名太子少詹事

名家四位有人望者任之坊中事亮一向所奉行也

権亮一人

華族中少将兼之

大進一人　権三人　相當元従六位上　唐名詹事丞

名家五位任之尤可擇其人也大進奉行宮中諸公事如禁中職事仍非器要者不任之

唐世置詹事府以統衆務又置左右春坊宮中事一向坊官之所掌也

大夫　相当従四位下　唐名　太子詹事　或太子少尹　或端尹

執柄息大臣子孫為大中納言人兼之諸大夫之納言已上無拝任之例坊中事大夫管領也

権大夫一人

同前但諸大夫納言有兼任之例猶不為可

少保本朝只置傳一人相當雖為正四位上勅任官也尤為重為三公之人兼之大納言兼任雖多先例中古以来邂逅也又前官大臣任之中山前太政大臣頼實公也非常儀

學士二人　相當從五位下　唐名太子賓客

講第儒者有才徳有應其撰依為傅君之侍讀也古今重之

春宮坊　唐名春坊

令史　唐名市録事　常不任之
右京職　同左
西市司　同東
東宮　唐名　龍楼　又鶴禁　又銀榜
東宮春宮是一也然而傳學士此為東宮官大
夫以下為坊官古来如斯
傅一人　相當正四位上　唐名太子大傅
唐朝太子有太師太傅太保又有少師少傅

也不可准自餘頗為重職

進　大　従六位下　少　正七位下　唐名京兆司録　六位侍任之

属　大　正八位下　少　従八位上　唐名京兆録事

東市司　唐名市署　掌市事

正一人　相當正六位上　唐名市令

諸道五位六位及院主典代蔵人所出納等

任之

佑　相當従七位下　唐名市丞

代移テ検非違使廳

大夫一人　相當從四位下　唐名京兆尹

四位已上任之或為公卿兼官

權大夫一人

四位殿上人諸大夫共任之於諸大夫者為抽賞之

儀

亮

權亮　相當從五位下　唐名京兆少尹

五位諸大夫任之雖六位又任之相當五位

殿上四位五位官也為顕職近来多及地下
無念之儀

忠　大　相當正六位上
　　少　相當正六位下
　　　　唐名侍御史
六位諸大夫同侍等任之相當已高之上為
顕職也近来為靫負尉下官也不叶理歟

疏　大少
　　唐名御史録事

左京職
　　唐名京兆又馮翊
掌京中事背着宅地以下悉京職之所知也近

彈正臺　唐名 御史臺　又云霜臺　又云憲臺

掌糺彈事近代其職掌移于檢非違使廳至中古於洛中巡檢循勤之當時已絶

尹一人　相當從三位　唐名 御史大夫　元從四位 改為從三位

多任親王或大納言已上兼之　勅任之官也頗為重職

大弼一人　相當從四位下　唐名 御史中丞　元正五位下

少弼一人　相當正五位下　唐名同

助諸大夫任之侍以下不任之皆是可然之諸
大夫官也但至二寮助者多以諸道任之也至
允者一向六位侍官也諸司佑者諸三分中頗
為芳然而可随其人所望也

以上上巻

任之

佑　相當正八位下　唐名上林丞　常不任之

令史　唐名上林監事

已上八省畢

中務省卿以下相當稍高七省相當皆同然乃於中務省似不混餘省准據異朝之故歟凡八省被管諸寮助内藏陰陽玄蕃諸陵典藥等者所任已有其道仍諸大夫等不任之其外諸司

采女司　唐名采女署

正一人　相當正六位下　唐名采女令

同上諸道中雖六位又任之

佑　相當正八位上　唐名采女丞　常不任之

令史　唐名采女史

主水司　常ニハモトントモ云

唐名上林署云々不造　或云膳部署　又不造

正一人　相當從六位上　唐名上林藏氷　白駿令

同上近代大外記清原賴業真人子孫相傳

奉膳擬正一流之外他人不居

典膳　相當従七位下　唐名　尚食直長

令史　唐名　尚食史

已上膳部外不任之

造酒司　唐名　良醞署　掌御酒事

正一人　相當正六位上　唐名　良醞令

近代諸道五位等任之

佑　相當従七位下　唐名　良醞丞

常不任之

令史　唐名　良醞史

正一人　相當正六位上　唐名宗正卿

近代王氏五位任之　他人所任邂逅

佑　相當從七位下　唐名宗正丞　常不任之

令史　唐名宗正録事

内膳司　唐名尚食局　掌御膳事

正一人　相當正六位上　唐名尚食奉御

奉膳一人　相當同上　唐名同

近代奉膳乃為正。高橋氏相傳任之　今代不任正以

掃部寮　唐名洒掃署　掌鋪設事

頭一人　無權官　唐名洒掃尹　相當從五位下　守宮令

五位諸大夫及諸道五位任之　近代大外記

中原師光後胤相續於今者斷畢歟

助　權助　唐名洒掃少尹　相當從六位上　六位諸大夫任之

允　大少　唐名　洒掃丞　六位侍任之

屬　大少　唐名　洒掃史

正親司　唐名　宗正寺　掌皇親籍事

針博士　相当従七位下　唐名主針儒　同上

侍医　相当正六位下　唐名侍御医

当道重之歟侍医其職也云半昇殿常候
禁中故称侍医也　主上出御殿上之時侍
医参小板敷奉見　龍顔故云半昇殿之ゝ

近代四位五位任之

権侍医　同道五位六位任之歟

医師　相当従七位下　唐名司医

助　権助　相當從五位下　唐名　大醫正之、

同輩五位六位共任之

允　大少　唐名　大醫丞

同輩門徒可任之歟他人強不任之

属　大少　唐名　大醫史

醫博士　唐名　大醫博士　醫藥儒

相當正七位下

醫道任之近代多是五位也

女醫博士　令外

相當・唐名同上

五位諸大夫任之。近代小槻家〈隆職流〉相傳任
之

助　権助　六位諸大夫任之

允　大少　唐名　尚倉丞　六位侍任之

屬　大少　唐名　尚倉令史

典藥寮　唐名　大醫署　又尚藥局

頭一人　無権官　相當従五位下　唐名　大醫令　尚藥奉御

醫道極官也。他人不任之

頭一人　無權官　相當從五位下　唐名　大倉令　道官令

五位諸大夫任之近代大外記中原師遠子

孫相傳之温職中尤膏腴也

助　權助　唐名　主饗

六位諸大夫任之

允　大少　唐名　大倉丞

六位侍任之

屬　大少　唐名　大倉史

主殿寮　唐名　尚倉局

掌殿上殿下洒掃事

頭一人　無權官　相當從五位下　唐名　尚倉奉郎　殿中監

木工寮　唐名将作監　掌工匠事

頭一人　権頭一人　相當従五位上　唐名木作尹　工部尚書　将作大匠

頭者名家五位殿上人多任之。権頭者諸大夫五位中可然之輩任之

助　権　相當正六位上　唐名　工部郎中　六位諸大夫任之

允　唐名　工部郎中　又将作丞　又木作丞　又将作主簿

属　大少　唐名　工部主事　又左校史　又将作主簿

大炊寮　唐名大倉署　掌諸國御稲田及公私熟食等事

殿上四位五位地下諸大夫共任之華族殿
上人強不任之

亮　権亮　相當從五位下
諸大夫侍共任之諸司助之中近代頗爲輕而
諸司助多是六位相當也當職亮相當五位
也近代爲輕不叶其理

進　大少　唐名　大宮丞　六位侍任之

屬　大正八位下　唐名　大宮史　少從八位上

三十六

四位已上任之雖公卿又任之

大輔一人　権大輔一人　唐名工部侍郎　相當正五位下

少輔一人　権少輔一人　唐名同　員外郎歟　相當従五位下

名家殿上人及諸大夫五位任之

丞　大少　唐名工部郎中

六位侍任之

録　大少　唐名工部主事

大膳職　唐名大官署　又光禄　掌所々饗膳事

大夫一人　権大夫一人　唐名大官令　相當正五位下　元正五位上　弘仁改従四位下云々

労任受領之

佑　相當正八位上　唐名織染令之　六位侍任之

令史　唐名織染史

宮内省　當唐工部

周礼冬官考工之職也百工事當有所掌也本朝又如此宮内大少務又此有知之其職似分

中務

卿一人　相當正四位下　唐名工部尚書・殿中監　光禄少卿　司農卿

三十五

者也仍可然之殿上人不望之

丞　大少　唐名　大府郎中欲

六位侍任之者為重職給爵之後任受領

之ヽヽ

録　大少　唐名大府主簿

織部司　唐名織染署　掌織部事

正一人　相當正六位下　唐名　織染令

五位諸大夫諸道輩等任之者當司依功

朝之准據有也此有掌諸國租税諸公事之時
成切下文令支配于國々矣

卿一人　相當正四位下
唐名大府卿
四位已上任之雖公卿又任之

大輔一人　権大輔一人　相當正五位下
唐名大府侍郎歟

少輔一人　権少輔　相當従五位下
名家殿上人及地下諸大夫共任之近代諸
道及侍五位等任之畢八有輔中頗被賦下

少判事二人　相當從六位下　明法道輩兼之

囚獄司　唐名断獄署　掌獄舎事

正一人　相當正六位上　唐名断獄令

佑　相當從七位下　唐名断獄丞

令史

近代不必任此司若擇名号歟

大藏省　唐名大府寺

周礼地官吏部之屬歟本朝別置當省不叶異

位任之抽賞之儀欲不打任事也

丞　大少　唐名　刑部郎中

六位侍任之但雖諸大夫任之頼義朝臣男

義光又為刑部丞

録　大少　唐名　刑部主事

大判事一人　相當正五位下　唐名　司直　大理正

司直許事決断令　理正司

明法道輩任之為極官

中判事一人　近代不任之

當有所掌也本朝先例如此然而被置検非違使之後刑部職掌有名無實但行贖銅等罪之時猶移于當有者也

卿一人　相當正四位下　唐名　刑部尚書　大理卿

四位已上任之雖公卿又任之

大輔一人　権大輔一人　相當正五位下　唐名　刑部侍郎

少輔一人　権少輔一人　相當従五位下　唐名同

名家五位及諸大夫五位任之近来雖侍五

隼人司　唐名布護署　此已下諸司無權官幷次官

正一人　相當正六位下　唐名布護將軍

諸大夫任之但近代諸道及侍等多任之五
位六位共任之但侍者五位之後可任之

佑　唐名布護丞　六位侍任之元者正八位官也

令史　唐名布護主簿　相當大初位下

刑部省　當唐刑部

周礼秋官大司寇之職也断獄刑法及諸訴訟

名家五位任之公達天任之八省輔之中氏部治部兵部名家執之仍地下諸大夫等細々不任之

丞　大少　唐名　兵部郎中

六位諸大夫并譜第可然之侍任之常有丞本為重職式兵相並故武官除授等令奉行之近来無沙汰不可然事也

録　大少　唐名　兵部主事

親王任之凡八省中ゝ務式部親王官也兵部時ゝ任之此外不任親王公卿以上任之民部兵部此為重治部刑部其次也大蔵宮内又其次也然乃治部刑部大蔵宮内雖四品侍臣任之民部兵部更不任四品侍臣等也

大輔一人
権大輔　相当正五位下
唐名　兵部侍郎

少輔一人
権少輔　相当従五位下
唐名　同

三十一

後任受領云々近代必不然也主計者天下戸
口貢數筭勘也主税者掌正税也依之多有諸
道輩任之

兵部省　當唐兵部

周礼夏官大司馬之職也軍旅兵馬及諸武官
之籍皆是當官之所掌也本朝又同之

卿一人　相當正四位下　唐名兵部尚書衛尉卿

近代多為公卿已上兼官四位不任之或又

諸道中為五位者任之

助一人　権助一人　相當正六位下
唐名　金部員外郎

同輩為六位者任之
近代五位任之

允　大少
六位侍任之

属　大少

主税寮
唐名　倉部　又云屯田

同前

允主計主税謂之二寮當頭助為重任給爵之

少輔一人　権少輔一人　相當従五位下
唐名同　員外郎歟
名家輩任之未取下之官也
丞　大二人　少二人　唐名戸部郎中
可然之六位侍任之必可叙爵之故為重職
也見式部丞之所
録　大少　唐名戸部主事
主計寮　唐名　金部　又度支
頭一人　無権官　相當従五位下
唐名金部郎中　又度支郎中

人民之數此官之所知也本朝又如此天下之戸口皆掌之又有圖帳國郡牓示載以明白謂之民部省圖帳

卿一人　相當正四位下　唐名戸部尚書

當省卿者雖爲四位相當古来公卿兼官也仍無四位拜任之例多是納言以上兼之仍中式之外以此卿爲重也

大輔一人　權大輔　相當正五位下　唐名戸部侍郎

二十九

頭一人　無権官相當従五位上　唐名廟陵令
近代賀家陰陽師五位已上任之
助一人　権助　唐名廟陵監
允大少　唐名廟陵丞
属大少　諸陵録事
為禁忌之官仍寮頭之外強不任之
民部省　當唐戸部
周礼地官大司徒之職也邦國土地之圖戸口

属　大少

玄蕃寮　唐名　鴻臚寺
掌諸蕃事并僧尼度縁事

頭一人　無權官　相當従五位上
唐名鴻臚卿　典客郎中

五位諸大夫任之　近例多以諸道輩任之

助一人　權助一人　相當正六位下
唐名鴻臚少卿　同六位任之

允　大少
唐名　鴻臚丞

属　大少

諸陵寮　唐名　廟陵署
掌諸御陵事

丞　大少　唐名　礼部郎中　六位侍任之

録　大少　唐名　礼部主事

雅楽寮　唐名　清大楽　掌音楽事也

頭一人　無権官　相当従五位上　唐名　清大楽令　協律郎

五位諸大夫任之　堪音律者可応其選歟

助一人　権助一人　相当正六位下　唐名　清大楽郎

六位諸大夫任之

允　大少　唐名　大楽丞　六位侍任之

之所掌也本朝又當省掌礼儀事准唐礼省神
祇官　唐云祠部可属此省也當時此省所掌雅
樂事僧尼度縁廟陵等事也
卿一人　相當正四位下　唐名礼部尚書　大常卿
四位已上任之多為公卿兼官
大輔一人　權大輔一人　相當正五位下　唐名礼部侍郎
少輔一人　權少輔一人　相當從五位下　唐名同
名家五位任之公達又任之

坂中兩家立家以来以廷尉法儒大判事為先
途又候院下北面執柄家已下侍所輩等有之
中原章職其子章任等依為侍讀致訴訟被聴
院上北面其後章任任修理権大夫畢笇道者
當初尤微々也而三善雅衡属権貴起其家子
孫補六位蔵人至遠衡朝衡者剰聴仙籍訖
治部省　當唐礼部
周礼春官大宗伯之職也天地神祇之礼此官

卿始任大納言畢菅家相續又任參議者也明
經者昔愛成為寛平侍讀聽昇殿其後清中両
流並其家以来以外史為務為先途或以候
院上北面列執政家別當為極望迎至先朝
清原良枝真人為二代侍讀作七旬耆老卩奉
授六經之説古今未曾有云〻仍有勅問被
聽昇殿其子頼元又継父跡昇殿畢明法者昔
允亮道成等以當道任衛尉佐勘解由次官等

筭道之極官也筭道者三善氏傳之仍一人者必用其家儒也今一人小槻氏任之善家者習筭術也小槻氏者為諸國調賦筭勘居其職云、

凡四道儒者第一等秀才第二等明經第三等明法筭道也見令條紀傳儒者古来多有登用之人大業之儒任大臣菅氏及粟田大臣在衡公等是也至今日野南家儒昇納言日野俊光

同道輩任之近代五位已上之官也

直講二人　相當正七位下　唐名直学士　同上

音博士二人　相當従七位上　唐名青儒　同道末儒官也近代五位已上

書博士二人　相當従七位下　唐名書儒　同上

明法博士二人　相當正七位下　唐名律学博士

明法道之極官也中古以来坂上中原両流

為法家之儒門以當職為前途

筭博士二人　相當従七位上　唐名筭学博士

文章博士二人　相當從五位下　唐名翰林主人　又翰林学士

紀傳道儒士之撰也異朝殊重之居此職者

必轉于參議也又詔勅等悉學士所書也

本朝同雖主文章於詔勅者内記之所掌也

博士一人　相當正六位下　唐名大學博士

明經道之極官也中古以来清中兩家依位

次任之号大博士也近代五位官也

助教二人　相當正七位下　唐名國子助教

大學寮者四道儒士出身之處也和漢最為
重職紀傳明經明法筭道謂之四道又當寮
安置先聖先師九哲春秋二仲釋奠有東西
二曹管江二家為其曹主諸氏出身之儒訪
道於此二家而已寮頭者儒中之撰也但雖
非儒文有例

助　權助相當正六位下　唐名國子司業　諸大夫任之

允　大少　相當七位　唐名國子丞　近代六位任之

屬　大少　唐名國子主簿

民部者侍之中宿老重代輩任之号民部太
夫五位是也假令檢非違受領等次也抑當
省丞者依闕所任也若無其闕者以大丞上
﨟令叙爵次第轉任加新任者也又叙爵時
乃去其職

録　大　正七位上　唐名吏部主事
　　少　正八位上

大學寮　唐名國子監

頭一人　無権官　凡諸寮頭権官有無不同
相當從五位上　唐名國子祭酒

大輔一人 權一人 相當正五位下 唐名 吏部大卿 又吏部侍郎 或考功郎中

近代儒中二位三位帯之

少輔一人 權一人 相當従五位下 唐名 吏部郎中 又吏部員外郎 又献常少弼

儒中之重職也。仍他人不任之

大丞二人 相當正六位下 唐名 吏部郎中 七省丞相當皆同

少丞二人 相當従六位上 丞又云侍郎 吏部侍郎職侍中着緋初出業徵宮之。是六位蔵人為式部丞而叙爵時事也

當省并民部丞謂之二省丞。必可給爵者所任也。但式部者可然諸大夫云良家子任之是也

卿一人　相當正四位下　七省皆同之
唐名　吏部尚書

近代親王四品已上任之人臣任之希例也

凡當職其寄異他毎年於本省行諸國一分

召也　一分召者任諸國史生之名也　史生謂

之一分　内給院宮大臣已下參議已上皆有

年給式部卿行之也　近代其礼久絶畢　件月

者式部卿來庇差絲毛車殿上丞一人乘結

唐尾馬前驅云々

諸大夫及諸道五位等任之

助　権　相當正六位下
唐名　少府監
同六位任之

允　大　唐名　少府丞
少
六位侍任之

属　大　唐名　少府主事
少

已上中務被官也

式部省　當唐吏部

周礼天官大宰之職也國家典章皆是此官所

統也本朝文官除授考選事今猶掌之

暦博士　権相當従七位上　唐名司暦　或司暦正保

暦道任之近代五位已上任之

天文博士　権相當正七位下　唐名司天　又霊臺郎

天文道任之近代五位已上任之

漏尅博士　相當従七位下　唐名司辰　又挈壺正　或司辰司尅

五位六位共任之

内匠寮　令外　唐名少府

掌工匠事但近代木工修理知其事頗似無其實

頭一人　無権官相當従五位上　唐名少府監　或中匠令

當道之極官也

助　権助　相當従六位上
唐名　司天少監　清大史少監　五行少尹

同道輩五位六位共任之

允　大　少
唐名　司天丞　大史丞

同道被管門生等任之

屬　大少
唐名　司天主簿

陰陽博士　権　相當正七位下
唐名　清大卜正
同道五位已上任之

陰陽師　相當従七位上
唐名　清大卜師
近来強不任之歟

助　權助　相當正六位下
唐名尚衣少監
同六位任之

允　大少
唐名尚衣直長
六位侍任之

屬　大少
唐名尚衣令史

陰陽寮
唐名司天臺　或云大史局

掌天文暦數事、昔者一家兼兩道、而賀茂保憲以暦道傳其子光榮、以天文道傳弟子安倍晴明、自此已後兩道相分

頭一人　並權官　相當從五位下
唐名司天監　大史監　祠部郎中　五行尹

近代多者醫陰二道任之勤仕賀茂条内藏

使者也

允

大　或無大少

少　唐名　倉部丞　少府丞

六位侍等可任之歟但強不望之

属

大　従八位下

少　大初位上

唐名倉部主事

縫殿寮

唐名　尚衣局

掌裁縫事

頭一人

無権官　相當従五位上

唐名　尚衣奉御　或腋庭令　彩縫監

諸大夫五位任之

頭一人　相當從五位上
唐名倉部郎　又大府監　或尚衣奉御　又藏都令
四位五位殿上人擇其人任之於禁中爲
重職又世俗謂妻室凡卑之人不任之專知
御服等事故也云〻
權頭一人
諸大夫五位任之　諸寮權頭中内藏木工左
右馬殊爲宜
助
權助　相當正六位下
唐名倉部員外郎

允　大　正六位下　唐名宮園主事　六位侍任之
　　少　従七位上

属　大　従八位下
　　少　大初位上

圖書寮　唐名秘書省

頭一人　無権官　相当従五位上　唐名秘書監　或著作郎　諸大夫五位及諸道輩任之

助　権助　相当正六位下　唐名秘書少監　同六位等任之

允　大
　　少　六位侍等任之

属　大
　　少　唐名秘書主事

内蔵寮　唐名倉部　又云少府　掌御服御膳等事

權亮　華族四位五位中少將等兼之

大進一人　相當從六位上　唐名内給事　名家五位任之

少進　權　相當從六位下　唐名同　諸大夫五位六位任之

屬　大　正八位下　少　從八位上　唐名内侍主事　或録事

院主典代官史生等任之

大舎人寮　唐名宮闈局　昔八百人云々　掌宮中駈使事

頭一人　無權官　相當從五位上　唐名宮闈令　諸大夫五位任之

助　權助　唐名宮闈少令　相當正六位下　同六位任之

大夫一人　相當從四位下　唐名長秋監

近代華族納言等兼之

權大夫一人

同納言參議及三位已上兼之名家雖有其

例不打任事也近代尤被擇其人

亮　相當從五位下　唐名內常侍

名家四位中擇其人任之知職中之諸事故

也

皇太后宮職　帝王母也云々
皇后宮職　帝王妻也云々
已上謂之三宮　和漢同之
中宮職　帝王妻也
中宮者即皇后也本朝並置二宮太無其謂然
而光仁御宇被置此職以来代々並置仍今
号四宮也四宮中々宮皇后宮之司尤擇其人
太皇太后等宮司強不清撰但可依時事也

中務被管別云内記局

少二人　相當正七位上　唐名著作郎　近代六位

儒胤并同門徒等任之

監物　大従六位下　少正七位下

六位侍任之

主鈴　大正七位下　少正八位上　近代強不任之

典鎰　大従七位下　少従八位上　同前

太皇太后宮職　帝王祖母也云々

叙四位者又去之四位已上任之別儀也

内舎人九十人　唐名通事舎人

可然之侍任之摂政関白給内舎人随身時

殊撰其器召仕之帯剱之官也

内記　唐名内史局　又名柱下

大一人　相當正六位上　近代五位

唐名柱下起居郎

儒門之中堪文筆者任之草詔勅宣命故

也上下諸人位記悉内記所奉行也故雖為

名家強不執之治部民部兵部執之也

大少丞　相當大正六位上少従六位上　唐名中書舎人

可然六位侍任之大者常不任之

大少録

侍従八人　相當従五位下　唐名拾遺補闕

八人之中三人者少納言兼任之其餘者公達任之諸大夫中常不任之又大中納言参議已上有兼任之例近代無定數五位侍従

省又當省卿以下雖文官帯劔之職也

卿一人　相當正四位上　唐名中書令

親王任之　四品已上　臣下不任之

大輔一人　権大輔一人　相當正五位上　唐名中書大卿　或中書監　侍郎
但異朝中書令上置監然者以大輔比于監無其謂

名家殿上人任之

少輔一人　権少輔一人　相當従五位上　唐名中書少卿　或中書侍郎

同前

中務八省中相當已高然而於大輔少輔者

納言為次官少納言辨為判官史為主典也餘
可准之太政官長官行節會任之納言已下主
典已上者除目任之史生官掌者判授官也然
而太政官者其寄異他仍史生官掌猶為重職

中務省　ナカノマツリコトスルツカサ　道成説　ナカノマツリコトノツカサ　或説　ナカツカサ　家説　當唐中書省　又号鳳閣

八省中以中務為重職官中事當省可統領之
義也異朝同重之以尚書為南衙以中書為北
司本朝近代之例頗無其實然而相當異于七

左右少史各二人　相當正七位上　近代六位
唐名左右主事

已上謂之八史

史生廿人

太臣以下判授之職也居其職者多轉史但小
槻氏輩不補之門徒等補之

官掌四人

太政官被管也太弁以下判授之凡諸官有長
官次官判官主典也假令太政官太臣為長官

上象七星故也又漢朝尚書郎親近之官也仍
口含鶏舌香手握蘭故此云握蘭之職也
史八人
左右大史各二人 相當正六位上 唐名尚書左右大都事
中古以来小槻宿祢為一史行官中事謂之官
務多是五位也其餘被一族及門徒等依器量
任之官務者太政官文書悉知之樞要之重職
也小槻氏称家宿祢之儀也

蔵人帯之頗清撰也、
近衛中少将中有才名之人遷任弁官或兼之
又為規模矣
五位弁叙四位之日去其職者也近代多叙留
又中弁者多分四位也少弁者多分五位是近
来之例也又中少弁之間権官一人必任之仍
謂之七弁
凡尚書者管轄之任権衡之職也尤可撰其人

辨七人

左右大辨二人　相當従四位上　唐名尚書　左右大丞

官中事大弁所執行也仍為重職名家譜第輩殊依清撰任之華族中有才名之輩参議之時兼之為規模無矢才人不居之乎

左右中辨二人　相當正五位上　唐名尚書左右中丞　或左右司郎中

左右少辨二人　相當正五位下　唐名尚書左右司郎

名家譜第任之多者先補五位藏人乃任辨也

後帯之文常事也

外記 大二人 相當正六位上 近代五位 少三人 相當正七位上 唐名外史 或門下録事

太政官中有三局左右辨官 左右大史外記是掌其局 也近代左大史兼左右此云官務外記上首此云局務仍今稱兩局也外記恒例臨時公事除目叙位等事奉行之官也尤為重職近代清中兩家任其職於少外記者彼兩家輩同門生等依器量任之

准三宮大臣者毎年給官爵々即従五位下官
乃掾若内官也如三宮之儀
少納言三人　相当従五位下　唐名給事中
昔者重職也三人必兼侍従拾遺補闕之任也
弘仁御宇置蔵人所之後其職掌遷於侍中仍
少納言只掌鈴印等事其職兼太政官中務省
也近代可然之諸大夫任之花族又任之兼近
衛中少将之例有之先有叙四位有避職四位

參議云〻八人自此而始依之有八座之号任
參議有數道左右大弁并近衛中將有其才者
藏人頭及勘七箇國公文受領等是也
已上号見任公卿是也納言已上有封戸職田
又毎年除目有年給大臣隔年任諸國掾一人
納言三年一度任掾一人參議有不任掾但獻
五節之翌年給之其外皆給諸國月一人史生
一人是分其俸之義也

参議八人　唐名　諫議大夫　相公　八座
相當　正四位下

参議者諸臣之中四位已上有其才之人奉
勅参議宮中政之意也故非正官然而除目任
之又例也四位任之者猶稱其朝臣三位已上
稱姓朝臣也
八座者異朝八座其職各別也本朝　聖武天
皇天平三年置参議大同御宇罷参議置五畿
七道觀察使合八人　弘仁御宇罷觀察使皆為

持統天皇六年始置此官其後罷之大寶二年
定官位令月無此官仍為令外欸但慶雲四年
又置之云々相當三位也四位參議任之時執
筆人并書從三位人數近代為十人　前朝被
定八人其後又不同凡任當官者參議勞二十
年以上撿非違使別當大弁宰相攝政關白子
為二位三位中將者等直任非舊儀者也近代大臣息三位中將納
言已上殊可撰其人之官也

當今彈正其義不叶爰稱德御世暫改大納言号為御史大夫是故大納言唐名為御史大夫不叶舊式者也今正員四人也寛平御宇為正二人権一人其後権官加増高倉御宇初為十人先朝後醍醐天皇御時被定六人凡當官者人臣之重職也可昇大臣之人任之而光頼卿以来為諸大夫輩又任之然而至今為重事

中納言　令外官也　権官古来有之　相當從三位

唐名　納言　龍作　黄門

関白左大臣頼通上爰我太政大臣雅資着関
白左大臣忠通上是邂逅例也
大納言 令四人 唐名亜相 相当正従三位 今従三位
其職掌与右大臣以上参議天下事〻然者
大臣不候之間奉行与大臣同故云亜相之
官也異朝上古少師少傅少保是云三孤又云三少
是三公之貳也故云亜相漢以来為御史大夫
有必転丞相依之有亜相之号然而御史之職

韓而歸筑紫誕生皇子在襁褓皇后猶攝政遂
臨天下六十餘年雖同正帝奉稱攝政其後
推古天皇朝皇太子廐戸皇子推古姪也攝政齊
明天皇御宇皇太子中大兄皇子又攝政清
和天皇幼而即位外祖忠仁公奉文德遺詔
而攝政是本朝以人臣為攝政之初也尓来被
一門為執政之臣又執柄必蒙一座之宣旨
故稱一人又云一所然所閑院太政大臣公季着

條入道攝政已來例也凡此職有異朝唐堯時
擧舜爲攝政殷湯以伊尹爲阿衡也當攝政周成
王幼而即位叔父周公旦攝政是今攝政之儀
也漢昭帝又幼而即位博陸侯霍光奉武帝遺
詔攝政如周公故事然乃以周公旦霍光爲濫
觴是也關白者漢宣帝立霍光猶攝政非幼主
之故霍光還政宣帝猶重其人令關白万機關
白之號自此而始云々本朝仲哀崩皇后攝政平三

内大臣實親正二位上所為不同雖一決着歟
正應二年直轉太政大臣其後正應定實公永
仁通頼公嘉元實家公攝政實経男相継任之是
皆可昇太臣之器暫沉淪之間依重其人慰晩
達令朝參者也而先朝後醍醐院御時前大納言
定房為名家任之可謂無念雖然後日任内大
臣之上者無是非歟
攝政関白有大臣兼之或去大臣職帶之東三

後寛弘二年列朝参大臣下大納言上五年准
大臣賜封戸一千戸自稱儀同三司其後絶久
弘安六年太政大臣大納言基具于時叙一位辞大納言
七年准大臣可令朝参之由被下口宣而擬
階奏連署之時被尋問官底多者不可為見
任之由依申之無勅許云々然而清家外記補
任見任注從一位行儀同三司列内大臣下大
納言上中家外記三条本補任非参議列次第

高市又任之　孝謙天皇改云大師藤原恵美押勝任之又改云太政大臣道鏡法師任之後代皆云太政大臣也多是贈官也文徳御世藤原良房任之忠仁公是也　尓来連綿任之

准大臣者　文武天皇大宝三年正月三品刑部親王為知太政官事又　聖武朝太政大臣高市親王三男参議従三位大蔵卿鈴鹿王知太政官事是濫觴之　帥内大臣伊周帰京之

臣大連之任　皇極天皇四年乙巳始置左右大
臣止大連　孝徳天皇御宇以中臣鎌子連始
為内臣　天智朝擧為内大臣賜藤原朝臣姓
此時其位在左右大臣上其後此官久絶至
光仁御宇藤原良継魚名等任之初次左右大
臣之下凡内大臣者令外之官也又有太政大
臣之時任内大臣頗似無其謂又太政大臣者
天智朝初置之皇子大友任之　天武朝皇子

降給時天児屋根命津速産霊神孫中臣氏祖天太玉命高皇産霊神子斎部氏祖奉天照大神勅為左右之扶翼如今世左右相歟神武東征之後天下一統二神之孫天種子命天冨命文為左右又上清古無大臣号喚執政之人稱食國政申大夫第十二代景行御宇初以武内宿祢為棟梁臣成務御宇初号大臣仲哀朝又以大伴武持号大連大臣大連相並知政事尓来代々有大

右大臣一人　相当同左大臣　唐名　大保　右丞相　右僕射

已上謂之三公

異朝三公者皆則闕之官也為師傅保職棟梁于諸官塩梅于帝道者也是故三公無所職置六卿令掌天下政秦漢以来有相國左右丞相之号已知度改異于古三公也三公者象天之三台星也三槐者周世外朝植三槐三公班列其下槐者懐也懐遠人之義也　我朝天孫天

師範一人儀形四海無其人則闕云〻故云則闕之官有德之撰故非其人者常不任之又無職掌之官也太政大臣行公事希例也雅實大臣在官時依別勅内弁叙位除目等被勤之

左大臣一人　相當正從二位　唐名大傅　左丞相　左僕射

官中事一向左大臣統領之故云一上開白之人為左大臣時右大臣行一上事是依開白与奪也

中臣者本大中臣ノ一種也中臣清麻呂任右大臣之時初加大字然而其庶子有不ㇾ給大之族彼等猶稱中臣也

史　大少　唐名　大常主簿　大常録事　祠部主事　太卜令史
神祇被官輩依請任ㇾ之

太政官　當唐尚書省又号鸞臺　蘭省雖爲官之惣号近代称弁官也

當官統八省及諸國天下事悉決此官也故云都省本名乾政官

太政大臣一人　相當正一位　唐名　大師　相國　大尉

相當從五位下也然而任采女之輩至二三位帶之多是四位五位任之大中臣齋部卜部三姓之人任之

少副　權少副　唐名大常少卿

相當正六位上也近代五位官也三姓之人任之

祐　大祐　相當從六位上　近代雖五位帶之　唐名大常丞

少祐　相當從六位下　近代六位中不分正從皆正六位上也

以前三姓及中臣氏等任之

也然乃条官之職者上古之重任也又神國之
故以當官置太政官之上乎
伯一人　相當従四位下　近代至二三位帯之　唐名大常伯　又大卜令　又祠部尚書
昔者諸氏混任或又大中臣氏任之中古以
来花山院御子弾正尹清仁親王後胤相
續他人不任之彼流四五品之時給源姓雖
任中少将任伯之月復于王氏是近例也
大副　権大副　唐名　大常卿

専主祭祀事是乃執朝政之儀也第十代崇
神天皇慚畏神威鑄改鏡劔奉安置神代之霊
器於別所是皇居神宮相分之初也　垂仁天
皇御宇　天照太神鎮坐伊勢國度會郡五十
鈴河上之時命中臣祖大鹿嶋命為祭主其後
葉代々為祭主朝廷被置官以後神祇官伯補為
頭祭主伊勢神宮祭主文各別但見伯職掌々為
祭主云々然乃其職已一本為一躰以之可知者

言《ゴン》等《トウ》大《ダイ》寶《ホウ》已《イ》前《ゼンニ》有《アリ》其《ソノ》号《カウ》然《シカレトモ》而不《ス》載《ノセ》官《クワン》位《ヰ》令《リヤウニ》矣

神《ジン》祇《ギ》《カンツカサ》官《クワン》　當《アタル》唐《タウノ》大《タイ》常《ジヤウ》寺《ジニ》　又《マタハ》云《イフ》祠《シ》部《ホウト》　大《タイ》常《ジヤウ》令《レイ》

以《モテ》當《タウ》官《クワンヲ》置《ソノコトハ》諸《シヨ》官《クワンノ》之上《カミニ》是《コレ》神《シン》國《コクノ》之風《フウ》儀《キ》重《ヲモンスル》天《テン》神《シン》地《チ》

祇《ギヲ》故《ユヘナリ》也昔《ムカシ》人《ニン》皇《ワウノ》最《サイ》初《シヨ》　神《ジン》武《ム》天《テン》皇《ワウ》定《サダムル》都《ミヤコヲ》於大和《ヤマトノ》

國《クニ》橿《カシ》原《ハラニ》時《トキ》以《モテ》　天《テン》照《セウ》太《ダイ》神《ジンノ》御《ミ》靈《タマ》八《ヤ》咫《タノ》鏡《カヾミ》及《ヲヨヒ》草《クサ》薙《ナギノ》

劔《ツルギヲ》《ミアラカニ》安《アン》置《ヂシテ》大《オホ》殿《トノニ》同《ヲナジウ》床《ユカシ》而坐《マシ》給《タマフ》蓋《ケダシ》如《コトシ》往《ワウ》古《ゴノ》神《シン》勅《チヨクノ》由《ヨテ》此《コレニ》

皇《クワウ》居《キヨ》神《シン》宮《キウ》無《ナシ》差《シヤ》別《ヘツ》宮《キウ》中《チウニ》立《タツ》庫《コ》藏《ザウヲ》此《コレヲ》云《イフ》齋《イミ》藏《クラト》官《クワン》物《モツ》

神《ジン》物《モツ》無《ナシト》分《ワキダメ》云《ウン》々　此《コノ》時《トキ》天《アマノ》兒《コ》屋《ヤ》根《ネノ》命《ミコトノ》孫《ミマ》天《アマノ》種《タネ》子《コノ》命《ミコト》

職原抄

百官

推古天皇御宇聖德太子攝政十二年甲子正月始定冠位十二階。孝德天皇大化五年始置八省百官。先是大臣大連号有之。文武天皇大寶元年正一位藤原太政大臣 淡海公 不比等是也 奉勅撰律令。以官位及職員為其首。其後多有減省又新加之官。謂之令外官。但内大臣。中納

本云
卜部兼右筆
跋　清原宣賢筆

不依假名使如云習之名目點之是為令幼学不謬名目
料簡也後人勿嘲焉

環翠軒宗尤

職原鈔
不出
523

職原抄

本云
此記上中下三巻北畠大納言入道親房卿建武三年叡山臨幸
時於吉河宮叡一位出家之後云々又
其根於南朝芳野殿出家准三后宣旨云々
於南山述作之

第九十六代第五十七世ノ天皇諱義良後醍醐ノ天皇第七御子
御母准三宮藤原廉子コノ君ハラマレサセ給ハントテ月ヲイタクト
ナン夢ニ見申サセ給ケントソサレハアマタノ御子ノ中ニタヘナルサシキ
御コトハツカネテヨリキコエサセ給シ元弘癸酉ノ年アツマノ陸奥
出羽ノカタメニテオモムカセ給甲戌ノ夏立親王丙子ノ春都ニ
ノホラセマシマシテ内裏ニテ御元服加冠左ノオトヽナリスナハチ
三品ニ叙シ陸奥ノ太守ニ任セサセ給オナシキ戊寅ノ年春又
ノホラセ給テ芳野宮ニマシマシシカ秋七月伊勢ニコエサセ給
カサネテ東征アリシカト猶伊勢ニカヘリマシ己卯ノ年三月
又芳野ヘイラセ給秋八月中ノ五日ユツリヲウケテ天日嗣
ヲツタヘオマシマス

夜ヨリ親王ヲハ左大臣ノ亭ヘウツシ奉ラレテ三種ノ神器ヲ
傳申サル後ノ号ヲハ仰ノママニテ後醍醐天皇ト申ス天下ヲ
治給コト廿一年五十二歳マシマシキ昔仲哀天皇熊襲
シセメサセ給ヒ行宮ニテ神サリマシマシキサレト神功皇后程ナク
タメ三韓ヲタイラケ諸皇子ノ乱ヲシツメラレテ胎中天皇ノ御代
ニサタメラレキコノ君聖運マシマシシカハ百七十余年中タエニシ
一統ノ天下ヲシラセ給テ御目ノ前ニテ日嗣ヲサタメサセ給
ヌ功モナク徳モナキヌスヒト世ニオコリテ四トセ余カホト宸
襟ヲナヤマシ御世ヲスクサセ給ヌレハ御懸念ノ末ムナシキニ侍
リナンヤ今ノ御門マタ天照太神ヨリコノカタノ正統ヲウケマシマシ
ヌレハコノ御光ニアラソヒ奉ル者ヤハアルヘキ中々カクテ
シツマルヘキ時ノ運トソオホエ侍ル

ズノ〻国ミツキハヘリシニサテモ旧都ニハ戊寅ノ年ノ冬改元シテ暦応トソ云ケル芳野ノ宮ニハモトノ延元ノ号ナレハ国〻モ又モトノ号ナリモロコシニハカヽルタメシオホケレト此国ニハ例ナシサレト四トセニモナリヌルニヤ大日本嶋根ハモトヨリノ皇都也内侍所神璽モ芳野ニオハシマセハイツクカ都ニアラサルヘキサテモ八月ノ十日アマリ六日ニヤ秋霧ニオカサレサセ給テカクレマシマシヌトソキコエシヌルカ中ナル夢ノ世ハイマニハシメヌナラヒトハシリナカラカスく メノマヘナル心チシテ老泪モカキアヘネハ筆ノ跡サヘトヽコホリヌ昔仲尼ハ獲麟ニ筆ヲタツトアレハコヽニテノトヽマリタクハヘレト神皇正統ノヨコシマナルマシキ理ヲ申ノヘテ素意ノ末ヲモアラハサマホシクテシヰテシルシツケ侍ルナリカクテ時ツモサトラシメ給ケルニヤ二ヘノ

オトロシキ海上アラクナリシカハ又伊豆ノ崎ト云方ニタヽヨハレ
侍シニニハカニ浪風オヒタヽシクナリテアマタノ船ユキカタシラス
ハヘリケルニ御子ノ御船ハサハリナク伊勢ノ海ニツカセ給顕信
朝臣ハモトヨリ御船ニサフラヒケリ同風ノフキシニ東ヘノサセテ
常陸国ナル内ノ海ニツキタル船ハヘリキ方々タヽヨヒシ中
ニコノ二ノ御子オナシ風ニテ東西ニフキワケラル末ノ世ニハメツ
ラカナルタメシニソ侍ヘキ儲ノ君ニサタメ申サセ給テ例ナキヒナ
ノ御スマヰモイカヽトオホエシニ皇太弟ノトヽメ申サセ給ケル
ナルヘシ後ニ芳野ヘイラセヲハシマシテ御目ノ前ニテ天位ニツカセ
給シカハイトヽオモヒアハセラレテタウトク侍ルカナ又常陸国
ハシメヨリ心サス方ニハ御志アル輩アヒハカラヒテ義兵
コハノナリ又奥州野州ノ守モ次ノ年ノ春カサネテ下向シテ

リシ義貞モタヒ〳〵メサレシカト參リアヘスサセルコトナクテ
ムナシクサヘナリヌトキコエシカハ云ハカリナシサテシモヤムヘキ
ナラストテ陸奥ノ御子又東ヘムカハセ給ヘキ定アリテ左少将
顕信朝臣中将ニ轉シ従三位ニ叙シ陸奥ノ介鎮守府将軍ヲ
兼テツカハサル東国ノ官軍コト〳〵ク彼節度ニシタカフヘ
キ由ヲ仰ラル親王ハ儲君ニ立セ給ヘキムネ申サセ
給道ノ程モカタシケナカルヘシ国ニテハアラハサセ給ヘト
ナシ申サレシ異母ノ御兄モアマタマシ〳〵キ同母ノ御兄モ
前東宮恒良ノ親王成良親王モマシ〳〵シニカクサタマリ給ヌルモ天命
ナレハカタシケナシ七月ノ末ツカタ伊勢ニコエサセ給テ神宮
ニコトノヨシヲ啓テ御船ヲヨソヒシ九月ノハシメトモツナヲ
トカレシニ十月コロノコトニヤ上總ノ地チカクヨリ空ナシキ
ナトロ

給ナリマコトニ奇特ノコトニコソ侍シカ芳野ノミユキニサキ
タチテ義兵ヲオコス輩モハヘリキ臨幸ノ後ニハ四人ニモ
尤心サシアルタクヒアマタキコエシカトツ并キノ年モノシテ又
又ノ年戊寅ノ春二月鎮守大将軍顕家卿又親王ヲ
サキタテ申カサネテウチノホシ海道ノ国々コト〳〵クタイ
ヘラキ又伊勢伊賀ヲヘテ大和ニ入奈良ノ京ニナシツキニケル
ソレヨリ所々ノ合戦アマタヽヒニ勝負侍シニ同五月和泉
国ニテノタヽカヒニ時ヤオクメテサリケン忠孝ノ道コヽニキハ
マリハヘリニキ苔ノ下ニウツモレヌ只イタツラニ名ヲノミ
ソトヽメテ心ウキ世ニモハヘルカナ官軍猶コヽロヲハケミシ
テ男山ニ陣ヲトリテシハラク合戦アリシカト朝敵悉テ
社壇ヲヤキハラヒシヨリマコトナクスシテ迫リツクノ北向ニア

秋七月ニ又山門ニ臨幸シ給八月ニイタルマテ度々合戦アリ
シカト官軍ナヲ不利ニシテ仍テ都ニハ元弘偽主ノ御弟ニ
三ノ御子豊仁ト申ケルヲ位ニツケ奉ル十月十日ノ比ニヤ主
上都ニ出サセ給ナトアサマシカリシコトナレト又行スヱヲ
オホシメス道アリシニコソ東宮ハ北国ニ行啓アリ右
衛門督実世ノ卿以下ノ人々左中将義貞朝臣ヲハシメテ
サルヘキ兵モアマタツカウマツリケリ主上ハ尊号ノ儀ニテ
マシ〳〵キ御心ヲヤスメ奉ランタメニヤ成良親王ヲ東宮ニス
ヘタテマツル同十二月ニシノヒテ都ヲ出マシ〳〵テ河内国
ニ正成トイヒシカ一族ヲメシクシテ芳野ニイラセ給ヌ
行宮ヲツクリテワタラセ給モトノコトク在位ノ儀ニテ
ソマシ〳〵ケル内侍所モウツラセ給神璽モ御方ニシタカヘ

諸将ツツカハス二月十三日又コレヲタイラケツ朝敵ハ船ニノ
リテ西国ヘナムオチニケリ諸将ヲヨヒ官軍ハカツ〳〵カ
ヘリノホリシヲ東国ノ事オホツカナシトテ親王モ又カヘ
ラセ給ヘシ顕家卿モ任所ニカヘルヘキヨシオホセラル義貞ハ
筑紫ヘツカハサルヘカリテ親王元服シ給直ニ三品ニ叙シ
陸奥太守ニ任シマシマス彼国ノ太守ハ始タルコトナレト今
リアリシトナン任シ給勧賞ニヨリテ同母ノ御兄四品成良
ノミコソコエ給顕家卿ハワカナト賞ヲハ申ウケサリケル
トソ義貞朝臣ハ筑紫ヘノクタリシカ播磨国ニ朝敵ノ党類
アリトテモツコレヲ退治スヘシトテ月ノオクリシ程ニ五月
ニモナリヌ又高氏ハ西国ノ凶徒ヲアヒカタラヒテカサ子
テセメノホル官軍利ナクシテ都ニ帰参セシホトニ同

貞朝臣ヲハシメテオホクノ兵ヲクタサレシニ十二月ニ官軍ヒキ
シリソキテ関ヲカタメラレシカト次ノ年丙子ノ春正月十日
官軍又ヤフレテ朝敵スデニチカツクヨリテ比叡山東
坂本ニ行幸シテ日吉社ニソマシ〳〵ケル内裏モスナハチ
焼ヌ累代ノ重寳モオホクウセニケリ昔ヨリタクヒナキ
ホトノ乱逆ナリカリシニアヒ又陸奥守鎮守府将軍顕家
卿コノ乱ヲキヽテ親王ヲサキニ立奉リテ陸奥出羽ノ
軍兵ヲ率シテセメノホル同十三日近江国ニツキテコトノ由
ヲ奏聞ス十四日ニ江ヲワタリテ坂本ヘマイリシカハ官軍大ニ
カツエテ山門ノ衆徒マテモ万歳ヲヨハヒキ同十六日ヨリ
合戦ハシマリテ卅日ニ三井ニテ朝敵ヲ追落スヤカテ其夜
還幸シ給高氏猶攝津国ニアリトキコエシカハカサネテ

関東ノ方人ニテ七代ニナリヌルニヤ高時モ七代ニテ滅ヌレハ運ノシカラシムルコトハオホエタレト弘仁ニ死罪ヲトヽメラレテ後信頼カ時ニコソメツラカナルコトニ申ハヘリケレ戚里ノヨセモ久シクナリ大納言以上ニイタリヌルニオナシ死罪ナリトモアラチノハナラハ又法令モアルニウケ給オコナフ輩ノアヤマリナリトソキコエシ高氏ハ申ウケテ東国ニムカヒケルカ征夷将軍ナランニ諸国ノ惣追捕使ヲ望ケレト征東将軍ニナサレテ悉クハユルサレス程ナク東国ハシツマリニケレト高氏ノクム所違セスシテ謀反ヲオコスヨシキコエシカ十一月十日アマリニヤ義貞ヲ追討スヘキヨシ奏シタテマツリスナハチ討手ノホリシカハ京中騒動ス追討ノタメニ中務卿尊良親王ヲ上将軍トシテサルヘキ人々モアマタツカハサル武家ニハ義

シ是マテソノ心コソナカラメ君ヲオトシ奉リシ身
ソノ咎カクレナシ草ノミタメクナシヤアリシ世ノ東国ノ風儀モ
カハリハテヽ公家ノフルキスカタモナシイカニナリヌル世ニ
カトナケキ侍ル輩モアリトキコエシカト中一トセハカリハ
マコトニ一統ノシルシトオホエテ天ノ下コソリテ都ノ中
ハヘヽシクノコソ侍リケレ建武ニ秋ノ比滅ニシ高時
カ余類謀反ヲオコシテ鎌倉ニイリヌ直義ハ成良ノ親王
ヲヒキツレ奉テ参河国マテノカレニキ兵部卿護良親王
ユヘアリテ鎌倉ニオハシヽケルヲハツレ申ニヲヨハスウシナヒ
申テケリミタレノ中ナレト宿意ヲハタスニヤアリケン
都ニモカネテ陰謀ノキコエアリテ嫡殺セラレケル中ニ
権大納言公宗卿召ツカレシモコノニキレニ誅セラル承久ヨリ

スコシキナル所ヲソ封セラレケリアラハル功臣オホク
ホロヒシカト張良ハ身ヲマタクシタリキチカキ代ノコトソカシ
頼朝ノ時ニテモ文治ノ比ニヤ奥ノ泰衡ヲ追討セシニミツカ
ラムカウコトアリシニ平重忠カ先陣ニテ其功スクレタリ
ケレハ五十四郡ノ中ニイツクヲモノソムヘカリケルニ長岡ノ郡
トテキワメテ小所ヲソ給ハリケルトソコレハ人ニモヒ
ロク賞ヲモオコナハシメンカタメニヤカシコカリケル者ノコヽ
コソ又真実ト云ケル者ニ一所ヲアタヘタマフ下文ニ日本
第一ノ甲ノ者ナリト云テ給テケリ一トセ彼下文ヲ持テ
参向スル人ノ有ケルニ褒美ノ詞ノハナハタシサニアタヘタル
所ノスクナキコトニ名ヲオモクシテ利ヲカロクシケルイミ
シキコトハロクニホメアヘリナヘテサカニ心エテホメケレトイトサカ

フサナリナム一郡ヲクトイフハモ日本ハ五百九十四郡コソ
アレ五百九十四人ハヨロコフトモ千万ノ人ハ不悦况日本ノ半
ヲ心サシ背ナカラノツセハ帝王ハイツクツノシテセ給ヘキニカク
ル心ノキサシテコトハヒモイテシモテノニハ恥ルヘシノナキヲ
謀叛ノハシメト云ヘキ也背ノ将門ハ比叡山ニノホリテ大内
ヲ遠見シテ謀叛ヲオモヒクワメテケルモカヽルタクヒニヤ
侍ケレ背ハ人ノ心正ノテ将門ニミモコリキヽモコリナレ今ハ
人ヽノ心カクノミナリヒタレハ也世ハヨノオトロヘヌルニヤ漢高祖
ノ天下ヲトリシハ蕭何張良韓信カチカラナリコレヲ三傑（ケツ）ト
云万人ニスクレタルヲ傑ト云トソノ中ニモ張良ハ高祖ノ師トメ
ハカリコトヲ帷帳ノ中ニメクラシテ勝コトヲ千里ノ外ニ決ス
ルハコノ人ナリトノ給シカト張良ハオコルコトナクシテ留トイヒテ

コトクカタキ秋ハ霜ヲフムヨリイタルナラヒナレハ乱臣賊子
ト云者ハソノハシメ心ヲコトハヲツヽシマサルヨリイテクル也世ノ中
ノオトロフルト申ハ日月ノ光ノカハルニモアラス草木ノ
色ノアラタマルニモアラシ人ノ心ノアシクナリ行ヲ末世トハ
イフニヤ昔許由ト云人ノ帝堯ノ国ヲ傳ヘントアリシヲ
キヽテ潁（エイ）川ニ耳ヲアラヒキ巣父ハコレヲキヽテ此水ヲタニ
キタナカリテワタラス其人ノ五臓六腑ノカハルニハアラシヨク
オモヒナラハセルユヘニコソアラメ猶行スエノ人ノ心オモヒヤルコソ
アサマシケレ大方ヲノレ一身ハ恩ニホコルトモ万人ノウラミヲ
ノコスヘキコトヲハナトカヘリミサラン君ハ万姓ノ主ニテコソマセ
ハカキリアル地ヲモテカキリナキ人ニワカタセ給ハンコトハ
ワシテモハカリタテワルヘシ一国ヲツヽノソニハ六十六人ニテ

ノ武士ノ源平ノ家ニ属スルコトヲトヽムヘシト云制符タ
ヒヽアリキ源平ヒサシク武ヲトリテツカヘシカトモ事
アル時ハ宣旨ヲ給テ諸国ノ兵ヲメシクシケルニ近代ト
ナリテヤカテ肩ヲイルヽ族オホクナリシニヨリテ此制符
ハクタサレキハタシテ今ハテノ乱世ノ基ナリシハ云カヒナキ
コトニナリニケリ此比ノコトワサニハ一タヒ軍ニカケアヒ或ハ
家子郎従節ニシヌルタクヒモアレハワカ功ニシナシテハ日本
国ヲ給モシハ半国ヲ給テモタルヘカラスナト申メルコトニ
サマテノオモフコトハアラシナレトヤカテコレヨリミタルヽ端ト
モナル又朝威ノカロ〻シサモヲシハカラルヽモノナリ言語ハ
君子ノ枢機（スウキ）ナリトイヘリアカラサマニモ君ヲナイカシロニ
シ人ニオコルコトアルヘカラス又コトニコソサキニシルシハヘリツレ

ルヽニタフサレハ国郡ニツキタリシ地モシハ諸家相傳ノ領ニテノ
モキヲヒ申ケリトソオサマラントノメイヨクミタレヤスカラント
シキマスノヘアヤウクナリニケル末世ノイタメリヲマコトニカナ
シク侍ル王土ニハラマシテ忠ヲイタシ命ヲスツルハ人臣ノ道
ナリ必スシモ身ノ高名トオモフヘキニアラスシカレトモ後ノ
人ヲハケマシ其アトヲアハレミテ賞セラルヽハ君ノ御政ナリ
下トメキヲモアラソヒ申ヘキニアラヌニヤマシテサセル功ナク
シテ過分ノ望ヲイタスコトミツカラアヤフムルハミナシト前車
ノ轍(テツ)ヲミルコトハマコトニ有カタキ習ナリケンカシ古ニテモ
人ノサノミ豪強(カウキヤウ)ナルヲハイマシメラレキ豪強ニナリヌレハ
カナラスヲコル心アリハタシテ身ヲホロホシ家ヲウシナフ
タメシアレハイマシメラルヽモ理ナリ鳥羽院ノ御代ニヤ諸国

コトサヘナクテ其人ニモアラヌ眼代ヲサシテ国ヲオサメシ
カハイカテカ乱国トナラサラン況ヤ文治ノハシメ国々ニ守護
職ヲ補シ庄園郷保ニ地頭ヲオカレシヨリコノカタハサラニ
古ノスカタト云コトナシ政道ヲオコナハヽ道コト〳〵クタエ
ハテニキタマ〳〵一統ノ世ニカヘリヌレハコノ度ソフルキ貴
ヲモアラタメラルヘカリシニカトツシモテハアニサムヽノコトナリ
今ハ本所ノ領ト云シ所々サヘミナ勲功ニ混セラレテ異
家モホト〳〵其名ハカリニナリヌルモアリコレミナ功ニホコ
レル輩君ヲオトシ奉ルニヨリテ皇威モイトヽカロクナル
カトミエタリシハ其功ナシトイヘトモフルクヨリ勢ア
ル輩ヲナツケラレシタメ或ハ本領ナリトテ多ニハルモア
リ或ハ近境ナリトテノツムモアリ闕所ヲモテオコナハ

国トテアルモミナ官者ノ給テ其所ノ正税ヲウクル
ハカリニテ国ハミナ国司ノ吏務ナリヿ但大功ノ者ソノ
今ノ庄園ナトシテ傳カコトク国ニイロハレスメリヌエケル
中古トナリテ庄園オホクタテラレ不輸ノ所イテキシ
ヨリ乱国トハナレリ上古ニハコノ法ヨクカタカリケレハニ
ヤ推古天皇ノ御時蘇我大臣ワカ封戸ヲワケテ寺ニヨセ
ント奏セシヲツヰニユルサレス光仁天皇ハ永ク神社仏寺
ニヨセラレシ地ノモ永ノ字ハ一代ニカキルヿトアリ後三条
院ノ御世コソ此ツイエヲキカセ給テ記録所ヲヽカレ
テ国々ノ庄公ノ文書ヲメシテオホク停癈セラレシカト
白河鳥羽ノ御時ヨリノ新立ノ地イヨ〳〵オホクナリテ
国司ノシル所百分カ一ニナリヌ後サセニハ国司任ニオモムク

古オホクノモチヰラレテ曠（クワウ）官ノソシリナカリキ彼九ハ侍ノ中ニモ鄧禹ト賈復（カフク）トハソノエラヒニアツカリテ官ニアリキ漢朝ノ昔タニ文武ノオシツナフルコトイトアリカタク侍リケルニコソ次ニ功田ト云コトハ昔ハ功ノシナニシタカヒテ大上中下ノ四ノ功ヲ立テ田ヲアカチ（領）給キ其数ミナサタメヲレリ大功ハ世々ニタエス其下ハツカタハ或ハ三世ニツタエ孫子ニツタエ身ニカキルモアリ天下ヲ治ト云コトハ國郡ヲ専ニセスメツノコトヽナシ不輸ノ地ヲシメテラルヽコトノナカリシニコソ國ニ守アリ郡ニ領アリ一國ノウチ皆国令ノシメニテノオサメシユヘニ法ニツムクノ民ナシカクテ国司ノ行迹ヲカムカヘテ賞罰アリシカハ天下ノコト掌ヲサシテオコナイヤスカリキ其中ニ諸院諸宮ニ御封アリ親王大臣モ又カノノコトシ其外官田職

ミタレヌヘケレハ諸道ヲオモクセラレケルモコトハリ也但才モカシク
コノ徳モアラハミチテ登用セラレムニ人ノソシリアルマシキ
程ノ器ナラハ今トテモカナラス非重代ニ見ミキ事ナトノ
オホエ侍ル其道ニハアラテ一旦ノ勲功ナト云労リニ武家代ヽ
ノ陪臣ヲアケテ高官ヲ授ラレムコトハ朝議ノミタリナル
ノミナラス身ノタメモヨリノツヽシムヘキコトヽリオホエ侍ルモロ
コシニモ漢高祖ハスヽロニ切臣ヲ大ニ封シ丞相ノ位ヲモ授シ
カハハタシテ秦又秦レハホロホスヨリテ族ニハ切臣ノヨリ
ナツナリニケリ族漢ノ光武ハコノ事ニコリテ切臣ニ封爵ヲ
アタヘケルモ其背タリシ鄧禹スラ封セラル、一所四縣ニスキス
官ノ任スルニハ文史ヲモトメエラヒテ切臣ヲサシヲク是ニヨリノ
テ代ニ八将ノ家ヒサシク侍テハ首ノ切モムナシカラス朝ニハ右

ミタリカハシカルヘキコトヲイマシメラルヽニヤアリケン
七ケ国ノ受領ヲヘテ合格シテ公文トイフコトカンカヘ
ヌレハ参議ニ任スト申ナラハシタルヲ白河ノ御時修理
ノカミ顕季トイヒシ人院ノ御メノトノ夫ニテ時ノキラ
並人ナカリシカコノ労ヲツノリテ参議ヲ申ケルニ院ノ
御ニソレモ物カキテノウヘノコトヽアリケレハ理ハフシテ
ヤミヌ此人ハ哥道ナトモホマレアリシカハ物カヽヌ程ノ
コトヤハアルヘキ又参議ニナルマシキホトノ人ニモアラシ
ナレト和漢ノ才学ノタラヌニコソ有ケレ白河ノ御代
ニテノハヨツノ官ヲオモクシ給ケリトキコエタリアマリ譜
第ヲノミトラレテ賢才ノイテコヌハシナレハ上古ニヲヨヒ
カタキコトヲウラムルヤカラモアレト昔ノセヽニテイヨヽ

悪ハミツカラノ果報也世ノヤスカラサルハ時ノ災難ナリ天道モ神明モイカニトモセヌコトナレハ邪ナルモノハ久シカラスシテホロヒ乱ルル世モ正ニカヘル古今ノ理ナリコレヲヨクワキマヘシルヲ稽古ト云昔人ノエラヒモチヰラレシ日ハ先徳行ヲツクス徳行オナシケレハ才用アルヲモチヰル才用ヒトシケレハ労効アルヲトル又徳義清慎公平恪勤ノ四善ヲトルトモミエタリ格条ニハ朝ニ廝ニ養タレトモタメニ公卿ニイタルト云コトノ侍ルモ徳ヲ才用ニヨリテ不次ニモチヰラルヘキ心ナリ寛弘ヨリアナタニハマコトニ才カシコケレハ種姓ニカヽハラス将相ニイタル人モアリキ寛弘以来ハ譜第ヲサキトシテ其中ニ才モアリ徳モアリテ職ニカナヒヌヘキ人ヲソエラハレケル世ノ末ニ

云ソノコ内裏ニマイリテ自害シタリシカカ子ナリ誅杖ニ奉ル
矢ニミソノ夜射ケル矢ニモ太政大臣源為頼トカキタリシ
イトツカシキコトニ申メシト人ノ心ノミタリニナリ行スカタ
ハコレニテシハカルヘシ義時ナトハイカホトモアカルヘクヤ
アリケンサレト正四位下右京権大夫ニテヤミヌマシテ泰時カ
世ニナリテハ子孫ノ末ヲカケテヨノオキテヲナシケレハミヤ職ヒ
ニテノモツ井ニ高官ニノホラス上下ノ礼節ツミタラス近ノ
維貞トイヒシモノ吹挙ニヨリテノ修理大夫ニナリシソタミイカ
カト申ケルコトニ其身モヤカテウセ侍リニキ文祖ノ
シキテノミタカウハ家門ツウシナウルニナリ人ハ青クワス
ルヽモノナレト天ハ道ツウシナハサルナルヘシサラハナト天ハ正
理ノマヽニオコナハレヌト云コトウタカハシケレト人ノ善

カサレミハツコリノハシメツクセキテ世ツノモヒナシク家ヲノモミツタ
トヽヤアリケン先祖経基ハ千カキ皇孫ナリシカト
承平ノ乱ニ征夷将軍忠文朝臣カ副将トメ彼カ節度
ヲウケツ其ヨリ武勇ノ家トナル其子満仲ヨリ頼信頼義
義家相續テ朝家ノカタメトメヒサシク召仕ル上ニモ朝威
[illegible]ク下ニモ其[illegible]ニ大キスシテ家ヲ全シ侍リケルニコソ
為義ニイタリテ乱ニクミシテ誅ニフシ義朝又功[illegible]テシ
トテホロヒニキ先祖ノ本意ニソムキケルコトハウタカヒナシ
サレハヨク先蹤ヲワキマヘ得失ヲカムカヘテ身ヲ立家ヲ
ミタクスルコソカシコキ道ナレソロカナルタクヒハ清盛頼朝カ
昇進ヲミテノミナアルヘキコトヽオモヒ為義義朝カ逆心
ノヨミシテモタルユヘツシラス道[illegible]伏見ノ[illegible]時源為頼ト

リシ昔神武ノ御時宇麻志麻見ノ命ノ中州ヲシツメ皇
極ノ御宇ニ大織冠ノ蘇我ノ一門ヲホロホシテ皇家ヲニ
タヽセシヨリ後ハタクヒナキ程ノ勲功ニヤツレスラノ京上
ノ時大納言大将ニ任セラレシシハカスヽイナミ申ケレシクヽシ
ヲナサレシニケリ公私ノワサワイニヤ侍ケレソノ子ハ彼カアト
ナレハ大臣大将ニナリテノヤカテホロヒ又更ニアトヽ云物モナシ天
意ニハタカヒケリトミエタリ君モカヽルタメシハミス給シニ
ヨリテノ大功ナキモノニテモ皆カヽルヘキコトヽ思アヘリ頼朝
ハワカ身カヽレハトテ兄弟一族シハカタクオサヘケルニヤ義経
五位ノ検非違使ニテヤミヌ範頼カ三河守ナリシハ頼朝
拝賀ノ日地下ノ前駈ニメシクワヘタリオコル心ミエケレハニヤ
コノ兩弟シモツヰニウシナヒニキサナラヌ親族モオホクホロ

ヲ追討ノ賞ニ藤原秀郷正四位下ニ叙シ武蔵下野両国
ノ守ヲ兼ス平貞盛正五位下ニ叙シ鎮守府ノ将軍ニ任ス安
倍貞任宗任ヲセメタリシ源頼義朝臣十二年ニテノニタヽカヒ
凱旋（カイセン）ノ日正四位下ニ叙シ伊与守ニ任ス彼等其功タカシトイヘ
トモ一任四五ケ年ノ職ナリコシ猶上古ノ法ニハカハレリ保元ノ
賞ニハ義朝左馬頭ニ拝シ清盛太宰大弐ニ任ス此外受
領撿非違使ニナレルモアリ此時ヤステニミタリカハシキ始
トナリニケン平治ヨリコノカタ皇威コトノホカニオトロヘ又清
盛天下ノ権ヲ盗太政大臣ニアカリ子トモ大臣大将ニ成シ
ウヘハイフニタラス又事ニヤサレト朝敵ニナリテヤカテ滅ヒセシ
カハ後ノ例ニハヒキカタシ頼朝ハサラニ一身ノ力ニテ平氏
ノ乱ヲタイラケ廿余年ノ御イキトヲリヲヤスメタテマツリ

コロス道ナリ是ニ一モタカフツ乱政トハイヘリ上古ニハ勲功ア
レハトテノ官位ヲスヽムコトハナカリキツ子ノ官位ノホカニ
勲位ト云ミナツケキテ一等ヨリ十二等ミテアリ無位ノ人
人ナレト勲功タカリテ一等ニアカレハ正三位ノ下従三位ノ上
ニツラナルヘシトソミエタル又本位アル人ノコレヲ兼タルモ者（有）
ヘシ官位トナヘルハ上三公ヨリ下諸司ノ一分ニイタルマテ内官
ト云諸国ノ守ヨリ史生郡司ニイタルコレヲ外官ト云天文
ニカタトリ地理ニノトリテオノ〱ツカサトル方アレハ其才ナ
クテハ任用セラルヘカラサルコトナリ名与器ハ人ニカサストモ
云天ノ工（ツカサ）人其代（かハル）トモイヒテ君ノミタリニサツクルヲ謬（ヒウ）挙（キヨ）
トシ臣ノミタリニウクルヲ尸（シ）禄（ロク）トス謬挙ト尸禄トハ国家ノ
ヤフルヽ階王業ノ久カラサル基ナリトソ中古ト成テ平将門

皇恩ナレハサラニ怨ヲナタレ労ヲツミテソ理運ノ望ヲモ企（クワタテ）ハルヘキシカルヲ天ノ功ヲヌスミテヲノレカ功トオモヘリ介子推カイミシメモ習レルモノナキニコソカクテ高氏カ一族ナラヌ輩モアマタ昇進シ昇殿ヲユルサルヽモアリキサレハ或人ノ申サレシハ公家ノ御世ニカヘリヌルカトオモヒシニ中々猶武士ノ世ニ成ヌルトソ有シオヨソ政道ト云コトハ所々ニ記ルシハヘリト正直慈悲ヲ本トシテ決断ノ力アルヘキ也コレ天照太神ノアキラカナル御ヲシヘナリ決断ト云ニトリテアマタノ道アリ一ニハ其人ヲエラヒテ官ニ任ス官ニ其人アル時ハ君ハ垂拱シテミシニ任セシハ本朝ニモ異朝ニモコレヲ治世ノ本トス二ニハ國郡ヲワタクシニセスワカツ所カナラス其理ノマヽニスニハ功アルヲハ必賞シ罪アルヲハ必ス罰スコレ善ヲスヽメ悪ヲ

ナク参議従二位マテノホリヌ三ケ國ノ吏務守護ヲヨヒアマ
タノ郡庄ヲ給ル弟直義左馬頭ニ任シ従四位ニ叙ス昔頼朝
タメシナキ勲功アリシカト高官高位ニノホルコトハ乱政ナリ
ハタシテ子孫モハヤクタエヌルハ高官ノイタス所カトソ申傳
ル高氏等ハ頼朝實朝カ時ニ親族ナトヽテ優恕スルコトモ
ナシタヽ家人ノ列ナリキ實朝公八幡宮ニ拝賀セシ日モ地
下前駈廿人ノ中ニ相加リキタトヒ頼朝カ後胤ナリトモ
今サラ登用スヘシトモオホエスイハムヤヒサシキ家人ナリシ
者大功モナクテカクヤハ抽賞セラルヘキトアヤシミ申輩モ
アリケリトソ聞東ノ高時天命スデニ極テ君ノ御運ノ
ヒラキシコトハ更ニ人カトイヒカタシ武士タル輩イヘハ數代ノ
朝敵也御方ニマイリテ其家ヲウシナハヌコソアニサヘアル

器ヲサヘノタメニハ凡任國ニオモムクタメシタエテヒサシクナリ
シカハフルキ例ヲタツネテ罷申ノ儀アリ凡前ニメシテ勅語アリ
リテ御衣御馬ナトタマハリキ猶オクノカタメニモト申ウ
ケテ御子ヲ一所トモナヒタテマツルカケマクモカシコキ今上
皇帝ノ御コトナリハコヽカニハシルサス彼國ニツキニケレハコトニ
イクノカサテ兩國ヲカケテミナヒキシタカヒニケリ同十二
月左馬頭直義朝臣相模守ヲ兼テ下向スコレモ四品上野大
守成良親王ヲトモナヒ奉ル此親王後ニシハラクノ征夷大将軍ヲ
兼セサセ給カナリ　直義ハ高氏カ　抑彼高氏カ方ニハナリシ其功ハ誠ニ
シカルヘシスヘロニ寵幸アリテ抽賞セラレシカハヒトヘニ頼朝卿
天下ヲシツメシマヽノ心サシニノミナリニケルニヤイツシカ越階シテ
四位ニ叙シ左兵衛督ニ任ス拝賀ノ千キニヤカテ従三位シテ程

承久ニ義時世ヲトリヲコナヒシヨリ百三十年スヘテ百七十餘
年ノアヒタオホヤケノ世ヲ一ニシラセ給コトタエニシ此天皇ノ御
代ニ掌ヲカヘスヨリモヤスク一統シ給ヌルコト宗廟ノ御ハカラ
イモ時節アリケリト天下コソリテソ仰奉リケル同年
冬十月ニ先アウニノオクヲシツメラルヘシトテ参議右近中
将源顕家卿ヲ陸奥守ニナシテツカハサル代々和漢ノ稽
古ヲノワサトシテ朝端ニツカヘ政務ニマシハル道ヲノミコソナラヒ
ツヘシ吏途ノ方ニモナラハス武勇ノ藝ニモタツサハラヌコトナレハ
タヒ〳〵イナミ申シカト公家ステニ一統シヌ文武ノ道二アルヘ
カラス昔ハ皇子皇孫モシハ執政ノ大臣ノ子孫ノミコソオホク
ハ軍ノ大将ニモサヽレシカ今ヨリ武ヲカネテ藩(ハン)屏タルヘシ
トオホセ給テ御ミツカラ旗ノ銘ヲカヽシメ給サニ〳〵ノ兵

契シアハスルコトモナカリシニ筑紫ノ国ニ陸奥出羽ノオクマテモ同月ニシツマリニケリ六七千里ノアヒタ一時ニオコリアヒシ時ノイタリ運ノ極ヌルハカヽルコトニコソト不思議ニモ侍シモノ武者ハカクノトモシラセ給ハス攝津国西ノ宮ト云所ニテソノキカセニシクナル六月四日東寺ニイラセ給テ都ニアル人ヽミイリアツマリシカハ威儀ヲトヽノヘテ本ノ宮ニ還幸シ給イウシノ賞罰ノサタメアリシニ両院新帝ヲハナタメ申給テ都ニスマセマシマシケル新帝ハ偽主ノ儀ニテ正位ニハモチヰラレス改元メ正慶ト云シヲモ本ノコトク元弘トソセラレ官位昇進セシ輩モミナ元弘元年八月ヨリサキノニヽミナソアリシ平治ヨリ後平氏世ヲミタリテ廿六年文治ノ初頼朝権ヲモハラニセシヨリ父子アヒツキテ卅七年

シモカヘリミス心カハリシテ凡方ニイル官軍カツエシテヽニ
五月八日ノコロニヤ都ニアル東軍ミナヤフレテアツマヘコヽロ
サシテオチユキシニ両院新帝オナシク凡ユキアリ近江国
馬場ト云所ニテ凡方ニ心サシアル輩ノタチイテヽケレハ武士
ハタヽカフニテモナク自滅シヌ両皇新帝ハ都ヘカヘシ奉リ
官軍コレシノニホリ甲キカクテ都ヨリ西サシテ程ナクヒウニリ
メトキコエケレハ還幸セサセ給ニコトヽニメツラカナリシ事ノヽ
ナシ東ニモ上野国ヽ源義貞ト云者アリ高氏カ一族ニセノ
乱ニオモヒシオコシイクハクナラヌ勢ニテ鎌倉ニウチノツニ
ケルニ高時大運命キハマリニケレハ国ヽノ兵ウキシヌカフコト
風ノ草ヲナヒカスカコトクシテ五月ノ廿二日ニヤ高時ノハシメ
トメ多ノ一族ミナ自滅シテケレハ鎌倉又タヤキテ又筒

中又都チカキ所〻ニモ凡心サシアル国〻ノツハモノヨリノクウチ
イツレハ合戰モタヒ〱ニナリヌ又京中サハカシクナリナハ上皇モ
新主モ六波羅ニウツリ給伯耆ヨリモ軍ヲサシノホセラルコ
コニ畿内近国ニモ凡志アル輩ハ八幡山ニ陣ヲトル坂東ヨリノ
ホレル兵ノ中ニ茨原ノ親光ト云者モ波山ニハセノホリヌ又
ツキ〱凡方ニ二心ナキ輩モオホクナリヌニケノ源高氏トキコエ
シハ昔ノ義家朝臣カ二男義国カ孫ナリシ義氏ハ平義時朝
臣カ外孫ナリ義時等カ世トナリテノ源氏ノタノアル勇
士ニハ心ツヽキナシハミヤツシスヘタルヤウナリシニコレハ外孫ナレハ
致立テ領スル所ナトモアマタハカラヒツキ代〻ニナルマテヘタテ
ナクテノミアリキ高氏モ都ヘサシノホセラレケルニ輕クノカ
レシトニヤ告文ヲカキ、ツキテノリノ進發シケルサシトハ冥顕

トラレ或ハシノヒカクレヌルモアリカクテノ東宮位ニツカセ給ツキノ年ノ春隠岐国ニウツラシメマシマス御子タチモアマタカナタニウツサレ給シニ兵部卿護良親王ソ山々ヲメクリ国々ヲモヨヲシテ義兵ヲオコサントノワタテ給ケル河内国ニ橘正成ト云者アリキ御志フカヽリケレハ河内ト大和トノ境ニ金剛山ト云所ニ城ヲカマヘテ近国ヲオコシタテラケレカハアツマヨリ諸国ノ軍ヲアツメテセメシカトカタクマモリケレハタヤスクオトスニアタハス世ノ中ミタレ立ニシ次ノ年冬酉ノ春忍テ御船ニタテマツリテ隠岐ヲイテヽ伯耆ニツカセ給其国ニ源長年ト云者アリ御方ニマイリテ舩上ト云山寺ニカリノ宮ヲタテヽスマセタテマツリケル彼アタリノ軍兵ミハラクノハキシイテシツヒ申ケレトミナヽヒキ

甲子ノ九月ノ又エツカタヤウ〳〵事アラハレニシカトモウケタマハ
リオコナフ中ニイフカヒナキ事イテキニシカト大方ハコトナク
テヤミヌ其後ホトナク東宮カクレ給非慮ニモカナハス祖皇
ノ御イマシメニモタカハセ給ケリトソオホエシ今コハノ御天皇ウタカヒ
ナキ継体ノ正統ニサタマラセ給ヒヌレサレト坊ニハ後伏見第
一ノ御子量仁親王ヰサセ給カクテ元弘辛未ノ年八月ニ俄ニ
都ヲイテサセ給奈良ノ方ニ臨幸アリシカ其所ヨロシカラテ
笠置ト云山寺ノホトリニ行宮ヲシメ御志アル兵ヲメシ集ラル
タヒ〳〵合戦アリシカ同九月ニ東國ノ軍オホクアツマリ
ノホリテ事カタクナリニケレハ他所ニウツラシメ給ニオモヒ
外ノコトイテキテ六波羅トテ義時ヨリコナタシメタル所ニ
御幸アル御共ニハヘリシ上達部ウ〳〵ノツノコトモアルイハ

入本朝異朝禅門ノ僧徒ニテモ内ニメシテトフラハセ給キス
ヘテ和漢ノ道ニカ子アキラカナル御コトハ中比ヨリノ代ニハ
コエサセミヽくケんニヤ戊午ノ年即位己未ノ夏四月ニ改元ヽ應
ト号スハシメツカタハ後宇多院ノ御マツリコトナリシヲ中二
トセハカリアリテソユツリ申サセ給シソレヨリフルキカコトクニ
記録所ヲオカレテ夙ニオキ夜ハニオホトノコモリテ民ノウレヘ
ヲキカセ給天下コソリテコレヲアフキ奉ル公家ノフルキ御
政ニカヘルヘキ世ニコソトタカキモイヤシキモカ子テウタヒ侍キ
カクリシホトニ宇多院カクレサセ給テナツシオ東宮ノ御方ニ
サフラフ人々ハクヽニキコエシカ関東ニ使節ヲツカハサレ天
位ヲアラソフマテノ御中ラヒニナリニキアツマニモ東宮ノ御
コトヲヒキ立皐華アリテ御イキトヲリノハシトナリヌ元亨

早世ノ御コトナラハコソノ御スヱ継躰タルヘシトツノシルシツカセマシ
マシケル彼親王鶴膝ノ御病アリテアヤウクオホシメシケルユヘナル
ヘシ後宇多ノ御門コソナヽシキ稽古ノ君ニマシ〳〵シニソノ御
跡ヲハヨクツキ申サセ給ヘリアマサヘモロ〳〵ノ道ヲコノミマシ
ラセ給コトアリカタキ程ノ御コトナリケルカシ佛法ニモ御心サ
シフカクシテムネト真言ヲナラハセ給ハシメハ法皇ニウケマシ
マシケルカ後ニ前大僧正禅助ニ許可ヲウケ給ケルトソ
天子灌頂ノ例ハ唐朝ニモミヘハヘリ本朝ニモ清和ノ御門禁
中ニテ慈覚大師ニ灌頂ヲオコナハル主上ヲハシメ奉リテ
忠仁公ナトモウケラレタルコレハ結縁灌頂トソ申メル此度
ハコトノ授職トヲホシメシヽニヤサレト猶許可ニサタマリニキ
トツレナラス諸流ヲモウケサセ給又諸宗ヲモステタマハ

時ウツリテ亀山後宇多世ヲシロシメサスナリニシテ久シク閑
東ニ御給シカハ天命ノ理カタシケナクオソレ思ケレハニヤ俄ニ
立太子ノ沙汰アリシニ亀山ハコノ君ヲスヘ奉ラントオホシメシテ
八幡宮ニ告文ヲオサメ給シカト一ノ御子サシタルユヘナクテ
ステラレカタキ御コトナリケレハ後二条ノ立給ヘリシサレト
猶後宇多ノ御心サシモアサカラス御元服アリテ村上ノ例ニ
ヨリ太宰帥ニテ節會ナトニ出サセ給キ後ニ中務卿ヲ兼
セサセ給後二条世ヲハヤウシテシ〱テ父ノ上皇ナケカセ給ニ中
ニモヨロツコノ君ゾ委附ニ申サセ給ケルヤカテ儲君ノサタ
メアリシニ後二条ノ一ノミコ邦良親王立給ヘキカトキコエシニ
オホシメスユヘアリトテ此親王ヲ太子ニタテ給カノ一ノミコヲ
サナクテシテセハ御子ノ儀ニテ侍サセ給ヘシモシ邦良親王早

原季子左大臣實雄ノ女也戊申ノ歳即位改元

春秋言天子踐祚以禅譲年屬先代踰年即位是古礼也而我朝當年即位翌年改元已為流例但禅譲年即位改元又非無之例和銅八年九月元明禅位即日元正即位改元為霊亀養老八年二月元正禅位即日聖武即位改元為神亀天平感寶元年四月聖武禅位同年七月孝謙即位改元為天平勝寶称徳景雲四年八月崩同年十月光仁即位十一月改元為寶亀徳治三年八月後二条崩同年月新主即位十月改元為延慶又踰(コエテ)年ヲ不改元例天平寶字二年淡路帝即位不改元仁和三年宇多帝即位不改元隔年改為寛平延久四年白河帝即位又不改元隔年改為承保寿之即位以前改元例寿永二年八月後鳥羽受禅同三年四月改元為元暦七月即位是非常例也

父ノ上皇世ヲシラセ給シカ御出家ノ後ハ御譲ニテ御兄ノ上皇シラセサセシニ入法皇カクレ給テモ諒闇ノ儀ナカリシ上皇御猶子ノ儀トソ例ナキコトニヤ天下ヲ治給コト十一年ニテノカレ給フ例ノ如ク世ノ中アラタマリテ出家セサセ給キ

第九十五代第四十九世後醍醐天皇諱ハ尊治後宇多ノ第二ノ御子御母談天門院藤原忠子内大臣師継ノ女實ハ入道参議忠継ノ女ナリ御祖父亀山ノ上皇ヤシナヒ申給キ弘安ニ

第九十二代後伏見院諱ハ胤仁伏見第一ノ子御母永福門院藤原鏱子入道太政大臣實兼ノ女ナリ實ノ母ハ准三宮藤原經子入道参議經氏女也戊戌ノ年即位己亥ニ改元天下ヲ治給コト三年推讓ノコトアリ後其ノ例ノコトニ近頼ノ比又ノ上皇ノ御讓ニテ世ヲシラセ給時ノ院ハ御弟ナレト御猶子ノ儀ナリトソ元弘ノ世ノ中ミタレシ時又シハラクシラセ給事アラタマリテモカハラス都ニスマセマシマシシカハ出家セサセ給テ四十九歳ニテカクレサセマシマシキ

第九十三代後二條院諱ハ邦治後宇多第一ノ子御母西華門院源基子内大臣具守ノ女ナリ辛丑ノ年即位壬寅ニ改元天下ヲ治給コト六年有テ世ヲハヤクシ給廿四歳マシマシキ

第九十四代ノ天皇諱ハ富仁伏見第三ノ子御母顯親門院藤

第九十一代伏見院諱ハ煕仁後深草第一ノ子御母玄輝門院
藤原愔子左大臣實雄ノ女也後嵯峨ノ御門継躰ヲハ亀山ト
オホシメシ定ケレハ深草ノ御流イカヽトオホエ弟順ノ儀ヲ
オホシメシケルニヤ此君ヲ御猶子ニテ東宮ニスヱ給ヌ、ソノヽチ
御心モユカスアリシサセナル事サヘイテキテ践祚アリキ丁亥ノ
年即位戊子ニ改元東宮ニサヘ此天皇ノ御子ヰ給キ天
下ヲ治給コト十一年太子ニユツリテ尊号ノ例ノ如シ院中ニ
テ世ヲシラセ給シカ程ナク時ウツリシカト中六トセハカリ有
テ又世ヲシラセ給キ関東ノ輩モ亀山ノ正流ヲウケ給ヘルコト
ハシリ侍リシカト近比トナリテ世ヲウメカハシク思ケレハニヤ両皇
ノ御流ヲカハル〳〵スヱ申サント相計ケリトナンノチニ出家セサセ
給五十歳オハシキ

ノ御學問サマシテナクトモ中人ノハヘルアサマシキコトナリ何
事モ文ノ上ニテヨク耕菑アルヘキヲヤ況君ハ在位ニテモ
政事ヲシラセ給ハス又院ニテ十余年閑居シ給ヘリシカハ
稽古ニアキラカニ諸道ヲシラセ給ケルヘシ凡出家ノ後モネム
コロニヲコナハセマシマシキ上皇ノ出家セサセ給コトハ聖武孝謙
平城清和宇多朱雀円融花山後三条白河鳥羽
崇徳　後白河　後鳥羽　後嵯峨　深草　亀山ニマシマス醍醐
一条ハ御病ヲモクナリテソセサセ給ヒシカヤウニアマタキコエ
サセ給シカト戒律ヲ具足シ始終カハルコトナキハ密宗ヲキハ
メテ大阿闍梨ヲサヘセサセ給シコトイトアリカタキ御コト也
コノ御スエニ一統ノ運ヲヒラカルヽ有徳ノ餘薫トソオモヒ
給ル元亨ノスエ甲子ノ六月ニ五十八歳ニテカクレマシマシキ

治要ヲノサシテノ給ヘル鄙セハキニ似タリ但此書ハ唐太宗
時ノ名臣魏徴ヲシテエラハセラレタリ五十巻ノ中ニアラユル
経史諸子ニテノ名文ヲノセタル全経ノ書三史ホトヲツツキラノ
人ハセナフル此書ニノセタル諸子ナレトハミル者スノタヒホトヽ右
ヲメミシテミタヽヒモアリミシテ万機ヲシラセ給ハンニヨシセテ
ミナハセ給コトヨミナカルヘキニヤ本経史ヲナラハセミヽツテハ
アルヘカラス已ニ雑文トテアレハ経史ノ御学問ノウヘ此書ヲ
御覧メ諸子ホノ雑文ニテナクトモノ御心ナリ寛平ハコトニヒロ
クセナハセ給ケレハニヤ周易ノ古キ道ヲモ愛成ト云博士ニ
ウケサセ給キ延喜ノ御コト左右ニアタハス菅氏輔佐ニタテノ
セワラレキ其後モ紀納言善相公ホノ名儒アリシカハ文道
ノサカリナリシトモ上古ニソヨヘリキ此御誡ニツキテ天子

群書治要ナトニテタリヌヘシ雑文ニツキテ政事ヲサマタケ
給フトミエタルニヤサレト延喜天暦寛弘延久ノ御門ミナ
宏才博覧ニ諸道ヲモシラセタマヒ政事モ明ニマシマシシカ
ハ先二代ハコトワリ又ツキテハ寛弘延久ソノ賢王トモ申
ナル和漢ノ古事ヲシラセ給ハヌハ政道モアキラカナラス
皇威モカロクナルサタマレル理ナリ尚書ニ尭舜禹ノ徳ヲ称
ムルニハ古ニ若稽（イニシヘヲカンカフ）トイフ伝説（フエツ）カ殷高宗ヲオシヘタルニハ事
古ヲ師トセスシテ世ニナカキコトハ説（エツ）カキカサル所ナリトアリ唐ニ
仇士良トテ近習ノ官者ニテ内権ヲトル極リル新人ニ其党
類ニヲシヘケルハ人主ニ書ヲミセタテマツルナハカナキアソヒ
タワフレシメル心ヲミタルヘシ書ヲミテ古道ヲ知タマハヽ我ト
モカラハウセヌヘシトイヒケル今モアリヌヘキコトニヤ寛平ノ群書

ミヽクテ十余年アリキ後二条ノ御門立給シカハ世ヲノカレサセ
給遊義門院カクレマシテ御歎ノアマリニヤ出家セサセ給前
大僧正禅助ヲ御師トシテ宇多円融ノ例ニヨリ東寺ニテ灌
頂セサセ給メツラカニメテタキ事ニハヘリキ[illegible]ハ後醍醐ノ
御門中務ノ親王トテ王卿ノ座ニツカセ御ス只今ノ心地ソシ
ハヘル後二条カクレサセ給シノチイトヽ世ヲイトハセタテ嵯峨ノ
奥大覚寺ト云所ニ弘仁寛平ノ昔ノ御跡ヲタヅネテ御寺
ナトアマタ立テツシコナハセ給シ其後後醍醐ノ御門位ニツ
キミヽクシカハ又シハラクノ世ヲシラセ給テミトセハカリ有テノ
ユウリミヽクキ大方コノ君ハ中古ヨリコナタニハアリカタキ
御コトハツ申侍ヘキ文学ノ方モ後三条ノ後ニハカホトノ御才
キコエサセ給ハサリシニヤ寛平ノ御誡ニハ帝皇ノ御学問ハ

ウツリテ尊号アリシカノコト院中ニテモ十三年マテ世ヲシラセ給
事アラタメラレシ後御出家五十七歳オハシマシキ
第九十代第四十八世後宇多院諱ハ世仁亀山ノ太子也母皇后藤
原佶子（後ニ京極院トモ申）左大臣實雄ノ女也甲戌ノ年即位乙亥
改元丙子ノ年モロコシノ宋幼帝徳祐二年ニアタルコトシ北狄ノ
種蒙古オコリテ元国ト云シカ宋ノ国ヲ滅ス（金国オコリシヨリ宋ハ東南ノ杭州ニ
ウツリテ百五十年ニナレリ蒙古オコリテ先金国ヲアハセノチニ
江ヲワタリテ宋ヲセメシカコトシツヰニホロホサル）辛巳ノ年（弘安四年ナリ）蒙古
ノ軍オホクノ船ヲソロヘテ我国ヲ侵ス筑紫ニテ大ニ合戦アリ
神明威ヲアラハシ形ヲ現シテフセカレケリ大風ニハカニオコリ
テ数十万艘ノ賊船ミナ漂倒破滅シヌ末世トイヘトモ神明
ノ威徳不可思儀ナリ誓約ノカハラサルコトコレニテヲシハカ
ルヘシコノ天皇天下ヲ治給コト十三年オモヒノ外ニノカレ

子ニタテヽ讓国アルヘキ例ノコトニ伏見ノ御代ニタニハラツノ政ヲ
シラセ給シカハ御出家アリテ政務ヲハ主上ニ讓リ申
サセ給五十八歳ニシテクキ
第八十九代第四十七世龜山院諱ハ恒仁後深草院同母ノ
弟也己未ノ年即位庚申ニ改元此天皇ヲ繼体トオホシメシテ
ノキテノケンニヤ后腹ニ皇子ウマレ給シヲ後嵯峨トリヤシナヒニシ
テイツシカ太子ニ立給又後深草トイ申キ其時新院御子モサテ立テ
生給シカトモヒキコサレニキ　太子ハ後宇多ニテ又御年二後深草ノ御子ニ伏見御年四歳ニナリ給ケル
後嵯峨カクレサセ給テノチ先帝ノ御アハヒニアラソヒ給コト
アリケレハ関東ヨリ母儀大宮院ニタツネ申ケルニ先院ノ
御素意ハ當今ニマシマスヨシヲオホセツカハサレケレハコトサタマ
リテ禁中ニテ政務セサセ給天下シロシメ給コト十五年太子ニ

告文ヲカヽセマシマシテ石清水ノ八幡宮ニ啓白セサセ給ケル其御本懐スヱトヲリニシカハサマ〳〵ノ御願ヲハタサレシモアハレナル御コトニヤツヰニ継体ノ主トメ此御スヱナラヌハマコトニサス壬寅ノ年御即位癸卯ノ春改元御身ヲツヽシミ給ケルニヤ天下ヲ治給コト四年太子ヲサナクマシ〳〵シカトモ譲国アリテ尊号ノ例ノコトニ院中ニテ世ヲシラセ給御出家ノ後モカハラス廿六年アリシカハ白河鳥羽ヨリコナタニハオタヤカニメテタキ御代ナルヘシ五十三ニテ崩マシ〳〵キ

第八十八代後深草院諱ハ久仁後嵯峨第二ノ子御母大宮院藤原ノ姞子太政大臣実氏ノ女也丙午ノ年四歳ニテ即位丁未ニ改元天下ヲ治給コト十三年后腹ノ長子ニテマシ〳〵シカトモ御病オハシマシケレハ同母ノ御弟恒仁親王ニノ太

生(イク)井榮(サク)井ノ氷ノナカレヲ飲モ神徳也コレヲ思モイレスアルニマカ
セテ欲ヲホシキマヽニシ私ヲサキトメ公(オホヤケ)ヲワスルヽ心アルナラハ
世ニ久キコトハリモハヘラシイハンヤ国柄ヲトル仁ニアタリ兵権ヲ
アツカル人ハトメ正路ヲフマテサテラムニツキテイカテカ其運ヲモタクス
ヘキ泰時カ昔ヲ思ニハヨクノセコトアル所有ケムカシ子孫ハサ程
ノ心アラシナレトカタクシケル法ノマヽニヲコナヒケレハオヨハスナ
カラ世ヲモタモチシニコソ異朝ノコトハ乱逆ニメ紀(行)ナキタメシ
オホケレハ例トスルニタラス我国ハ神明ノ誓イチシルクシテ上
下ノ分サタマレルニカモ善悪ノ報アキラカニ因果ノコトハリ
ムナシカラスカツハトヲカラヌコトヽモナレハ近代ノ得失ヲミテ将来
ノ鑒誡トセラルヘキナリ抑此天皇正路ニカヘリテ月嗣ヲウケ
給シサキタチテサマ〳〵奇瑞アリキ又土御門院阿波国ニテ

ト云者ナカラマシカハ今ノ國ノ人民イカヽナリナマシ此イハレ
ヲヨクシラヌ人ハユヘモナク皇威ノオトロヘ武備ノカタフキニケルト
オモヘルハアヤマリナリ所々ニ申ハヘルコトナレト天日嗣ハ御譲
ニマカセ正統ニカヘラセ給ニトリテ用意アルヘキコトノ侍ル神ハ
人ヲヤスクスルヲ本トス天下ノ万民ハ皆神物ナリ君ハ
尊クマシマセト一人ヲタノシマシメ万民ヲクルシムル事ハ天モ
ユルサス神モサイハイセヌイハレナレハ政ノ可否ニシタカイテ御運
ノ通塞（トウソク）アルヘシトソオホエ侍ルマシテ人臣トシテハ君ヲタフトヒ
民ヲアハレミ天ニセクヽマリ地ニヌキアシシ日月ノテラスヲ
アフキテモ心ノ黒（キタナク）シテ光ニアタラサランコトヲヲチ雨露ノ
ホトコスヲミテモ身ノタヽシカラスシテメクミニモレンコトヲカヘリミル
ヘシ朝夕ニ長田狭田ノ稲ノタネヲクフモ皇恩也昼夜ニ

風ノ前ニ塵ナクシテ天ノ下スナハチシツマリキカクテ年代
ヲカサネシコトヒトヘニ泰時カ力トソ申傳ヘル陪臣トシテ久シク
權ヲトルコトハ和漢両朝ニ先例ナシ其主タリシ頼朝スラ二世
ヲハスキス義時イカナル果報ニカハカラサル家業ヲハシメテ
兵馬ノ權ヲトレリシタメシマレナルコトニヤサレトコトナル才徳
ハキコエス又大名ノ下ニホコル心ヤ有ケン中ニトセハカリソアリシ
身マカリシカト彼泰時アヒツキテ徳政ヲサキトシ法式ヲカ
タクス己カ分ヲハカルノミナラス親族ナラヒニアラユル武士マ
テモイマシメテ高官位ヲノソム者ナカリキ其政次第ノマヽ
ニオトロヘツヰニ滅ヌルハ天命ノヲハルスカタナリ七代マテ
タモテルトコロ彼カ餘薫ナレハ恨トコロナシト云ツヘシ凡保元
平治ヨリコノカタノミタリカハシサニ頼朝ト云人モナク泰時

舟ニヤ大納言サヘ世ヲハヤウセラレシカハイトヽ無頼ニナリ給テ御祖
母承明門院ニナムウツロヒマシ〳〵ケル廿二歳ノ御年春正月
十日四条院俄ニ晏駕皇胤モナシ連枝ノミコモマシマサス順
徳院ソイマタ佐渡ニオハシマシケルカ御子達モアマタ都ニトヽ
マリ給ヘリ入道摂政道家ノオトヽ彼御方ノ外家ニオハセシカハ
ソノ流ヲソ天位ニツケ奉リモトノマヽニ世ヲシラントオモハレケル
ニヤソノヲモムキヲ仰ツカハシケレト鎌倉ノ義時カ子
泰時ハカラヒ申テコノ君ヲスヘ奉リヌ誠ニ天命也正理也
土御門院御兄ニテ御心ハヘモオタシク孝行モフカクキコエ
サセ給シカハ天照太神ノ冥慮ニ代(カハリ)テハカラヒ申ケルモコトハリ
ニ大方泰時心タヽシク政スナヲニシテ人ヲハクヽミ物ニオコ
ラス公家ノ御コトヲオモクシ本所ノワツラヒヲトヽメシカハ

第八十六代四条院諱ハ秀仁後堀河ノ太子御母藻璧門院
竴子摂政左大臣道家女也壬辰ノ年即位癸巳ニ改元例
ノコトシ一トセハカリ有テ上皇カクレ給シカハ外祖ニテ道家ノオト
ゝ王室ノ権ヲトリテ昔ノ執政ノコトクニソアリシ東国ニアリ
キシ征夷大将軍頼経モ此大臣ノ胤子ナリシハ文武一ニテ権
勢ヲハシケントソ天下トソ治給コト十年俄ニ世ヲハヤクシ給
十二歳タテシクキ
第八十七代第四十六世後嵯峨院諱ハ邦仁土御門院第二ノ
御子御母贈皇太后源通子贈左大臣通宗ノ女内大臣通親ノ
孫女ナリ承久ノミタレアリシ時二歳ニナラセ給ケリ通親ノ大
臣ノ四男大納言通方ハ父ノ院ニモ御傍親贈皇后ニモ御ユ
カリナリシカハ収養シ申テカクシヲキタテマツリキ十八ノ比

ノ子御母北白河院藤原陳子入道中納言基家ノ女ナリ入道
親王ハ高倉第三ノ御子後鳥羽同胞ノ御兄後白河ノ御ヱラ
ヒニモレ給シルコトハ最久ニコトアリテ後鳥羽ノ御ナカレノホ
カコノ御子ナラテハ皇胤モマシマサスヨリテ此孫王ヲ天位ニツ
ケタテマツル入道親王尊号アリテ太上皇ト申ナテ世ヲシラセ
給追号ノ例ハ文武ノ御父草壁ノ太子ヲ長岡ノ天皇ト申
淡路ノ帝御父舎人親王ヲ盡敬天皇ト申光仁ノ御父
施基ノ王子ヲ田原天皇ト申早良ノ廃太子ハ怨霊ヲヤスメ
ラレシトテ崇道天皇ノ号ヲオクラル院号アリシコトハ小一條院
ソマシマシケル此天皇辛巳ノ年即位壬午ニ改元天下ヲ治給コト十一
年太子ニ譲テ尊号例ノコトシシハラクノ政ヲシラセ給シカ廿一歳
ニテ世ヲハヤクシオマシマシキ

イフヘカラス一往ノイハレハカリニテ追討セラレンハ上ノ御トカ
トヤ申ヘキ謀叛オコシタル朝敵ノ利ヲ得タルニハ比量セラレ
カタシカヽレハ時ノイタラス天ノユルサヌコトハウタカヒナシ但下
ノ上ヲ剋スルハキハメタル非道ナリ終ニハナトカ皇化ニ不順ヘ
キ先マコトノ徳政ヲオコナハレ朝威ヲタテ彼ヲ剋スルハカリノ
ノ道アリテソノ上ノコトヽソオホエハヘル且ハ世ノ治乱ノスカタ
ヲヨクカヽミシラセ給テ私ノ御心ナクハ干戈ヲウコカサルヽ次
弓矢ヲオサメラルヽ次天ノ命ニマカセ人ノ望ニシタカハセ給ヘカリ
シコトニヤツヰニシテハ継躰ノ道モ正路ニカヘリ御子孫ノ
世ニ一統ノ聖運ヲヒラカレヌレハ御本意ノ末達セヌニハアラ
サレト一旦モシツメ給シニヨロ情ハヘシ
第八十五代後堀河院諱ハ茂仁二品守貞親王（後高倉院ト申）御子ニ

スカタヤウ〳〵オトロヘ後白河ノ御時兵革オコリテ姧臣世ヲミタル天下ノ民ホトント塗炭ニオチニキ頼朝一臂ヲフルヒテ其乱ヲタイラケタル王室ハフルキニカヘルマテナカリシカト九重ノ塵モオサマリ万民ノ肩モヤスマリヌ上下堵ヲヤスクシ東ヨリ西ヨリ其徳ニ伏セシカハ実朝ナクナリテモソムク者アリトハキコエス是ニマサル程ノ徳政ナクシテイカテタヤスククツカヘサルヘキ縦又ウシナハレヌヘクトモ民ヤスカルマシクハ上天ヨモクミシ給ハシ次ニ王者ノ軍ト云ハトカアルヲ討シテキスナキヲハホロホサス頼朝高官ニノホリ守護ノ職ヲ給コレミナ法皇ノ勅裁也ワタクシニヌスメリトハサタメカタシ後室ソノ跡ヲハカラヒ義時久ク彼カ権ヲトリテ人望ニソムカサリシカハ下ニハイマタキス有ト

シカト即位登壇マテモナクテ軍ヤフレシカハ外舅攝政道家
ノ大臣ノ九條ノ第ヘノカレサセ給三種神器ヲハ閑院ノ内裏ニ
ステヲカレニキ譲位ノ後七十七ケ日ノアヒタシハラクノ神器ヲ
傳給シカトモ日嗣ニハクワヘタテマツラス飯豊ノ天皇ノ例ニ
ナツラヘ申ヘキニヤコノ九服ナトモナクテ十七歳ニテカクレマシ
マスサテモ其世ノ亂ヲ思ニマコトニ末ノ世ニハマヨフ心モアリ
又ノ又下ノ上ヲシノク端トモナリヌヘシ其イハレヲヨクワキ
マヘラルヘキ事ニハヘリ頼朝勲功ハ昔ヨリタクヒナキ程ナレト
ヒトヘニ天下ヲ掌ニセシカハ君トメヤスカラスオホシメシケンモコト
ハリナリ況ヤ其跡タエテ後室ノ尼公陪臣ノ義時カ世ニナリ
ヌレハ彼跡ヲケツリテ御心ノマヽニセラルヘシトイフモ一往［非無謂］イヒナキ
ニアラスシカレト白河鳥羽ノ御代ノ比ヨリ政道ノフルキ

伊与守将實種　伯耆前司師孝　右近衛佐頼経

地下前駈

右京権大夫義時　修理大夫雅義　甲斐右馬助宗泰　武蔵守泰時

摂津前司頼時　駿河左馬助教利　蔵人大夫重綱　前蔵人大夫有俊

長井遠江前司親廣　相模守時房　足利武蔵前司義氏　丹後蔵人大夫忠国

前右馬助行光　伯耆前司包時　駿河前司季時　信濃蔵人大夫行国

相模前司経定　美作蔵人大夫云近　藤勾當頼隆　平勾當時盛

随身

府生秦兼峯　番長下毛野篤秀　播磨定文　中臣近任

近衛秦公氏　同兼村

下毛野為光　同為氏

随兵十人

武田五郎信光　加々見次郎長清　式部大夫　河越次郎

城介景盛　泉次郎左衛門尉頼定　長江八郎師景　三浦太郎兵衛尉朝村

加藤大夫判官元定　隠岐次郎左衛門尉基行

廃帝諱ハ懐成順徳ノ太子御母東一条院藤原立子故摂政太
政大臣良経女也承久三年春ノ比ヨリ上皇オホシメシタツコト
アリケレハニワカニ譲国シタマヒテ順徳御身ヲカロメテ合戦ノ事
ヲモ一御心ニセサセ給ハンタメハカリノコトニヤ新主ニ譲位アリシ

号義時兵権ヲトリシカ上皇ノ御子ヲクタシ申テアフ
キ奉ルヘキヨシ奏シケレト不許ニヤ有ケン九条摂政道家ノ
オトヽハ頼朝ノ時ヨリ外戚ニツヽキテヨシミオハシケレハ其子ヲ
クタシテ扶持シ申ケル大方ノコトハ義時カマヽニナリニキ
天下ヲ治給コト十一年譲国アリシカ事ミタレテ佐渡国ニ
ウツサレ給四十六歳ヲハシヽキ

裏書云

實朝　前右大将征夷大将軍頼朝卿二男也建久十年正月頼朝薨嫡男頼家可奉行諸国守護事由被宣下于時左近中将正五位下　建仁二年七月任征夷大将軍同三年受病狂遷伊豆国修禅寺翌年正月遷害頼家受病之後尼母并義時等沙汰以實朝令継之叙従五位下即日任征夷大将軍次第昇進不能具記建保六年十二月二日任右大臣元内大臣右大将大将猶帯之　同七年四月改元承久元　正月廿七日為拝賀参鶴岡八幡宮實朝於中終遂不求上有其煩故也于時以参宮擬拝賀欲而神拝了退出之処被宮別当公暁設刺客殺之年廿八云々

今日扈従人々

公卿

権大納言忠信 坊門　左衛門督實氏 西園寺　宰相中将国通 高倉　平三位光盛 池

刑部卿宗長 難波

殿上人

権亮中将信能朝臣　文章博士仲章朝臣 同被殺了　右馬権頭能茂朝臣　因幡少将高経

未ニ改元天下ヲ治給コト十二年太弟ニユヅリテ尊号例ノ
如シ此御門ハサシキ正嫡ニテ御心ハエモタヽシクキコエ給シニ上
皇鍾愛ニウツサレニシケルニヤホトナク譲国アリ立太子ニテ
モアラヌサテニ成ニキ義久ノ乱ハ時ノイタラヌコトソシテセ給
ケレハニヤサシクイサメシケレトモコトヤフレニシカハ玉石トモニコカ
レテ阿波国ニテカクレサセ給三十七歳オセシクキ
第八十四代順徳院諱ハ守成後鳥羽第三ノ子御母修明門院
藤原ノ重子贈左大臣範季ノ女也庚午ノ年即位辛未ニ改元
此御時征夷大将軍頼朝次郎実朝右大臣右大将ニテナリシニ
シカ兄左衛門督頼家カ子ニ公暁ト云ケル法師ニコロサレヌ
又継人ナクテ頼朝カ跡ハナカクタエニキ頼朝カ後室ハ従二位平
政子トテ時政ト云モノヽ女ニシ東国ノコトヲハオコナヒキ兵衛

ニ下東方ノセヽニ成ニテキ平氏ノミタレニ南都ノ東大興福寺ヤ
ケニシヲ東大寺ヲハ俊乗ト云上人スヽメタテケレハ公家ニモ委
任セラレ頼朝モフカク随喜シテホトナク再興ス供養ノ儀アリキ
アトツタツ子テヲコナハレケルアリカタキコトニヤ頼朝モカサ子テ
京上シケリカヽル結縁ノタメカツハ警固ノタメナリキ法皇
カクレサセ給テ主上世ヲシラセ給ス天下ヲ治給コト十五年
アリシカハ太子ニユツリテ尊号アリシレイノコトニ院中ニテ又廿余年
シラセ給シカ承久ニコトアリテ御出家隠岐国ニテカクレ給ス
六十一歳ヲタモチ給キ
第八十三代第四十五世土御門院諱ハ為仁後鳥羽ノ太子御母承
明門院源在子内大臣通親ノ女也父ノ御門ノ例ニテ親王ノ宣旨
ナシ立太子ノ儀ハカリニテ四十八年戊午ノ年即位巳

艱難ナレハ非モカクヨハセ給ハヌニヤカクテ平氏滅シヌシカハ
天下モトノコトク君ノ御マヽナルヘキカトオホエシニ頼朝勲功ニコト
ニタメシナカリケレハミツカラモ権ヲホシキマヽニス君モ又ウ
チマカセラレシニナレハ王家ノ権ハイヨイヨオトロヘニキ諸国ニ守
護ヲヽキテ国司ノ威ヲヲサヘシカハ吏務ト云コト名ハカリニ
成又アラ亢庄園郷保ニ地頭ヲ補セシカハ本所ハナキカ
コトクニナレリ頼朝ハ従五位下前右兵衛佐ナリシカ義仲
追討ノ賞ニ越階シテ正四位下ニ叙シ平氏追討ノ賞ニ又
越階従二位ニ叙ス建久ノ初ニハシメテ京上メヤカテ一度ニ権
大納言ニ任ス又右近ノ大将ヲ兼ス頼朝シキリニ辞申ケ
レト叡慮ニヨリテ朝拝アリトソ程ナク辞退メモトノ鎌倉
ノ館ニナンクタリシ其後征夷大将軍ニ拝任スリシヨリ天下ノ

メサカヘニサシコトアメツチトキハニリナカルヘシト侍シハイカテカ疑
奉ルヘキ今ヨリユクサキモイトタノモシクコソオモヒ給シ平氏
イマタ西海ニアリシホト源義仲ト云物マツ京都ニ入兵威ヲモ
テ世ノ中ノコトヲオサヘヲコナヒケル征夷将軍ニ任ス此官ハ昔
坂上ノ田村丸ニテハ東夷征伐ノタメニ任セラレキ其後将門カ
ミタレニ右衛門督藤原忠文朝臣征東将軍ヲ兼テ節刀ヲ給シ
ヨリコノカタヒサシクタエテ任セラレス義仲ヲ初テナリニケハアマリ
ナルコトオホクテ上皇御イキトヲリノ上ヘニヤ近臣ノ中ニ軍ヲオ
コシ退治セントセシニ事不成シテ中々アサマシキ事ナトイテキシ
東国ノ頼朝弟範頼義経ナトヲサシノホセシカハ義仲ハヤカテ
滅ヌサテソレヨリ西国ヘムカヒテ平氏ヲハタイラケシナリ天
命トキノテリミシハ巨猾モホロヒヤスシ人民ノヤスカラヌコトハ時ノ

御代々ニオナシクツクリカヘラレシ釼也ウセヌルコトハ末世ノシルシニヤト
ウラメシケレト埶田ノ神アラタナル御コトヽ昔新羅國ヨリ道行
ト云法師来テヌスミタテマツリシカト神変ヲアラハシテ我國ヲ
イテタマハス彼両種ハ正躰昔ニカハリマシマサス代々ノ天皇ノ
トツキ御マホリトメ國土ノアマ子キ光トナリ給ヘリウセニシ寶
釼ハモトヨリ如在ノコトヽソ申侍ヘキ神璽ハ八坂瓊ノ曲玉ト
申ス神代ヨリ今ニカハラス代々ノ御身ヲハナレ又御マホリナレハ海中
ヨリウカヒ出給ヘルモコトハリ也三種ノ御コトハヨク々心エ奉ルヘキ
ナリナヘテ物シラヌタクヒハ上古ノ神鏡ハ天徳長久ノ災ニアヒ
草薙ノ寶釼ハ海ニシツミニケリト申傳ルコト侍ニヤ返テヒカ
コトナリ此國ハ三種ノ正躰ヲモチテ眼目トシ福田トスルナレハ日
月ノ天ヲメクラン程ハ一モカケ給マシキ也天照太神ノ勅ニ宝祚

マシマス皇太神宮熱田ノ神アキラカニマホリ給コトナレハ天位ツヽカ
マシマサス平氏ホロヒテ後内侍所神璽ハカヘリイラセ給宝劒
ハツヰニ海ニシツミテミエス六此ヲヒハ晝ノ御坐ノ御劒ニソ寶劒ニ
擬セラレタリシカ神宮ノ御告ニテ神劒ヲタテマツラセ給シニヨリテ
近此ニテノ御マホリナリキ三種ノ神器ノ事ハ所々ニ申侍シ
カトモ先内侍所ハ神鏡也八咫ノ鏡ト申正躰ハ皇太神宮ニイ
ハヽ奉ル内侍所ニマシマスハ崇神天皇ノ御代ニ鑄カヘラレタリシ
御鏡ナリ村上ノ御時天徳年中ニ火事ニアヒ給ツシテハ円規(キ)カケ
マシマサス後朱雀ノ御時長久年中ニカサネテ火アリシニ灰燼(クワイシン)ノ中
ヨリ光(ヒカリ)ヲサヽセ給ケンシオサメテアカメ奉ラレケンサレト正躰
ハツヽカナクテ万代ノ宗廟ニマシマス宝劒モ正躰ハ天ノ叢雲ノ劒
後ニハ草薙ト云ト申ハ熱田ノ神宮ニイハヒ奉ル西海ニシツミシハ崇神ノ

第八十二代第四十四世後鳥羽院諱ハ尊成高倉第四ノ子也母七条院藤原殖子先代ノ母儀ホトノハ后宮ナラヌハ贈后也院号アリシハミナ先立后ノチソサタメシコノ七条院立后ナクテ院号ノ初ナリ但先准后ノ勅アリ入道修理大夫信隆女也先帝西海ニ臨幸アリシカト祖父法皇ノ御世ナリシカハ都ハカハラス摂政基通ノオトヽソ平氏ノ縁ニテ供奉セラレシカトイサメ申輩アリケルニヤ九条ノ大路邊ヨリトヽマリシヲソノホカ平氏ノ親族ナラヌ人々ハ共ツカマツル人ナカリケリ還幸アルヘキヨシ院宣アリケレト平氏承引申サスヨリテ太上法皇ノ詔ニテ此天皇タヽセ給又親王ノ宣旨ニテモナシ先皇太子トシ即受禅ノ儀アリ翌年甲辰ニコソ元年如月ニ改元七月ニ即位此同胞ニ高倉ノ第三ノ御子マシ〳〵シカトモ法皇此君ヲエラヒ定申給ケルトソ先帝三種ノ神器ヲアヒクセサセ給シユヘニ践祚ノ初ノ違例ニ侍シカト法皇國ノ本主ニテ正統ノ位ヲ傳

シサへウツスヘシトテ摂津国福原トテ清盛スム所ノアリシニ行幸
セサセ申ケル法皇上皇モオナシクウツシタテマツル人ノ恨オホク
キコエケレハニヤカヘシ奉ルホトナク清盛カクレテ次男宗盛其
アトヲツキヌ世ノ乱ノモトヘノミス内大臣ニ任ス天性父ニモ兄ニモツ
コハサリケルニヤ威望モイツシカオトロヘ東国ノ軍スデニ国ハクノ
成ノ平氏ノ軍所々ニテ利ヲウシナヒケルトソ法皇忍テノ比叡
山ニノホラセ給平氏カヲオトシ主上ヲスヽメ申テ西海ニ没落ス中
ミトセハカリアリテ平氏コトヽヽク滅ヌ清盛カ後室従二位平
時子ト云シ人此君ヲイタキ奉リテ神璽ヲフトコロニシ宝剣
ヲコシニサシハサミ海中ニイリヌ又アサマシカリシ乱世ナリ天下ヲ
治給コト三年ハカヽシキ遺詔ホノサタナケレハ天皇
ト稱シ申ナリ

任官ス トツノ平治ノ乱ニ死罪ヲ申ナダムル人アリテ伊豆国ニ配流セラレシテオホクノ年ヲオクリシカ以仁ノ王ノ密旨ヲウケ給院ヨリモ忍テ御ツカハス道アリケレハ東国ヲスヽメテ義兵ヲオコシ又清盛イヨイヨ悪行ヲノミナシケレハ主上フカクナゲカセ給俄ニ避ヒ位ノコトアリシモ世ヲイトハセマシマシケルユヘトツノ天下ヲ治給コト十二年世ノ中ノ乱イリノミヤ平家ノトリワキアカメ申サセリケレハ安芸ノ厳嶋ニナムニイラセ給ケル此御門ハ心ハヘモメテタク孝行ノ御志フカヽリキ管絃ノカタモスクレテオハシマシケリ善ヲアリテ幾トナク世ヲハヤクシ給廿一歳オハシマシキ

第八十一代安徳天皇諱ハ言仁高倉第一ノ子御母中宮平徳子建礼門院 ト申太政大臣清盛女也庚子ノ年即位辛丑ニ改元法皇猶世ヲシラセ給平氏ハイヨイヨオコリツナシ諸国ハステニミタレヌ又都

此御代ノコトニヤ其女懐子入内シテ女御トス即立后アリキ末ツカタ
ヤウ〳〵所々ニ反乱ノキコエアリ清盛一家非分ノワサ天意ニソム
キケルニコソ嫡子内大臣重盛ハ心ハヘサカシクテ父ノ悪行ナトモイ
サメトヽメケルサヘ世ヲハヤクシテイヨ〳〵ヲコリシキハメ権ヲホシキ
マヽニス時ノ執柄ニテ菩提院ノ関白基房ノ大臣ヲハセシモ中ライ
ヨロシカラスコトアリテ大宰権帥ニウツシテ配流セラル妙音院ノ
師長ノオトヽモ京中ヲイタサルソノ外ニツミセラルヽ人オホカリシ中ニ従三
位源頼政ト云シモノ院ノ皇子以仁ノ王トテ元服ハカリシ給シカト
親王ノ宣ナトクタニナクテカタハラナル宮オハセシヲスヽメ申テ国々ニ
アル源氏ノ武士等ニアヒフレテ平氏ヲウシナハントハカリケリ
コトアラハレテ皇子モウシナハレ給ヌ頼政モホロヒヌヤヽシトソシ
ヨリミタレソメテケリ義朝ヽ庄カノ子頼朝（前右兵衛佐従五位下平治ノ比六位ノ蔵人タリシカ信頼事ヲオコシタル時）

アニサヘ先ヅ左右ノ大將ニテナラベリキ。コノ一門ノ外ハ世ノコトナラヌ又モ アリツイテニ此ニノス 天下ノ
諸國ハ半スクヒハ一ノ家領トナシ官位ハ多ツノ一門家僕ニフサケ
タリ王家ノ權サラニナキコトクニナリヌ又此天皇天下ノ治給コト
七年廿三歳オハシ〱キ
第七十九代六条院諱ハ順仁二条ノ太子御母大藏大輔伊岐兼盛ガ
女也 ソノシナイヤシクテ 贈位ニテモナカリシニヤ 乙酉ノ年即位丙戌ニ改元天下ヲ治給コト三年
上皇世ヲシラセ給シカ二条ノ御門ノ御コトニヨリ心ヨカラヌ御コトナリシ
ユヘニヤイツシカ讓國ノ事アリキ御元服ナトモナクテ十三歳ニテ
世ヲハヤクシテシ〱キ
第八十代第四十三世高倉院諱ハ憲仁後白河ノ第五ノ御子御母皇后
平滋子 建春門院卜申 贈左大臣時信ノ女也戊子ノ年即位己丑ニ改元上皇
天下ヲシラセ給コトモトノコトシ清盛權ヲモハラニセシコトハコトサラニ

サリケル大義ニ滅レ親トイフコトノアルハ石碏ト云人其子ヲコロシタリシカノ
コトシ父トメ不忠ノ子ヲコロスハコトハリナリ父不忠ナリトモ子トシテノ
コロセト云道理ナシ孟子ニタトヘヲ取テイヘルニ舜ノ天子タリシ時其
父瞽叟人ヲコロスコトアランニ時ノ大理ナリシ皐陶トラヘタラハ
舜ハイカヽシ給ヘキトイヒテ舜ハ位ヲステヽ父ヲオヒテサラマシトア
リ大賢ノツミヘナシハ忠孝ノ道アラハレテシモシロクハヘリ保元平治
ヨリ以来天下ミタレテ武用サカリニ王位カロク成ヌイマタ太
平ノ世ニカヘラサルハ名行ノヤフレソメシニヨレルコトヽソミエタルカクテノ
シハシシツマリシニ主上上皇ノ御中アシクテ主上ノ外舅大納言経宗
後ニメシカヘサレテ大臣大将ニテナリキ御メノトノ子別当惟方等上皇ノ御意ニソムキケレハ清盛
朝臣ニオホセテメシトラヘラレ配所ニツカハサルコレヨリ清盛天下ノ
権ヲホシキマヽニシテ程ナク太政大臣ニアカリ其子大臣大将ニナリ

ミタカフ所アリト云コトハ詮ナシ清盛コノコトヲキヽ道ヨリノボリヌ
信頼カタラヒシキケル近臣ヨリ中ニ心カハリスル人々アリテ主上上皇
シノヒテイタシタテマツリ清盛カ家ニウツシ申テケリスナハチ
信頼義朝等ヲ追討セラル程ナクウチカチヌ信頼ハトラハレテ
首ヲキラル義朝ハ東国ヘ心サシテノカレシカト尾張国ニテウ失
スツノ首ヲ梟セラレニキ義朝重代ノ兵タリシウヘ保元ノ勲功
ステラレカタクノ侍シニ父ノ首ヲキラセタリシコト大ナルトカ也古今ニモ
キカズ和漢ニモ例ナシ勲功ニ申替トモミツカラ退トモナトカ父ヲ
申タスクル道ナカルヘキ名行カケハテニケレハイカテカツヰニ其身
ヲマタクスヘキ滅スルコトハ天ノ理也凡カヽルコトハ其身ノトカハサルコ
トニテ朝家ノ御アヤマリナリヨクノ案アルヘカリケルコトニコソ其比名
臣モアマタ有シニヤ又通憲法師専申ヲコナイシニナトカ諫申

近衛大将ヲノソミ申シヽ通憲法師イサメ申テヤミヌ其時源義
朝ニ臣カ清盛朝臣ニヲサヘラレテ恨ヲフクメリケルヲアイカ
タラヒテ謀逆ヲ思クハタテケリ保元ノ乱ニハ義朝カ功タカク
侍ケレト清盛ハ通憲法師カ縁者ニナリテコトノホカニメシツカハレ
通憲法師清盛寺ヲウシナイテ世ヲホシキマヽニセムトノハカラヒテ
ル清盛熊野ニマウテケルヒマヲウカヽヒテ先上皇御幸ノ三条殿
ト云所ヲヤキテ大内ニウツシ申主上ヲモカタハラヘヲシコメマイラセツル
通憲法師ノカレカタクヤアリケンミツカラウセヌ又其子トモヤカテ同ク
(ナカシツカハス)通憲モ才学アリ心モサカシカリケレト己カ非ヲシ
リ未萠ノ禍ヲフセクマテノ智分ヤカケタリケン信頼カ非ヲ
ハイサメ申ケレトワカ子共ハ顕職顕官ニノホリ近衛ノ次将ナント
ニサヘナシ参議已上ニアカレモアリキカクテウセヽシカハコレモ天意

テ内々ニハ天下ノ事サナカラハカラヒ申ケリ大内ハ白河ノ御代
ヨリ久ク荒廃シテ里内ニノミマシ〳〵シヲハカリコトヲメクラシ国ノ
ツヰエモナクツクリタテヽタエタル公事トモヲ申ヲコナヒキスヘテ
京中ノ道路ナトモハラヒキヨメテ昔ニカヘリタルスカタニソアリシ
天下ヲ治給コト三年太子ニユツリテ例ノコトク尊号アリテ
院中ニテ天下ヲシラセ給コト卅余年ソノアヒタニ御出家アリシ
シカト政務ハカハラス白河鳥羽両代ノコトニサレトウチツヽキ乱世ニ
アハセ給シコソアサマシケレ五代ノ帝ノ父祖ニテ六十六歳ヲマシ〳〵キ
第七十八代二条院諱ハ守仁後白河ノ太子御母贈皇太后藤原
懿子贈太政大臣経実ノ女也戊寅ノ年即位己卯ニ改元年号ヲ
平治ト云右衛門督藤原信頼ト云人アリ上皇ナミシク寵セサセ給
テ天下ノコトヲシサヘテカセラルヽニテノナリニケレハヲコリノ心キサシテ

スヘテ兵ヲアツメラレケレハ清盛義朝等ニ勅シテ上皇ノ宮ヲ
セメラル官軍勝ニノリシカハ上皇ハ西山ノ方ヘノカレ左大臣ハ流矢
ニアタリテ奈良坂邊ニテノヨチエカレケルカウ井ニ容犯セラレ又上皇
御出家アリシカト猶讃岐ニウツサレ給大臣ノ子共国〻ヘツカハサル
武士トモヽ多ク誅ニフスソノ中ニ源為義トキコエシハ義朝カ父也
ナカナル御志カアリケン上皇ノ御方ニテ義朝ト各別ナリ又餘ノ
子共ハ父ニ屬シケルニコノ軍ヤフレテ為義モ出家シタリシヲ義朝
アツカリテ誅セシコソタメシナキコトニ侍レ澆漓ノ御代ニ奈良坂ノ
タヽカヒアリシ後ハ都ニ兵革ト云コトナカリシニコレヨリミ乱ソメ
タルモ時運ノクタリヌル又ハスカタトツオホエヘル此君ノ御乳母ノ夫ニテ
少納言通憲法師ト云シハ藝家ノ儒門ヨリ出タリ宏才博覧ノ
人ナリキサレト時ニアハス〻出家シタリシニ此御世ニイヘシク用テレ

オハシケルトソ父ノ愛子ニテヨコサマニ申ウケラレケレハ関白ヲヽキ
ナカラ藤氏ノ長者ニナリ内覧ノ宣旨ヲ蒙ル長者ノ他人ニ
ワカルヽコト摂政関白ハシマリテハ其例ナシ内覧ハ昔醍醐ノ御
代ノハシメツカタ本院ノ大臣ト菅家ト政ヲタスケラレシ時アヒナラ
ヒテ其号アリキト申メレトモ本院モ関白ニハアラス其例タカウ
ミヤ先ノオリヽハ本性オタヤカニオハシケレハオモヒナシ又サヽミテソ
スコサレケル近衛ノ御門カクレ給シコロヨリ内覧ヲヤメラレタリシニ
根ヲフクミ大方天下ノ乱ヲモヽトハカラレケルニヤ崇徳ノ上皇ヲ
申スヽメテ世ヲミタラル父ノ法皇晏駕ノヽチ七ケ月ワカリヤアリ
ケン忠孝ノ道カケニケルヨリ見エタリ法皇モカネテサトラシメ給ケル
ミヤ平清盛源義朝等ニメシ卿テノ内裏ヲマホリ奉ルヘキヨシ勅命
アリキトソ上皇鳥羽ヨリイテ給テ白河ノ大炊殿ト云所ニテ

第七十六代近衛院諱ハ體仁鳥羽第八ノ子御母皇后藤得子美福門院ト申贈左大臣長實ノ女也辛酉年即位壬戌ニ改元天下ヲ治給コト十四年十七歳ニテ世ヲハヤクシマシマシキ

第七十七代第四十二世後白河院諱ハ雅仁鳥羽第四子崇徳同母御弟也近衛ハ鳥羽ノ上皇鍾愛ノ御子也シニ早世シマシマシヌ又崇徳ノ御子重仁親王ツカセ給ヘカリシニモトヨリ御中心ヨカラテヤ又上皇オホシメシワツラヒケレトコノ御門タヽセ給立太子モナクテスクニ井サセ給今ハ此御末ノミコソ継體シ給ヘハシカルヘキ天命トソオホエ侍ル乙亥ノ年即位丙子ニ改元ヲシ保元ト云鳥羽晏駕アリシカハ天下ヲシラセ給左大臣頼長ト申シハ知足院入道関白忠實公次郎也法性寺関白忠通ノオトヽ也大臣ノ兄ニテ和漢ノ才タカクテ又執柄ニテツカヘラレキコノ大臣モ漢才ハタカクキコエシカト本性アシク

申ヌル白河院カクレ給テノ後政ヲシラセ給ル孫ナカラ御子ノ
儀ナリシハ重服ヲキサセ給ケリコレモ院中ニテ廿余年ソノ
アヒタニ御出家アリシカト猶世ヲシラセ給キサレハ院中ノ久キ
タメシニハ白河鳥羽ノ二代ヲ申侍シ五十四歳マシマシキ
第七十五代崇徳院諱ハ顕仁鳥羽第一ノ子御母中宮藤原
璋子（侍賢門院ト申）入道大納言公実ノ女也癸卯ノ年即位甲辰改元
戊申年宋欽宗皇帝靖康三年ニアタル宋ノ政ミタレシニヨリ北狄ノ
金国起テ上皇徽（キ）宗并ニ欽宗ヲトリテ北ニカヘル又皇弟高宗
江ヲワタリテ杭（カウ）州トイフ所ニ都ヲステヽ行在所トス南渡ト云ハ
コレ也此天皇天下ヲ治給コト十八年上皇ト御中ラヒ心ヨカラテ
シリソカセ給キ保元ニ事アリテ御出家アリシカト讃岐国ニウツサ
レ給四十六歳マテマシヽキ

第七十四代第四十一世鳥羽院諱ハ宗仁堀川ノ太子御
母贈皇太后藤原苡子贈太政大臣實季ノ女也丁亥年即位
戊子ニ改元天下ヲ治給コト十六年太子ニ讓テ尊号アリ白河
代ノ如クセサセ給シカハ新院トテ所ヽノ御幸ニモオナシ御車ニテ
アリキ雪見ノ御幸ノ日ハ烏帽子直衣ニフカ沓ヲメシ御
馬ニテ本院ノ御車ノサキニミヽクケル世ニメツラカナル事ナレハ
コツリテミ奉リキ昔弘仁ノ上皇嵯峨ノ院ニウツラセ給シ日
ミヤノ馬ニテミヤコヨリイテサセミテ宮城ノ内ツモトツラセ
給ヘリト云コトノミ工侍シカヤウノ例ニヤ有ケン御容儀メテタ
クミヽクケレハキラツモコノマセ給ケルニヤ裝束ノコワクナリ
烏帽子ノヒタイナント云コトモ其比ヨリ出来ニキ花園有仁オトヽ
文容儀アル人ニテオホセアハセテ上下オナシ風ニナリニケルトソ

神皇正統記　下

［下冊］

管絃郢曲舞楽ノ方アキラカニシテ神楽ノ曲ナトハ今
ノ世マテ地下ニツタヘタルモコノ御説也天下ヲ治給コト七十一年
九九歳オマシマキ

リ給ヘルハカリナリ世ノ末ニナレルスカタナルヘキニヤ又城南ノ鳥羽ト云所ニ離宮ヲタテヽ土木ノ大ナル営アリキ昔ハオリ位ノ君ハ朱雀院ニマシマセハコレヲ後院ト云又冷然院ニモ然字火ノコトニハヽカリアリテ泉ノ字ニ改ムオハシマシケルニ猶所々ニハスマセ給ハス白河ヨリノチニハ鳥羽殿ヲモチテ上皇ノ坐ノ本所トハサタメラレニケリ小子堀河ノミカトノ孫鳥羽ノ門ノヒコ崇徳ノノ在位ニテ五十余年在位ニテ十四年院中ニテ四十三年世ヲシラセ給シカハ院中ノ礼ナント云コトモコレヨリソサタマリケルスヘテノ心ノマヽニ久クタモタセ給シノ代也七十七ノ歳オマシ〱キ

第七十三代第四世堀河院諱善仁白河第二ノ子御母中宮賢子右大臣源顕房ノ女関白師実ノオトヽ猶子丙寅ノ年即位丁卯ニ改元コノミカト和漢ノオヲマシマシケルコトニ

ノ大臣ナトハ候申サレケルトソサレハ上皇ニテマセト主上ヲサナク
オハシマス時ハヒトヘニ執柄ノ政ナリキ宇治ノ大臣ノ世トナリテハ
三代ノ君ノ執政ニテ五十余年権ヲモハラニセラル先代ニハ関白
ノ後ハ如在ノ礼ニテアリシニアマリナル程ニナリケルニヤ後三条院
坊ノ御時ヨリアシサマニオホシメスヨシキコエテ御中ライアシクテ
アヤフミオホシメスホトノコトニナンアリケル践祚ノ時関白ヲ
ヤメテ宇治ニコモラレ又弟ノ二条ノ教通ノ大臣関白セラレシハ
コトノ外ニ其権モナクオハシキニヤ後ノ御代ニハ院ニテ政ヲキカセ
給ヘハ執柄ハタヽ職ニソナハリタルハカリニナリヌサレトコレヨリ又
フルキスカタハ一変スルニヤ侍ケン執柄世ヲオコナハシニカト宣
旨官符ニテコソ天下ノ事ハ施行セラレシニ此御時ヨリ院
宣庁ノ御下文ヲオモクセラレシニヨリテ在位ノ君又位ニソナハ

タダシキホトゾツクリトヽノヘサセ給ケルコノヽチ代コトニラノチ
ツヽキ願寺ヲ立ラレシニヤ造寺熾盛ノソシリ有キ造作ノタメ
ニ諸国ノ重任ナントイフコトオホクナリテ受領ノ功課モタヽシ
カラス封戸ノ庄園アマタヨセラカシテコトニ国ノ費トコソ成侍ニ
シカ天下ヲ治給コト十四年太子ニユツリテ尊号アリ世ノ政ヲ
ハシメテ院中ニテシラセ給後ニ出家セサセ給テモ猶ソノ
マヽニテ御一期ハスコサセマシ〱キオリヰニテ世ヲシラセ給
コト昔ハナカリシナリ孝謙脱屣ノ後ニソ廃帝ハ位ニ井給
ハカリトミエタレト古代ノコトヽハタシカナラス嵯峨清和宇多
ノ天皇モタヾユツリテノカセ給円融ノ御時ハヤウ〱シラセ給
コトモアリシニヤ院ノ御前ニテ摂政兼家ノオトヽウケ玉ハリ
テ源ノ時中朝臣ヲ参議ニナサレタルトテ小野宮ノ実資

侍メリ後冷泉ノスヱサマ世ノ中アレテ民間ノウレヘアリキ四月
ヨリ位ニ井給シカハイマタ秋ノオサメニモ及ハヌニ世ノ中ナヲ
リニケル有徳ノ君ニソマシマシケルトソ申侍ヘル始テ記録所
ナント云所オカレテ国ノオトロヘヌルコトヲナヲサレキ延喜天暦ヨリ
コナタニハマコトニカシコキ御コトナリケンカシ天下ヲ治給コト四年太子ニ
ユツリテ尊号アリ後ニ出家セサセ給シ時ヨリ執柄ノ権オ
サヘラレテ君ノ御ミツカラ政ヲシラセ給コトニカヘリ侍ニシサレト
ソノコロマテモ譲国ノ後院中ニテ政務アリトハミエス[illegible]
第七十二代第卅九世白河院諱ハ貞仁後三条第一ノ子御母贈皇
太后藤原茂子贈太政大臣能信ノ女実ハ中納言公成ノ女也壬子年
即位甲寅ニ改元古ノアトヲオコサレテ野ノ行幸ナントモアリシ
白河ニ法勝寺ヲ立九重ノ塔婆ナトモ昔ノ御願ノ寺々ニモコエ

ニモ貞任宗任ナト云シ者國ヲヽミタリケレハ源頼義ニ仰テ
追討セラル。頼義陸奥守ニ任シ鎮守府ノ軍ヲ兼ス彼家鎮守将軍ニ任スル始也曽祖父経基ハ征東副将軍タリキ十二年アリテ志
シツメ侍ケル此君ハ子マシマサヽリシ上後朱雀ノ遺詔ニテ後三条東宮ニ
立給ヘリシカハ継躰ハカ子テヨリサタマリケルニコソ天下ヲ治給コト
廿三年四十四歳オハシマシキ
第七十一代第卌八世後三条院諱尊仁後朱雀第二ノ子御母
中宮禎子内親王陽明門院トモ申三条院ノ皇女也後朱雀ノ御素意ニテ
太弟ニ立給キ又三条ノ御末ヲモウケ給ヘリムカシモカヽルタメシ侍
キ両流ヲ内外ニ欽明天皇ノ御母手白香ノ皇女仁賢天皇ノ
御女仁徳ノ御後也ヲウケ給テ継躰ノ主トナリマシマス戊申年即位己酉ニ
改元此天皇東宮ニテ久クオハシマシケレハミツカラ和漢ノ文頗悉
ノ数ニテモツノカラスシラセ給詩哥ノ御製モアマタ人ノ口ニ

此運ニヒラケルニコソ東宮ニソナハリ給シカハ此天皇同母ノ此弟
敦良親王立給キ天皇モ此子ナクテ彼東宮ノ御末ヲ継ナセ
サセ給ヌル天皇天下ヲ治給コト九年廿九歳オハシマシキ
第六十九代後朱雀院諱敦良後一条同母ノ弟也
丙子年即位丁丑ニ改元天皇賢明ニマシマシケルトソサレト其比
摂権ノオモキニヨセラレシカハ此政ノアトキコエス無念ナルコトニヤ
長久ノ比内裏ニ火アリテ神鏡焼給猶霊光ヲ現シ給ケレハ
ソノ灰ヲアツメテ安置セラレキ天下ヲ治給コト九年三十
七歳オハシマシキ
第七十代後冷泉院諱親仁後朱雀第一ノ子此母贈皇太后
藤原嬉子本ハ尚侍摂政道長ノオトヽ第三ノ女ナリ乙酉年即位
丙戌改元此御代ノスヱツカタ世ノ中ヤスカラスキコエキ陸奥

外祖道長ノオトヾ攝政セラレシカノチニ攝政ヲハ嫡子頼通ノ
内大臣ニオハセシニユヅリ猶太政大臣ニテ天皇御元服ノ日加冠理髪
父子ナラビテ勤仕セラレシコソメヅラシク侍シカ冷泉円融ノ兩流
カハルヽヽシラセ給シニ三条院カクレ給テノチ御子敦明ノ御子太子
ニ立給シカ心トノカレテ院号カウフリテ小一条院ト申キコレヨ
リ冷泉ノ御流ハタエニケリ冷泉ハコノカミニテ御スヱモ正流トコソ
申ヘカリシニ昔天暦ノ御時元方ノ民部卿ノムスメノ御息所一ノミコ
廣平親王ウミタテマツル九条殿ノ女御ニナリ給テ第二ノ皇子
冷泉ニマシマスイテキ玉ヒシ比ヨリ悪霊ニナリテコノミコモ邪氣ニナヤマサレテ
シキ花山院ノ儀ニ世ヲノカレ三条院ノ御目ノクラクシ東宮ノ
カノミツカラシリゾキ給ヌルモ悪霊ノユヘナリトソ円融モ一腹ノ
御弟ニオハシマセトモ一ニテハナケヤ二ニ申サリケルモシカルヘキ継體ノ

タリ祖跡ノハカラハセ給ヘル道ニコソ侍リケメ（イツレモ先ニコエテ家ヲツタエラルヘキユヘアリト申コト）ノアヒトコトニテケレハミルサス此御代ニハサルヘキ上達部諸道ノ家々顕密ノ僧マテモスクレタル人オホカリキサレハ御門モワレ人ヲ得タルコトハ延喜天暦ニマサレリトソ自歎セサセ給ケル天下ヲ治給コト二十五年御病ノ程ニ譲位アリテ出家セサセ給卅二歳オハシマシキ

第六十七代三条院諱居貞冷泉第二ノ子御母皇太后藤原超子コレモ摂政兼家ノ女也花山院世ヲノカレ給シカハ太子ニ立給シカ御物氣ノユヘニヤヲリ〳〵御目ノクラクオハシケルトソ辛亥年即位壬子ニ改元天下ヲ治給コト五年出家アリキ四十二歳オハシマシキ

第六十八代後一条院諱敦成（ヒラ）一条第二ノ子御母皇后藤原彰子（後ニ上東門院ト申）摂政道長ノ大臣ノ女也丙辰年即位丁巳ニ改元

三宮ノ宣ヲ蒙（執政ノ人ノ家ノ始也ソノ比ハ此家ノ人ナリシカハ入道殿トモ申
乃傍ノ満仲カ家ニ入タリシヲハカリテ新發トソイハレ）其子道隆始
テ大臣ヲ辞テ前官ニテ関白セラレキ（前官ノ摂政モ
コレヲ始トス）病アリテ其子
内大臣伊周シハラク相カハリテ内覧セラレシカ相続シテ関白タルヘキ
コトヲ存セラレケルニ道隆カクレテヤカテ弟右大臣道兼ナラレシ又
七日ト云シニアヘナクウセラレニキ其弟ニテ道長大納言ニテオハセ
シカ内覧ノ宣ヲカウフリテ左大臣ニテイタラレシカト延喜天暦ノ
昔ヲオホシメシケルニヤ関白ハヤメラレニキ三条ノ御時ニヤ
関白シテ後一条ノ御世ノ初外祖ニテ摂政セラル兄才オホリノ
オハセシニ此大臣ノナカレ一ニ摂政関白ハシ給ヘルカニ昔モイカナル
ニヘニカ昭宣公ノ三男ニテ貞信公ミヽノ二男ニテ師輔ノ大臣
ノナカレ師輔ハノ三男ニテ東三条ノオトヽ東三条三男ニテ（道隆大将ハ
一男殿サレト
ミナミニコサレタリ
以道長ヲ三男トシルス）コノオトヽミナ父ノ立タル嫡子ナラテ自然ニ家ヲツカレ

摂政太政大臣伊尹ノ女也甲申年即位シ間ニ政モ天下ヲ治給
コト二年アリテ俄ニ発心シテ花山寺ニテ出家シ給弘徽殿ノ女
御（太政大臣為光ノ女也）カクレテ悲歎ニシケルオリヲエテ粟田関白道兼
ノオトヽノイマタ蔵人弁トキコエシ比ニヤツヽノカシ申テケルトソ
山ヽヲメクリテ修行セサセマシヽカ後ニハ都ニカヘリテスマセ給ケリ
是モ御邪気アリトソ申ケル四十一歳カミくヨ
第六十六代第卅六世一条院諱ハ懐仁円融第一ノ子御母皇后
藤原詮子（後ニハ東三条院ト申后宮院号ノ始也）摂政太政大臣兼家ノ女ナリ花山ノ
御門神器ヲステヽ宮ヲ出給シカハ太子ノ外祖ニテ兼家右大臣
オハセシカ内ニマイリ諸門ヲカタメテ譲位ノ儀ヲオコナハレキ新
主モオサナクマシヽシカハ摂政ノ儀フルキカコトシ丙戌年即位ノ元
ニ改元ソノヽチ摂政病ニヨリ嫡子内大臣道隆ニ譲テ出家備准

ミシキ此御門ヨリ天皇ノ号ヲ申サス又宇多ヨリ後諡ヲタテ
マツラス遺詔アリテ国忌山陵ヲオカレサルコトハ君父ノカシコキ
道ナレト尊号ヲトヽメラルヽコトハ臣子ノ義ニアラス神武以来
ノ御号モ皆後代ノ定ナリ持統元明ヨリ以来避位或出家
ノ君モ諡ヲタテマツル天皇トノミコソ申メレ中古ノ先賢ノ議
ナレトモ心エヌコトニ侍ナリ
第六十四代円融院諱ハ守平村上第五ノ子冷泉同母
ノ弟也己巳年即位庚午ニ改元天下ヲ治給コト十五年禅譲之尊
号ツ子ノ如シ翌年ノ程ニヤ御出家永延ノ比寛平ノ例ヲオフ
テ東寺ニテ檀（灌）頂セサセ給御師ハスナハチ寛平ノ御孫卿子寛
朝僧正ナリ卅三歳オハシマシキ
第六十五代花山院諱ハ師貞冷泉第一ノ子御母皇后藤原懐子

ノ賢古ノムネトシ報国ノ忠節ヲサキトスル誠アルニヨリテヤ此一流ノミタエス〆十余代ニオヨヘリソノ中ニモ行跡ウタカハシク貞節オロソカナルタクヒハオノツカラ衰テアトナキモアリ向後ト云ヘトモツヽシミ思給ヘキコトヽ大カタ天皇ノ御コトヲシルシ奉ル中ニ此氏ノオコリハ所々ニ申侍ヌ又源ノ流モ久クナリヌル上ニ正路ヲフムヘキ一ハシノ心サシテシルシ侍ルシ者モ村上ノ御流一トヲリニテ十七代ニ成シメ給臣モ此ハスヱノ源氏コソ相ツタハリタレハタヽ此衰ノ徳スクレ給ケルユヘニ餘慶アルカトコソアフキ申ハヘレ

第六十三代冷泉院諱ハ憲平村上第二ノ子御母中宮藤原安子右大臣師輔ノ女也丁卯年即位戊辰ニ改元コノ天皇邪氣オハシケレハ即位ノ時大極殿ニ出給コトモタヤスカルマシカリケルニヤ紫宸殿ニテ其礼アリキ二年ハカリシテ譲国六十三歳オハシ

ノ朝ニツカヘテ執政タリシ此大臣モ孝元ノ曽孫ナリキシカレト大織
冠氏ヲサカヤカシ忠仁公政ヲ摂セラレシヨリモハラ輔佐ノ器トヘ
シテ立カヘリ神代ノ幽契ノマヽニ成ヌルニヤ閑院ノ大臣冬嗣氏
ノ衰タルコトヲナケキテ義ヲツミ功ヲカサ子孫ニイノリ仏ニ帰セ
ラレシケル其シルシニモ相ノハリ侍ケルカ此親王ヲミコトニ才モタカク
徳モオハシケルニヤ其子師房姓ヲ給テ人臣ニ列セラレシ才芸古ニ
ハチス名望世ニ聞アリ十七歳ニテ納言ニ任シ数十年ノ間朝遊ノ
故実ニ練シ大臣大将ニノホリテ懸車ノ齢マテツカヘテマツラ
ル親王ノ女祇子ノ女王ハ宇治関白ノ室ナリ仍此大臣ヲハ彼関白ノ
子ニシ給テ彼氏ニカハラス春日社ニモマイリツカウマツラレケリトソ
又ヤカテ御堂ノ息女ニ相嫁セラレシカハ子孫モミナ彼外孫ナリ
コノ人ニハ皆宇治ヲハ遠祖ノ如クニ思ヘリシヨリコノカタ和漢

納言ニテアリシモハヤク絶ニキイカニモ上ヘアルコトカトゾホヘタリ皇胤ノ貴種ヨリ出タル人蔭ゾタノミイトオナシトモナクテ上ニサル人ミシコリモノニ慢スル心モアルヘキニヤ人臣ノ礼ニタカフコトアリヌヘシ寛平ノ御誡ニソノハシノミエハヘリシ也後ヲモヨクカヽミサセ給ケルニコノ皇胤ハ誠ニ他ニコトナルヘキコトナレド我國ハ神代ヨリノ掟ニテ君ハ天照太神ノ御スヱ國ヲタモチ臣ハ天児屋ノ御流君ヲタスケ奉ルヘキ器トナレリ源氏ハアラタニ出タル人臣ナリ徳モナク功モナク高官ニノホリテ人ニヲゴラハ二神ノ御トガメ有ヌヘキコトゾカシナカク上古ニハ皇子皇孫モオホクテ諸國ニモ封セラレ将相ニモ任セラレキ崇神天皇十年ニ始テ四人ノ将軍ヲ任シテ四道ヘツカハサレシモ皆コレ皇族ナリ景行天皇五十一年始テ棟梁ノ臣ヲ置テ武内ノ宿祢ヲ任ス成務天皇三年ニ大臣トス我朝大臣コレニ始ル六代

左大臣仁明ノ御子ニ姓ヲ給人十三人大臣ニノホル人多ノ右大臣光右大臣兼大将文徳ノ御子ニ姓ヲ給人十二人大臣ニノホル人能有右大臣兼大将清和ノ御子ニ姓ヲ給人十四人大臣ニノホル人十世ノ御スヱニ實朝ノ右大臣兼大将コレハ貞純親王ノ苗裔ナリ陽成ノ御子ニ姓ヲ給人三人光孝ノ御子ニ姓ヲ給人十五人宇多ノ御孫ニ姓ヲ給テ大臣ニノホル人雅信左大臣重信ノ左大臣トモニ敦實親王ノ男ナリ醍醐ノ御子ニ姓ヲ給人九人大臣ニノホル人高明ノ左大臣兼大将兼明左大臣後ニハ親王トス中務卿ニ任ス前中書王コレナリコノ後ハ皇子ノ姓ヲ給コトハタエニケリ皇孫ニハアマタアリ任大臣ヲ本トシルスニヨリテコトヽヽクノセス。チカクハ後三条ノ御孫ニ有仁ノ左大臣兼大将輔仁親王ノ男白河院ノ御猶子ニテ直ニ任セシ人ナリ二世ノ源氏ニテ大臣ニノホリカヤウニ父子ノ大臣ニ至テモナツミカ二代ト相続ルホトノ納言以上ニテツタハレル久シクナリ雅信ノ大臣ノ末ノオノツカラ納言マテモノホリテノコリ多ク高明ノ大臣ノ後四代大

源氏ト云コトハ嵯峨ノ御門世ノツイエヲオホシメシテ皇子皇孫ニ
姓ヲ給テ人臣トナシ給スナハチ御子アマタ源氏ノ姓ヲ給ル桓武
ノ御子葛原親王ノ男高棟平ノ姓ヲ給ル平城ノ御子阿保親王ノ
男行平業平等在原ノ姓ヲ給ルコトモ此後ノコトナレトコレハ多ク
ノ儀也弘仁以後代々ノ御後ハミナ源姓ヲ給シナリ親王ノ宣旨ヲ
蒙ル人ハ才不才ニヨラス國ニ封戸ナト立ラレシテ世ノツイヘナリシカハ
人臣ニツラナリテ宦學（ミヤツカヘニ）（モノマナヒ）シテ朝要ニカナヒ器ニシタカヒ昇進スヘキ御ヲキテ
ナルヘシ姓ヲ給ル人ハ直ニ四位ニ叙ス皇子皇孫ニトリテノ事也當君ノハ三位ナルヘシト
云カヽレト其例モミシナリ嵯峨ノ御子 大納言定卿三位ニ叙セシカトモ當代ニハアラス ナクテ代々ノアヒタ姓ヲ給シ人百十余人モヤ
アリケンシカレト他流ノ源氏大臣以上ニナリテ二代ト相續ナル人ノ
今マテキコエヌコソイカナルユヘナルランオホツカナケレ嵯峨ノ御子姓ヲ
給人廿一人コノ中大臣ニノホル人ハ常ノ左大臣兼大将信ノ左大臣融ノ

ヌリト申コトアリトモヒカ事ナシト云傳侍也延和元年辛丙年モ呈シノ後周滅テ宋ノ代ニサダマル唐ノ後五代五十余年ノアヒダ彼國大ニ乱テ五姓ウツリカハリテ国ノ主タリ五季トゾ云ケル宋ノ代々ニ賢主ウチツヾキテ三百余年マデタモテリキ此天皇天下ヲ治給コト廿一年四十二歳オハシマシキ皇子オホクマシヽ中ニ冷泉円融ハ天位ニツキ給シカバ申ニヲヨバズ親王ノ中ニ具平親王ノ宮（六条）ト申中務卿ニ任給キ前ノ兼明親王名誉オハシヽキ仍コレヲバ後中書王ト申賢才文藝ノカタ代々ノ御アトヲヨリ相継申玉ヒケリ一条ノ御代ニヨロヅ昔ヲオコシ人ヲ用ヰラレシハコノ親王ノ擧殿シ給シ月清涼殿ニテ作文アリシニ中殿ノ作文ト云コトコレヨリハジマレル所貴是賢ナト云題ニテ韻ヲサグラルヽコトアリ此親王ノ御タメナルベシ諸道ニアキラカニ佛法ノ方ニテクハシクサトリケルトゾ昔ヨリ源氏オホカリシカドモ此御スヱノミゾイマニ至マデ大臣以上ニ至テ相続侍ル

禅讓ノ礼儀アリキ此天皇賢明ノ御ホマレ先皇ノアトヲ継
申サセ給ケレハ天下安寧ナルコトモ延喜延長ノ昔ニコトナラス
文筆諸藝ヲ好給コトモカハリマサヽリケリヨロツノタメシニハ延
喜天暦ノ二代トソ申侍ルモロコシノカシコキ明王モ二三代トツ
タハルハマレナリキ周ニソ文武成康（文王ハ正位ニツカス）漢ニハ文景（ケイ）
ナンドゾアリカタキコトニ申ケル先考カタハラヲヨリエラハレ立給シ
ニウチツヽキ明主ノ傳リ給シ我國ノ中興スヘキユヘニコソ侍ケ
又継躰モタヽコノ一流ニノミサタマリヌルスエツカタ天徳年中
ニヤハシメテ内裏ニ炎上アリテ内侍所モ焼ニシカ神鏡ハ灰ノ
中ヨリイタシ奉ラル円規損スルコトナクシテ分明ニアラハレ出給見
奉ル人驚感セスト云コトナシトソ御記ニミエ侍ル此時ニ外ヘ鏡
南殿ノ櫻ニカヽラセ給ケルヲ小野宮ノ實頼ノオトヽ袖ニウケラレ

源経基（清和ノ御孫六孫王ト云　頼義義家先祖也）藤原仲舒ガ孫忠文ノ朝臣ヲ副将軍トシテサシツカハサル平貞盛（囲香ガ子）藤原秀郷ナド心ヲ一ニシテ将門ヲホロボシテ其首ヲ奉リシカバ諸将ハ道ヨリカヘリマイリニキ（将門承平五年二月ニ事ヲオコシ天慶三年二月ニ滅ス　其間六年ヘタリ）藤原純友ト云物カノ将門ニ同意シテ西国ニテ叛乱セシカバ将小野好古ヲ遣テ追討セラル（天慶四年ニ純友ハコロサルトゾ）カクテ天下シヅマリニキ延喜ノ御代サシモ安寧ナリシニイツシカ此乱出来天皇モオダヤカニマシマシケリ又貞信公ノ執政ナリシカバ政タガフコトハハベラジ時ノ災難ニコソトオボエ侍ル天皇御子マシマサズ一腹ノ御弟太宰帥ノ親王ヲ太弟ニタテヽ天位ヲユヅリテ[illegible]アリ後ニ出家セサセ給天下ヲ治給コト十六年[illegible]マシマシキ

第六十二代第廿四世村上天皇諱ハ成明醍醐十四ノ子朱雀同母ノ御弟也丙午ノ年即位丁未ニ改元兄弟相譲セ玉ヒシカバシメヤカナル

関白太政大臣基経ノ女也御兄保明ノ太子〈謚ヲ文彦ト申〉早世ノ御子
慶頼ノ太子モウチツヽキカクレニシカハ保明一腹ノ御弟ニテ立給
庚寅年即位辛卯ニ改元外舅左大臣忠平〈昭宣公ノ三男後貞信公ト云〉摂政セラル
寛平ニ昭宣公薨テノチハ延喜ノ一代ニテ摂関ナカリキ此君又
幼主ニテ立給ニヨリテ故事ニマカセテ万機ヲ摂行セラレケルニコソ
此御時平将門ト云物アリ上総介高望王ノ孫也〈高望ハ葛原ノ親王孫平姓ヲ給ル桓武曾孫ノ九苗裔ナリトソ〉
執政ノ家ニツカウマツリケルカ使宣旨ヲ望申ケリ不許
ナルニヨリテイキトヲリヲナシテ東国ニ下向シテ坂東ヲオコシケリニツ
伯父常陸ノ大掾国香ヲセメシカハ国香自殺シヌコレヨリ坂東
ヲウチナヒカシテ下総国相馬郡ニ居所ヲシメテ都トナツケミツカラ
平親王ト称シ官爵ヲナシアタヘケリコレニヨリテ天下騒動ス
参議民部卿兼右衛門督藤原忠文朝臣ヲ征東大将軍トシ

吾朝ト云事文字三思トモ云聖徳ノオコシヽヽテサンニツケテモ
ナヲクハシミヽミヽヘキコトモ昔應神天皇モ讒ヲキカセ玉ヒ
テ武内ノ大臣ヲ誅セラレントシキ彼ハヨクノカレテアキラメラレシ
タリコノ冬ヒノコトハ慮ヲヨヒカタシホトナク神トアラハレテ今ニイタ
ルマテノ霊験無双ナリ末世ノ益ヲホトコサンタメニヤ讒ヲ入シ大臣ハ
ノチナクナリ又同心アリケルタクヒモミナ神罰ヲカウフリニキ
此君久ク世ヲタモタセ給テ徳政ヲコノミ行ハセ玉フコト上代ニコエ
タリ天下泰平民間安穏ニテ本朝仁徳ノフルキ跡ニモナソ
ラヘ異域堯舜ノカシコキ道ニモタクヘ申キ延喜七年丁卯年
モロコシノ唐滅テ梁ト云国ニウツリニケリウチツヽキ後唐晋漢
周トナン云五代アリキ此天皇天下ヲ治給コト卅三年四十六歳オハシマシキ
第六十一代朱雀天皇ハ醍醐第十一ノ子御母皇太后藤原穏子

相ニナセラルヘシト云サタメアリテステニ召仰ラレケルヲ右相カタ
クノカレ申サレテヤミヌ其事世ニモレニケルニヤ左相イキトヲリ
ソネミテサマ〳〵讒ヲマウケテツヰニカタフケ奉リシコトコソアサ
マシケレ此君ノ御一失ト申傳ハヘリ但菅氏權化ノ御事
ナレハ末世ノタメニヤアリケンハカリカタシ善相公清行朝臣ハコノ
事イマタキサヽサリシニカネテサトリテ菅氏ニ災ヲノカレ給
ヘキヨシヲ申ケレトサモナクテ此事出來ニキサキニ申ハヘリシ
我國ニハ幼主ノ立給コト昔ハナカリシコトヽ貞觀元慶ノ二代
幼ニテ立玉ヒシカハ忠仁公昭宣公攝政ニテ天下ヲ治ラル此
君ノ十四ニテウケツキ給テ攝政モナクミツカラ政ヲシラセ給シカト
モ猶幼年ノ上ニヤ左相ノ讒ニモマヨハセ給ケン聖モ賢人モ
一失ハアルヘキニコソ其趣經書ニミエタリサレハ曾子ハ吾日ニ三省（ミカヘリミ）

トミエタリ唐堯ノモ子丹沱シニヨリテ舜ノ徳モアラハレ天下ノ道モアキラカニナリニケルトゾ二代ノ明徳ヲモテ此御コトヲシハカリ奉ルヘシ御寿モ長テ朱雀ノ御代ニゾカクレサセ給ケル七十六歳オマシ〱キ

第六十代第卅三世醍醐天皇諱ハ敦仁宇多第一ノ子御母贈皇太后藤原胤子内大臣高藤ノ女也丁巳年即位戊午ニ改元大納言左大将藤原時平大納言右大将菅原両人上皇ノ勅ヲウケテ輔佐シ申サレキ後ニ左右ニ大臣ニ任テトモニ万機ヲ内覧サセシケリトゾ御門御年十四ニテ位ニツキ給オサナクマシ〱シカト聡明叡哲（テツ）ニキコエ給キ両大臣天下ノ政ヲセラレシニ右相ハ年ノモタケ才モカシコクテ天下ノヽツハ所ナリ左相ハ譜才ノ器ヤケレハステラレカタシ或時上皇ノ御在所朱雀院ニ行幸猶右

ドモワ井ニ見エサラス師ノ僧正ソノ手ヨリトリテノ御方ニフシニメ
ケリトゾ。淳祐罪障ノ至ヲナケキテ卑下ノ心アリケレハ弟子
元杲(カウ)僧都ニ延命院(ト云)許可ハカリニテ授職(ジユシヨク)ヲユルサス勅定ニヨリテ、
法皇ノ御弟子寛空ニアヒテ授職灌頂ヲトク。彼元杲ノ弟子
仁海僧正又知法ノ人ナリキ。小野ト云所ニスミケルヨリ小野流ト
云。シカレハ法皇ハ両流ノ法主ニマシマス。王位ヲサリテ釈門ニ入コトハ
其例オホシ。カク法流ノ正統トナリシカモ御子孫継躰シ給ヘル有
カタキタメシニヤ。今ノ世マテモカシコカリシコトニハ延喜天暦ト申
ナラハシタレト、此ノ世コソ上代ニヨレル無為ノ御政ナリケンヲシハカラレ
侍ル。菅氏ノ才名ニヨリテ大納言大将ニテ登用シ給シモ此時ナリ。
又譲国ノ時サマ〴〵ヲシヘ申サレシ寛平ノ御誡トテ君臣アフキ
テミタマツルコトモアリ。昔モロコシニモ天下ノ明徳ハ虞舜ヨリ始ル

ハ是ナリオヨソ沢法ノ流ニ廣澤 仁和寺 小野 醍醐寺 勧修寺 ノ二アリ廣澤

ハ法皇ノ御弟子寛空僧正寛空ノ弟子寛朝僧正 敦實親王子 法皇御孫也

寛朝廣澤ニスミシカハカノ流ト云ソノヽチ代ヽノ御室相傳テ

其人ハアヒツキシハラス 法流ヲアヒウケシテ師範トナルコトハ両度アリサレト御室代々親王ナリ 小野ノ流ハ益信

ノ相弟子ニ聖寳僧正トテ弘法無双ノ人アリキ大師ノ嫡流ト稱

スルコトノアルニヤシカレト年臘オトラレケルユヘニヤ法皇御灌頂ノ

時ハ色衆ニツラナリテ嘆徳 ヲシ トヱコトヲツトメラレタリキ延喜ノ

護持僧ニテコトニ崇重給キ其弟子観賢僧正モアヒツイテ

護持申オナシク崇重アリキ始テ法務ヲ東寺ノ一阿闍梨

ニツケラレシモコノ時ヨリ始ル 正ノ法務ハイツモ東寺ノ一ノ長者ナリ諸寺ニアルハ 權法務ナリ又仁和寺ノ御室惣ノ法務ニテ綱所ヲ召具セ

ラルルコトハ後白河ノ末ノ事也 此僧正ハ高野ニマウテヽ大師ノ定ノ扉ヲ開テ御髪ヲ

剃法服ヲキセカヘ申シ人ナリ其弟子淳祐 石山ノ内供 ト云 相傳ハレケレ

ミル時賀茂大明神アラハレテ皇位ニツカセ給ヘキヨシヲシメシ
申サセケリ践祚ノ後彼社ノ臨時ノ祭ヲハシメラレシハ大神
ノ申ウケ給ケルユヘトソ仁和三年丁未ノ秋光孝御病アリシニ
御先ノ御子タチヲハオキテ譲ヲウケ給先親王トシ皇太子ニタチ
即受禅同年ノ冬即位中一トセアリテ己酉ニ改元践祚ノ
初ヨリ太政大臣基経又関白セラル此関白號テ後ハシハラク
ソノ人ナシ天下ヲ治給コト十年位ヲ太子ニユツリテ太上天皇ト
申中一トセハカリアリテ出家セサセ給此年卅三ニヤワカク
ヨリソノ御志アリキトソ御作給ケル弘法大師四代ノ弟子益信
僧正ヲ御師ニテ東寺ニテ灌頂セサセ給又智證大師ノ弟子
増命僧正ニモ（于時法橋、後諡号静観）比叡山ニテウケサセ給ヘリ弘法ノ流ヲ
ムネトセサセ給ケレハ其御法流トテ今ニタエス仁和寺ニ傳侍

ソヨクワキニヘラルヘキ者ハ
光孝ヨリ上ツカタハ一向上古也ヨロツノ例ヲ勘モ仁和ヨリ下ツ
カタヲソ申メル古スラ猶カヽル理ニテ天位ヲ嗣給ニミテノスエノ
世ニハマサシキ御ユツリナラテハタモタセ給マシキコト、心エタテマツル
（ヨシ）此御代ヨリ藤氏ノ摂録ノ家モ他流ニウツラス昭宣公
ノ苗裔ノミソタヽシクツタエラレニケル上ハ光孝ノ御子孫天照太
神ノ正統トサタマリ下ハ昭宣公ノ子孫天児屋ノ命ノ嫡流
トナリ給ヘリ二神ノ御チカヒタカハスシテ上ハ帝王三十九代
下ハ摂関四十餘人四百七十餘年ニモナリヌルニヤ
第五十九代第卅二世宇多天皇諱ハ定省光孝第三ノ子
御母皇太后班子ノ女王仲野親王桓武ノ御子ノ女也元慶ノ比孫王ニテ
源氏ノ姓ヲ給ラセテシニスツノカミツ子ニ膺ヨリ猶ヲコノ任セ給ケルニ

其後相續テ天智天武御兄弟立給シニ大友ノ皇子ノ乱ニヨリテ天武ノ御ナカレ久傳ラレシニ稱徳女帝ニテ御嗣モナシ又政モミタリカハシクキコエシカハタシカナル御讓ナクテ絶ニキ光仁又カタハラヨリエラハレテ立給シカト又継体天皇ノ御コトニ似玉ヘルシカレトモ天智ハ正統ニテマシマス第一ノ御子大友コソアヤマリテ天下ヲエ給ハサリシカト第二ノ皇子ニテ施基ノミコ御トカナシ其御子ナレハ此天皇ノ立給ヘルコト正理ニカヘルトソ申侍ヘキ今ノ光孝又昭宣公ノエラヒテ立給トイヘトモ仁明ノ太子文徳ノ御ナカレナリシカト陽成悪王ニテシリソケラレ給シニ仁明第二ノ御子ニテシカモ賢才諸親王ニスクレマシマシケレハウタカヒナキ天命トコソミエ侍シカヤウニカタハラヨリ出給コト是ニテ三代ナリ人ノナセルコトヽハ心エ[illegible]テミツルシキシサキニシルシ侍ルコトナリ

ヒキツクノミ神モ万姓ヲスナヲナラシメントコソシ給ヘト衆生ノ果
報シナ〱ニウクル所ノ性オナシカラス十善ノ戒力ニテ天子トハ
ナリ給ヘトモ代々ノ御行迹善悪又ニチ〱シカシハ本ヲ本ト乄
正ニカヘリ元ヲハシメト乄邪ヲステラレンコトソ祖神ノ御意ニハカナ
ハセ給ヘキ神武ヨリ景行マテ十二代ハ御子孫ソノマヽツカセ給
ヘリウタカハシカラス日本武ノ尊世ヲハヤクシマシヽニヨリテ御弟成
務ヘ伝リ給シカト日本武ノ御子ニテ仲哀伝マシ〱又仲哀
応神ノ後ニ仁徳ツタヘ給ヘリシ武烈悪王ニテ日嗣タエマシ〱
時応神五世ノ御孫ニテ継躰天皇エラハレ立給コレナムメツラシキ
タメシニ侍ルサレト二ラナラヘテアラソフ時ニコソ傍正ノ疑モアレ
群臣皇胤ナキコトヲウレヘテ求出奉リシラヘテソノ御身賢ニ
乄天ノ命ヲウケテ人ノ望ニカナヒマシ〱ケレハトカクノ疑アルヘカラス

故稱霍光ニ関白(アヅカリマウサ)シメヨトアリシソノ名ヲサヅケラレニケリ此天
皇昭宣公ノサダメニヨリテ立給シカバ御志モフカヽリシニヤ
其子ヲ殿上ニメシテ元服セシメ御ミヅカラ位記ヲアソバシテ
正五位下ニナシ給ケリトゾ久絶ニケル芹(セリ)川ノ御幸ナドアリテ
フルキアトヲオコサルヽコトヽモキコエキ天下ヲ治給コト三年
五十七歳オハシマシキ大カタ天皇ノ世ツギヲシルセルフミ昔ヨリ
今ニ至マテ家々ニアテヽタメアリカクシルシ侍モサラニメヅラシカラ
ヌコトナレド神代ヨリ継体正統ノタガハセ給ハヌ一ハシヲ申サン
タメナリ我国ハ神国ナレバ天照太神ノ御計ニマカセラレタル
ニヤサレド其中ニ御アヤマリアレバ暦数(レキスウ)モ久カラズ又ツヰニハ正
路ニカヘルトイヘド一旦モシヅマセ給タメシモアリシハミナミヅカラナ
サセ給御トガナリ冥助ノムナシキニハアラズ佛モ衆生ヲミチ

ナリ積善ノ餘慶ナリトコソオホエハヘレ天皇天下ヲ治給コト
八年ニテヲリサセ給シ八十一歳ニテカクレサセ給キ
第五十八代第卅一世光孝天皇諱ハ時康小松御門トモ申
仁明第二ノ子御母贈太后藤原ノ澤子贈太政大臣總継ノ女ナリ
陽成ヲリサセ給シ時摂政昭宣公モロ〳〵ノ皇子ノ相申
サレケリ時ニ天皇一品式部卿常陸太守トキコエシカ御年
タカクテ小松ノ宮ニオハシマシケルニ俄ニマウテヽ見給ケレハ人主ノ
器量余ノ皇子タチニスクレテマシマシケルニヨリテスナハチ儀衛ヲ
トヽノヘテムカヘ申サレケリ本位ノ服ヲ着シナカラ鳳輦ニ
駕メ大内ニイラセ給ニキコトシ甲辰年ナリシ改元践祚ノ
ハシメ摂政ヲ改テ関白トスコレハ我朝関白ノ始ナリ漢ノ
霍光摂政シタリシカ宣帝ノ時政ヲカヘシテ退ケルヲ万機ノ

第五十七代陽成天皇諱ハ貞明清和第一ノ子御母皇太后
藤原高子二条ノ后ト申贈太政大臣長良ノ女也丁酉年即位改元右
大臣基経摂政ニテ太政大臣ニ任ス此大臣ハ良房ノ養子ナリ実ハ中納言長良ノ男ナリ天皇ノ外舅也忠仁
公ノ故事ノコトシ此天皇性悪ニシテ人主ノ器ニタラス見エ給ケレハ摂
政ナケキテ廃立ノコトヲサタメラレニケリ昔漢ノ霍光昭帝
ヲタスケテ摂政セシニ昭帝世ヲハヤクシ給シカハ昌邑王ヲ立
テ天子トス昌邑不徳ニシテ器ニタラス即廃立ヲオコナヒテ
宣帝ヲ立奉リキ霍光カ大功トコソシルシ伝ハヘルメレ此大臣
マサシキ外戚ノ臣ニテ政ヲモハラニセラレシニ天下ノタメ大義ヲ
オモヒテサタメオコナハレケルイトメテタシサレハ一家ニモ人オホクノ
キコエシカト摂政関白ハコノ大臣ノスエノミソタエセヌコトニナリニ
ケルツキ〳〵大臣大納言ニノホル藤原ノ人モミナコノ大臣ノ苗裔

ノ忠勤モコトニ無止ヽドニナシ天皇佛法ニ帰給テツネニ脱屣(ダツシ)ノ
御志アリキ慈覚大師ニ受戒シ給法号ヲ授奉ル素真ト
申在位ノ帝法号ヲツキ給コトヨノツネナラヌニヤ昔隋煬(ヤウ)帝ノ
晋王ト云シ時天台ノ智者ニ受戒シテ惣持ト云名ヲツケラレタリ
ヨカラヌ君ノ例ナレト智者ノ昔ノアトナレハナツカシクモチヰラ
レニケルニヤ又コノ御時宇佐ノ八幡大菩薩皇城ノ南男山石清
水ニウツリ給天皇聞食テ勅使ヲツカハシソノ所ヲ點シモク
ノタクミニオホセテ新宮ヲツクリテ宗廟ニ擬(キ)セラル鎮座ノ次第ハ上ニミエタリ
天皇天下ヲ治給コト十八年太子ニユツリテシリソカセ給中ニ
トセハカリアリテ出家慈覚ノ弟子ニテ灌頂ウケサセ給丹波ノ
水尾ト云所ニウツラセ給テ練行シニシカホトナクカクレ
給御年卅一象月ノニシ[illegible]

ノ臣ヲオホヤケニ久シハ執政ノ儀カハルコトナシ天皇オトナヒ給ケレ
ハ摂政マツリコトヲカヘシタテマツリテ太政大臣ニテ白河ニ閑居
セラレニケリ君ハ外孫ニマシマセハ猶モ権ヲモハラニセラルトモ
アラソフ人アルニミクヤサシト謙退ノ心フカクノ閑適ヲコノミテウ子
ニ朝参ナトモセラレサリケリ其比大納言伴善男ト云人寵アリ
テ大臣ヲノソム志ナンアリケル時ニ三公闕ナカリノキ（太政大臣良房　左大臣信　右大臣良相）
信（ニコト）ノ左大臣ヲウシナイテ其闕ニノソミ任セントアヒハカリテマツ
應天門ヲ焼シム左大臣セツノミタラレシトスルクワタテナリト讒奏ス
天皇オトロキ給テ糺明ニオヨハス右大臣ニ仰テステニ誅セ
ラルヘキニナリヌ太政大臣コノコトヲキヽ驚遽（オトロキアハテ）シケルマヽニ
烏帽子直衣ヲキナカラ白晝ニ騎馬ニテ馳参メ申ナタメラ
レニケリ其後ニ善男カ陰謀アラハレテ流刑ニ處セラル此大臣

テ補陀落ノ南ノ岸ニ堂タテヽ今ソサカヘン北ノ藤浪ト詠
給ケルトソ。此時源氏ノ人アマタウセニケリト申人アリシト大ナル
ヒカコトヤ。皇子皇孫ノ源ノ姓ヲ給テ高官高位ニイタルコトハ皇
孫ノコトナレハ誰人カウラミ侍ヘキ。サレト彼一門ノサカヘシコトニコトニ
祈請ニコタヘタリトハミエタリ。大方コノ大臣トツキ慶オハシケルニコ
ソ子孫親族ノ学問ツスヽメンタメニ勧学院ヲ建立ス。大学寮ニ
東西ノ曹司アリ。菅江ノ二家コレヲツカサトリテ人ヲ教ル所也。
彼大学ノ南ニコノ院ヲ立ラレシニカハ南曹トソ申ナル。氏ノ長者
タル人ムネトコノ院ヲ管領シテ興福寺及氏ノ社ノコトヲトリ
オコナフ。良房ノ大臣摂政セラレシヨリ彼一流ニツタハリテタエ
ヌコトニナリタリ。幼主ノ時ハカリカトオホエニカクト摂政関白モ
サタメニシ跡ニヨリテヲノツカラ摂関ト云名ノトメラルヽ時モ内覧

給シナレト摂政ト申傳タリノコハ今ノ儀ニハコトナ
リ推古天皇ノ御時厩戸皇太子摂政シ給ヒシヲ帝ハ位ニ
備テ天下ノ政ヲカシナカラ摂政ノ御事ニナリケル斉明天皇ノ
御世ニ御子中ノ大兄ノ皇太子ニテ摂政シ給元明ノ御世ノスヱツカタ
皇女浄足姫ノ宮（元正天皇ノ御コトナリ）シハラクノ摂政シ給キコノ天皇ノ御時
良房ノ大臣ノ摂政ヨリソマサシク人臣ニテ摂政スルコトハハシマリ
ニケル但此藤原ノ一門神代ヨリユヘアリテ国主ヲタス
ケ奉ルコトハサキニモ所々ニシルシ侍リキ淡海公ノ後参議中衛
大将房前其子大納言真楯ソノ子右大臣内麿ソノ三代ハ上
二代ノコトクサカヘスヤアリケム内麿ノ子冬嗣ノ大臣（閑院ノ左大臣ト号ス後ニ贈太政大臣）
藤氏ノ衰ヘルコトヲナケキテ弘法大師ニ申アハセテ興福寺
ニ南円堂ヲタテヽ祈申サレケリ此時明神役夫ニマシハリ

ノ子也母皇太后藤原ノ明子染殿ノ后ト申摂政太政大臣良房ノ女也
我朝ハ幼主位ニ井給コトコレナリキ此天皇九歳ニテ即位戊寅
年也己卯ニ改元貞観アリシカハ外祖良房ノ大臣ハシメテ摂
政セラル摂政ト云コトモロコシニハ唐堯ノ時虞舜ヲ登用テ政
ヲシラセ給トコシヲ摂政ト云カクテ卅年アリテ正位ヲウケテ
シキ殷ノ代ニ伊尹ト云聖臣アリ湯及太甲ヲ輔佐ス是ハ
保衡ト云阿衡トモ云其心ハ摂政也周ノ世ニ周公旦又大聖ナリキ
文王ノ子武王ノ弟成王ノ叔父ナリ武王ノ代ニハ三公ニツラナリテ成王ワカクテ位ニツキ給シカハ周公ミツカラ南面メ摂政ス成王ヲ負テ南面セシメケリトモミエタリ
漢昭帝又幼ニテ即位武帝ノ遺詔ニヨリ
博陸侯霍光ト云人大司馬大将軍ニテ摂政ス中ニモ
周公霍氏ヲソク先蹤ニモ申メル本朝ニハ応神ウマレ
給テ襁褓ニマシマシシカハ神功皇后天位ニ井テ

十七ヨリ二十三マテハ三シク
三三ニサハ七タテ三ツヘ
深草ノ帝トモ申嵯峨第二ノ御子母皇太后橘ノ
嘉智子贈太政大臣清友女也癸丑年即位甲寅ニ改元此天皇ハ
西院ノ帝ノ猶子ノ儀ニテマシ〱ケレハ朝覲モ両皇ニセサセ給或時ハ
両皇同所ニテ朝覲モアリケリトソ我国ノサカリナリシコトハコノ
比ヲヒニヤアリケン遣唐使モツ子ニアリ承和ノ後建礼門ノ
前ニ彼国ノタカラ物ノ市ヲタテヽ群臣ニタマハスルコトモ有キ
律令ハ文武ノ御代ヨリサタメラレシカト此御代ニソエラヒトヽ
ノヘラレニケル天下ヲ治給コト十七年四十一歳マテマシ〱キ
第五十五代文徳天皇諱ハ道康田村ノ帝トモ申仁明第一ノ
子也母太后藤原順子五条ノ后トモ申左大臣冬嗣ノ女也庚午年即位
辛未ニ改元天下ヲ治給コト八年三十三歳マテマシ〱キ
第五十六代清和天皇諱ハ惟仁水尾ノ帝トモ申文徳第四

行末ニテモサカヘニミナサンノ御心サシニヤ新帝ノ御子恒世ノ親王
ヲ太子ニ立給シヲ親王又カタクノ辭退メセラレツヽキ給ケルコソ
アリカタケレ上皇ヲカクノ謙讓シテモハンニ親王又カタクノカレ給ケン
末代ニテノ美談ニヤ昔仁德兄弟相讓給シ後ニハキカサリシコト
也五十七歳オハシマシキ
第五十三代淳和天皇西院ノ帝トモ申桓武第三ノ子御母贈
皇太后藤原ノ旅子贈太政大臣百川ノ女也癸卯年即位甲辰ニ改元
天下ヲ治給コト十年太子ニユツリテ太上天皇ト申此時両上皇
ニマシ〳〵キシハ嵯峨ヲハ前太上天皇此御門ヲハ後太上天皇ト申キ
嵯峨ノ御ヲキテニヤ東宮ニハ又此帝ノ御子恒貞親王立給シカ
両上皇カクレマシ〳〵テ後ニユヘアリテステラレ給キ五十七歳オハシマシキ
第五十四代第二十世仁明天皇諱ハ正良、ニテノコレヨリサキノ御諱ハ必カナラス乳母ノ姓ナトヲ諱ニモチヰラレキ

サトラシムルタメニモアリ乃至圍碁彈碁ノ戯ニテモヲロカナ
ル心ヲオサメノロヘシトワサツトメシカタメナリメヽシ其源ニモト
ツカストモ一藝ハマナフヘキコトニヤ孔子モ飽食シテ終日ニ心ヲ用所ナ
カラシヨリハ博奕ヲタニセヨト侍メリマシテ一道ヲウケ一藝ニモ
携ラン人本ヲアキラメ理ヲサトル志アラハヨシヨリ理ノ要トモ
ナリ出離ノハカリコトモナリナム一氣一心ニモトツケ五大五行
ニヨリ相剋相生シヨリ自モサトリ他ニモサトラシメン事ヨ
ロツノ道其理一ナルヘシ此御門誠ニ顕密ノ両宗ニ攻給ヒシノミ
ナラス儒學モアキラカニ文章モタクミニ書藝モスクレ給ヘリシ
宮城ノ東西ノ額モレミツカラカヽシメ給キ天下ヲ治給コト十四
年皇太弟ニユツリテ太上天皇ト申帝都ノ西嵯峨山ト云所ニ
離宮ヲシメテソヲハシケル一旦国ヲユツリ給ヒシノミナラス

古ニハ詩書礼楽ヲモテ国ヲ治ル四術トス本朝ハ四術ノ学ヲタテラルヽコトタヽシカナラサリシト紀伝明経明法ノ三道ニ詩書礼ヲ摂スヘキニヤ筭道ヲ加テ四道トス代々ニモチヰラレ其職ヲ置ル、ゴトナレハクワシクスルニアタハス医陰陽ノ両道又コレ国ノ至要也金石糸竹ノ楽ハ四学ノ一ニテモハラ政ヲスル本也今ハ芸能ノ如クニ思ヘル無念ノコトニヤ風ヲ移シ俗ヲカフルニハ楽ヨリヨキハナシトイヘリ一音ヨリ五声十二律ニ轉メ治乱ヲワキマヘ興衰ヲ知ヘキ道トコソミエタレ又詩賦哥詠ノ風モイニシノ人ノコノム所詩学ヲ本ニハコトナリニケレト一心ヨリオコリテヨロツノコトノ葉トナリ末ノ世ナレハ人ヲ感セシムル道也コレヲヨクセハ僻ヲヤメ邪ヲシラセクツシヘナルヘシカレハイウヘシカ心ノ源ヲアキラメ正ニカヘル術ナカラム輪扁カ輪ヲケツリナ斉桓公ヲキシヘヲエカタリツタハリニ唐ノ太宗ミノ

地ノ利ニヨリテ以外商沽ノ利ヲ通スルモアリ工巧ノワサヲ好モ
アリ仕官ニ心サスモアリ四民ト云仕官スルニトリテ文武ノ
二ノ道アリ坐テ以道ヲ論スルハ文士ノ道也此道ニ明ナラハ相ト
スルニタヘタリ征テ功ヲ立ハ武人ノワサナリ此ワサニ誉アラハ
将トスルニタレリサレハ文武ノ二ハシハラクモステ給ヘカラス世ミタ
レル時ハ武ヲ右ニシ文ヲ左ニス國ヲサマル時ハ文ヲ右ニシ武ヲ
左ニストイヘリ（古ニ右ヲ上ニス仍ニカイクル）カクノコトクサマ／＼ナル道ヲモチヰテ民ノウレヘ
ヲヤスメシイクアラソヒナカラシメン事ヲ本トスヘシ民ノ賦斂ヲアツクノ
ナミツカラノ心ヲホシキマヽニスルコトハ乱世乱国ノモト也我国ハ王
種ノカハルコトハナケレトモ政ミタレヌレハ暦数ヒサシカラス継体モ
タカフタメシ所々ニミエ侍リヌ又イハンヤ人臣トシテ其職ヲアホ
ヘキニツキテシヤ称スヘシミチヒクニツキテ諸道諸藝ミナ要樞也）

国家攘災ノ為ハカリコトナルヘキ菩薩大士モツカサトル宗アリ
我朝ノ神明モトリワキ擁護シ給教アリ一宗ニ志アル人
餘宗ヲソシリイヤシム大ナルアヤマリナリ人ノ機根モシナ〳〵ナレハ
教法モ無尽ナリ況ワカ信スル宗ヲハアキラメス〆イマタ
シラサル教ヲソシラム極タル罪業ニヤワレハ此宗ニ帰スレトモ人
ハ又彼宗ニ心サス共ニ随分ノ益アルヘシ是皆今生一世ノ値遇ニ
アラス国ノ主トモナリ輔政ノ人トモナリナハ諸教ヲステス機ヲ
モラサス〆得益ノヒロカランコトヲ思給ヘキ也且ハ仏教ニカキラス
儒道ノ二教乃至モロ〳〵ノ道イヤシキ芸マテモオコシモチヰル
ヲ聖代ト云ヘキ也凡男夫ハ稼穡ヲツトメテヲノレモ食シ人ニモ
アタヘテ飢サラシメ女子ハ紡績ヲコトヽシテミツカラモキ衣人ヲシテ
アタヽカナラシム賤ニ似タレトモ人倫ノ大本也天ノ時ニシタカヒ

教理ノ浅深ヲ判スルニ真言佛心天台トノラノ子タリサレトウケ人
傳人ナクテタエニキ近代トナリテ南宗ノナカレオホクツタハル異
朝ニハ南宗ノ下ニ五家アリツノ中臨済宗ノ下ヨリ又二流ト
ナルコレヲ五家七宗ト云本朝ニハ栄西僧正黄龍ノ流ヲウケテノ
傳来ノ後聖一上人石霜ノ下ツタヘ虎丘ノナカレ無準ニウクノ
彼宗ノヒロマルコトハ此両師ヨリノコトナリウチツヽキ異朝僧モ
アマタ来朝シ此国ヨリモワタリテ傳シカハ諸家ノ禅オホクノ流
布セリ五家七宗トハイヘトモ以前ノ顕密權實等不同ニハ相
似ヘカラスイウシモ直指人心見性成佛ノ門ツハイサムシ弘仁ノ
御宇ヨリ真言天台ノサカリニナルミシノ卿ニルニ侍リテ大方
ノ宗ニ傳来ノオモムキヲ載タリ極テアヤマリオホク侍ラシ
但君トシテハイツレノ宗ヲモ大概シロシメシテ捨ラレサラムコトソ

人ナキニヤ又律宗ハ大小ニ通ズル鑒真和尚来朝シテヒロメラレシヨリ
東大寺ヲヨビ下野ノ薬師寺筑紫ノ観音寺ニ戒壇ヲタテヽ
此戒ヲウケヌモノハ僧籍ニツラナラヌ事ニナリニキ中古ヨリ以来
其名バカリニテ戒躰ヲマホルコトタエニケルヲ南都ノ思円上人等
章疏ヲ見アキラメテ戒師トナル北京ニハ俊芿上人入宋シテ彼土
ノ律師ウケ傳テコレヲヒロム南北ノ律再興シテ彼宗ニ入ル輩ハ威
儀ヲ具スルコトフカキカコトシ禪宗ハ佛心宗トモ云佛ノ教外別
傳ノ宗ナリトゾ梁ノ代ニ天竺ノ達磨大師来テヒロメラレシニ
武帝ニ機カナハズ江ヲ渡テ北朝ニイタル嵩山ト云所ニトヽマリ面
壁シテ年ヲオクラレケル後ニ恵可コレヲツグ恵可ヨリ下四世ニ
弘忍禪師トキコヘシ嗣法南北ニ相分ル北宗ノ流ヲバ傳教
慈覚傳テ帰朝セラレキ安然和尚教時諍論ト云書

ト云者アリ三論ハ東晋ノ同時ニ後秦ト云国ニ羅什三蔵
ト云師来テ此宗ヲヒラキテ世ニ傳タリ孝徳ノ御世ニ高麗ノ
僧恵観来朝シテ傳持ケルニカラスハ最前流布ノ教ニヤ其後道
慈律師請来シテ大安寺ニヒロメキ今ハ花厳トナラヒテ東
大寺ニアリ法相ハ興福寺ニアリ唐玄奘三蔵天竺ヨリ傳テ
国ニヒロメラル日本ノ定恵和尚大織冠ノ子ナリ彼国ニワタリ玄奘ノ弟
子タリシカト彼胡ノ後世ニハヤクノ入ル今ノ法相ハ玄昉僧正ト云
人入唐シテ泗州ノ智周大師玄奘三世ノ弟子ニアヒテコシヲ傳テ流布シ
ケルトソ春日ノ神モコトサラ此宗ヲ擁護シ給ナルヘシ此三宗
ニ天台ツクワヘテ四家ノ大乗ト云倶舎成実ナムト云ハ小乗ヤ
道慈律師オナシク傳テ流布セラレケレトモ依学ノ宗ニテノ
別ニ一宗ヲ立コトナシ我国大乗純熟ノ地ナレハニヤ小乗ハ習

真言ナリト云ヘキナラ子ト真言ヲモテ諸宗ノ第一トスル
コトモムネト東寺ニヨレリ延喜ノ御宇ニ經跡ノ印鎰ヲ東寺
ノ一阿闍梨ニアツケラル仍法務ノコトモ知行シテ諸宗ノ上座タ
リ山門ハ天台ヲムネトスルユヘニヤ顕密ヲカ子タレト宗ノ
長ヲモ天台座主ト云メリ此天皇諸宗ヲ並テ興セサセ給ケリ
中ニモ傳教弘法ハ皈依フカヽリキ傳教始テ円頓ノ戒壇ヲ
タツヘキヨシ奏セラレシヲ南京ノ諸宗表ヲ上テアラソヒ申シ
シカトツヰニ戒壇ノ建立ヲユルサレ本朝四ケ所ノ戒場トナル弘法
ハコトニ師資ノ御約アリケレハヲモクシ給ケルトソ此両宗ノ
外華厳三論ハ東大寺ニコレヲヒロメラル彼華厳ハ唐ノ杜順
和尚ヨリサカリテナレリシヲ日本ノ朗辯僧正傳テ東大寺ニ
興隆ス此寺ハ則此宗ヲモテ建立セラレ云ツルニヤ大華厳寺

（ハコトミエタリ）顕密ナラヒテ紹隆（セウリウ）ス殊ニ天子本命ノ道場ヲタテヽ御
願ヲ祈ル地ナリ（コレハ密ニツタヘリ）又根本中堂ヲ止観院ト云法華ノ経文ニ
ツキテ天台ノ宗義ニヨリテ鎮護ノ深義アリトソ東寺ハ
桓武遷都ノ初皇城ノ鎮ノタメニコレヲタテヽ弘仁ノ御時弘
法ニ給テナカク真言ノ寺トス諸宗ノ雑（サウ）住ヲユルサヽル地也此宗ヲ
神通乗ト云如来果上ノ法門ニシテ諸教ニコエタル極秘密トオ
モヘリ就中我国ハ神代ヨリノ縁起此宗ノ所説ニ符合セ
リコノユヘニヤ唐朝ニ流布セシハシハラクノコトニテ則日本ニトヽマリヌ
又相応ノ宗ナリト云モコトハリニヤ大唐ノ内道場ニ准シテ宮中ニ
真言院ヲタツ（モトハ勘解由使ノ庁ナリ）大師奏聞シテ毎年正月コノ所ニテ
御修法アリ国土安穏ノ祈祷稼穡豊饒ノ秘法也又十八日ノ
観音供毎日ノ御念誦寺モ宗ニヨリテ深意アルヘシ三流ノ

甚リオトロカサレシノ神異アリシカハ唐ノ主順宗皇帝コトニ仰
信シ給キ。彼恵果（真言ノ第六ノ祖不空ノ弟子）和尚六人ノ附法アリ。劔（ケン）南ノ惟（ユイ）上
河北ノ義円（金剛一界ヲ傳）新羅ノ恵日　訶陵ノ辨弘（胎蔵一界ヲ傳）青
龍ノ義明　日本ノ空海（両部ヲ傳）義明ハ唐朝ニシキテ灌頂ノ師名
アリシカ世ヲハヤクス。弘法ハ六人ノ中ニ瀉瓶（シヤビヤウ）タリ（恵果ノ俗弟子呉殷カ纂（サン）詞アリ）シカハ
真言ノ宗ニハ正統ナリトイフヘキニヤ。又異朝ノ書ニミエタル也。
傳教モ不空ノ弟子順曉ニアヒテ真言ヲ傳ラレシカト在唐ノ
日ハクナカリシカハフカクノ学セラレサリシニヤ。帰朝ノ後弘法ニモトフ
ラハレケル。又イマコノ流タエニケリ。慈覚智證ハ恵果ノ弟子義操（サウ）
法潤（シユン）トキコエシカ弟子法全ニアヒテ傳ラル。本朝流布ノ宗
今ハ七宗也。此中ニモ真言天台ノ二宗ハ祖師ノ意巧（ケウ）専（モハラ）鎮護国
家ノタメト心サシケルニヤ。比叡山ニハ（比叡ノ名ハ桓武傳教心ヲ一ニシテ興隆セラレシニエ、ハチワウト被号キ稱シ給シナト附事本紀ニ比叡山ノ）

ミヤ呉越国ノ忠懿王（姓ハ銭名ハ鏐唐ノ末ツカタヨリ東南ノ呉越ヲ領メ鎮ヘ得ニハリ主タリ）此宗ノオトロヘヌルコトヲ
シナケキテ使者ナヘシサシテ我朝ニシクリ教典ヲモトメシム
コトヽクウツシシハリテカヘリヌ又義寂ニシ見アキラメテ更ニ此
宗ヲ再興ス　モロコシニハ五代ノ中後唐ノ末サニナリケレハ我朝ニハ
朱雀天皇ノ御代ニヤアタリケレ日本ヨリカヘシワタシタル宗ナレハ
此国ノ天台宗ハカヘリテ本トナヘナリ〳〵ん伝教彼宗ノ秘密ヲ伝
ラレタルコトモ唐台州刺史陸淳カ判シ官訖ノ文ミアリ　コトヽヽ之宗ノ論疏ヲウツシ通ヲ国カヘル
コトモ釈志磐カ仏祖統記ニノセタリ　異朝ノ書ニミエタリ　弘法ハ母懐胎ノ始夢ニ天
竺ノ僧来リテ寝ヲカリ給ケリトウツ　宝亀五年甲寅六月十五
日誕生コノ日唐ノ天暦九年六月ハ五日ニアタレリ不空三蔵入滅ス
仍カノ後身トゾ申シカツハ恵果和尚ノ告ニモ我ト海ト久契約ア
リ誓テ密蔵ヲ弘トアルモノノユヘニヤ渡唐ノ時モ或ハ大業ノ

傳給シ天台真言ノ兩宗モコノ御時ヨリヒロニト侍ケル御兩師
直也人ニオハセス傳教入唐以前ヨリ比叡山ノヒラキテノ
練行セラレケリ今ノ根本中堂ノ地ヲヒカレケルニ八舌アル鑰
ヲモトメイテヽ唐ニテノモ又シタリ天台山ニノホリテ智者大師
天台ノ宗ヲオコリテ四代ノ祖ナリ天台大師トモ云
六代ノ正統道邃スイ和尚ニ謁メソノ宗ヲナラハシ
シニ彼山ニ智者帰寂ヨリ以来鑰ヲウシナヒテヒラカサル一蔵
アリキ心ミニ此鑰ニテアケラルヽニトヽコホラス一山コソリテ渇仰カツカウ
シケリ仍一宗ノ奥義ノコル所ナク傳ヘラレタリトソ其後
慈覺智證兩大師又入唐シテ天台真言ヲキハメナラヒテ叡
山ニヒロメラレシカハ彼門風イヨイヨサカリニナリテ天下ニ流布セリ
唐國ニ乱レシヨリ經教オホクウセタ道邃ヨリ四代ニアタル義
寂ト云人ニテタヽ觀心ノ傳ヲ宗義ハイキラヘルコトタエニケル

ヤフレテ上皇出家セサセ給御子東宮高岳ノ親王モステラレテ
カナシミノ出家弘法大師ノ弟子ニナリ真如親王ト申ハ是ナリ
薬子仲成等誅ニフシヌ又上皇五十一歳ニテオハシマシキ
第五十二代第廿九世嵯峨天皇ハ桓武第二ノ子平城同母弟
也太弟ニ立給ヘリシカ己丑年即位庚寅ニ改元此天皇幼年
ヨリ聡明(ソウメイ)ニシテ読書ヲ好ミ諸芸ヲ習給又謙譲(ケンジヤウ)ノ大度モマシ
マシケリ桓武帝鍾愛(シヨウアイ)無双ノ御子ニテナンオハシマシケル儲君ニ井
給ケルモ文ノミカト絶倫ノタメニ顧命(コメイ)シマシ〳〵ケルニヨツ格式ナト
モ此御時ヨリエラヒハシメラレニキ又深仏法ヲアカメ給先世ニ美
濃国神野ト云所ニタウトキ僧アリケリ檀太后ノ先世ニネン
コロニ給仕シケルヲ感シテ相共ニ毎誕アリトソ御諱ヲ神野ト
申ケルモ自然ニカナヘリ伝教(御名最澄)弘法(御名空海)両大師入唐ヨリ

シハ坂上ノ田村丸ヲ征東大将軍ニナシテツカハサレシニコトヽヽク
タヒラケテカヘリマウテケリコノ田村丸ハ武勇ニスクレタリキ
初ハ近衛ノ将監ニナリ少将ニウツリ中将ニ轉シ弘仁ノ御時
ニヤ大将ニアカリ大納言ヲカケタリ文ヲモカ子タレハニヤ納言
ノ官ニモノホリニケル子孫ハイマニ文士ニテソツタハレル天皇天
下ヲ治給コト廿四年七十歳マシヽヽキ
第五十一代平城天皇ハ桓武第一ノ子母皇太后藤原乙牟漏（ヲトムロ）
贈太政大臣良継ノ女也丙戌年即位改元平安宮ニマシマス（コヽヨリ遷都ナキニヨリテ御在所ヲシルスヘカラス）
天下ヲ治給コト四年太弟ニユツリテ太上天皇ト申
平城ノ旧都ニカヘリテスマセ給ケリ尚侍藤原ノ薬子ヲ
寵セシケルニ其弟参議右兵衛督仲成ホ申スヽメテ逆乱
事アリキ田村丸ヲ大将軍トメ追討セラレシニ平城ノ軍

ニ改元ハシメハ平城ニマシマス山城ノ長岡ニウツリ十年ハカリ
都ナリシカ又今ノ平安城ニウツサル山背ノ国ヲアラタメテ
山城ト云永代ニカハルマシクナンハカラハセ給ケル昔聖徳太子
蜂岡ニノホリ給テ（大秦コレナリ）イマノ城ヲミメクラシテ四神相應ノ地也
百七十餘年アリテ都ヲウツサテカハルヘキ所ナリト給
ケリトツ申傳タルソノ年紀モタカハス又數十代不易ノ都ト
ナリヌル識ニ王気相應ノ福地タルニヤコノ天皇大ニ佛法ヲ
アカメ給延暦廿三年傳教弘法勅ヲウケテ唐ヘワタリ
給其時スナハチ唐朝ヘ使ヲツカハサル大使ハ參議左大弁
兼越前守藤原葛野（カトノ）麿朝臣也傳教ハ天台ノ道邃（スイ）和尚ニ
ソノ宗ヲキハメテ同廿四年ニ大使ト共ニ歸朝セラル弘法ハ猶
カノ国ニトヽマリテ大同年中ニ歸給コノ時東夷頑（カン）ニシテ

給猶正ニカヘルヘキイハレナルニコソミツ皇太子ニ立スナハチ受禪
（御年六十二）コトシ庚戌年ナリ十月即位十一月改元平城宮ニマシマ
ス天下ヲ治給コト十二年七十三ニ崩シマシマス
第五十代第廿八世桓武天皇ハ光仁第一ノ子御母皇太后高
野ノ新笠（ニヰカサ）贈太政大臣乙継ノ女也光仁即位ノハシメ井上ノ内親
王聖武（御女）ヲモテ皇后トス彼所生ノ皇子澤良（サハラ）ノ親王太子ニ立給
キシカルヲ百川朝臣此天皇ニウケツカシメタテマツラント心サシテ
又ハカリコトヲメクラシ皇后ヲヨヒ太子ヲステヽツヰニ皇太子ニ
スヘキテノミワクリヨツノ時ニハラク不許ナリケレハ四十日マテ殿
ノ前ニ立テ申ケルトソタクヒナキ忠烈ノ臣也ケルニヤ皇后
前太子セメラレテウセ給ニキ怨霊ヲヤスメラレンタメニヤ太子
ハノチニ追号アリテ崇道天皇ト申辛酉ノ年即位壬戌

ノツミツトケス女帝モ又程ナクカクレ給宗廟社稷ヲヤスクス
ルコトハ八幡ノ冥慮タリトイヘトモ皇統ヲサタメタテマツルコトハ
藤原百川朝臣ノ功ナリトソ
第四十九代第廿七世光仁天皇ハ施基皇子ノ子天智天皇ノ
御孫也（皇子ハ第三ノ御子ナリ追号アリテ田原ノ天皇ト申）御母贈皇太后紀橡姫贈太政大臣
諸人ノ女也白壁王ト申キ天平年中ニ御年廿九ニテ従四位下ニ叙シ
次第ニ昇進セサセ給テ正三位勲二等大納言ニ至給キ稱徳カ
クレニシカハ大臣以下皇胤ノ中ニエラヒ申ケルニシハシク異議アリ
シカト参議百川ト云シ人コノ天皇ニ心サシタテマツリテハカリ
コトヲメクラシテサタメ申テキ天武世ヲシリ給ヒヨリカタヘニ
申人ナカリキシカト天智御孫ニテ日嗣ヲウケ給ノカミ
逆臣ヲ誅シ国家ヲモ安シ給ヘリコノ君ノカク継躰ニソナハリ

聖武国ニ大切アリ仏法ヲモヒロメ給シニ皇胤マシマサス此女
帝ニテタエ給ヌ女帝ウセ給シカハ道鏡ヲハ下野ノ講師ニ
ナシテナカシクタサレニキ抑此道鏡ハ法皇ノ位ヲサツケラレタ
リシ猶アカスメ皇位ニツカントイフ心サシアリケリ女帝サスカ思
ワツラヒ給ケルニヤ和気清丸ト云人ヲ勅使ニサシテ宇佐八幡宮
ニ申サレケル大菩薩サマ〳〵託宣アリテ更ニユルサレス清丸帰参
メアリノマヽニ奏聞ス道鏡イカリヲナシテ清丸カヨホロスチヲタ
チテ土左国ヘナカシツカハス清丸ウレヘカナシミテ大菩薩ヲウラミ
カコチ申ケレハ小蛇出来テソノキスヲイヤシケリ光仁位ニツキ
給シカハ即メシカヘサレ神威ヲタスケント申テ河内国ニ寺ヲ立テ
神願寺ト云後ニ高雄ノ山ニウツシ立今ノ神護寺ニナリ侍
ノコロマテハ神威モカクイチシルキコトナリキカクテ道鏡ハ井ニ

ココノ法師ノ官ニ任スルコトハモロコシヨリ始テ僧正僧統ナト云事ノアリシソレスラ出家ノ本意ニハアラサルヘシイハンヤ俗ノ官ニ任スル事アルヘカラヌ事ニコソサレトモロコシニモ南朝ノ宋ノ世ニ恵琳ト云シ人政事ニマシハリシカハ黒衣宰相トイヒキ但コレハ官ニ（任トハミエス）梁ノ世ニ恵超ト云シ僧学士ノ官ニナリキ北朝魏ノ明元帝ノ代ニ法果ト云僧安城公ノ爵ヲウケタリ唐ノ世トナリテハアマタキコエキ粛宗ノ朝ニ道平ト云人帝ト心ヲ一ニシテ安禄山カ乱ヲタヒラケシ故ニ金吾将軍ニナサレニケリ代宗ノ時天竺ノ不空三蔵ヲタフトヒ給アマリニヤ特進試鴻臚卿ヲサツケラル後ニ開府儀同三司粛国公トス帰寂アリシカハ司空ノ官ヲオクラル（司空ハ三公ノ官ナリ）則天ノ朝ヨリコノ女帝ノ御代マテ六十年ハカリニヤ両国ノ事相似タリトソ天下ヲ治給コト五年五十七歳マシマシキ天武

ミテ才人ト云官ニ井給ヘリシカ太宗カクレ給テ尼ニ成テ感業
ト云寺ニオハシケル高宗ミ給テ長髪セシメテ皇后トス諫
申人オホカリシカトモ用ラレス高宗崩メ中宗位ニ井給シカト
シリソケテ睿宗ヲ立ラレシヲ又シリソケテ自帝位ニツキ国ヲ
大周トアラタム唐ノ名ヲウシナハント思給ケルニヤ中宗睿宗
モワカ生給シカトモステヽ諸王トシミツカラノ族武氏ノトモカラシ
モチテ国ヲ傅シメムトサヘシ給キ其時ニソ法師モ官者モアマ
タ寵セラレテ世ニソシラルヽタメシオホクハヘリシカコノ道鏡ハシメハ
大臣ニ准メ（日本ノ准大臣ノハシメニヤ）大臣禅師ト云シヲ太政大臣ニナシ給シニ
ヨリテツキヽ納言参議ニモ法師ヲマシヘナサレニキ道鏡世
ヲ心ノマヽニシケレハアラソフ人ノナカリシニヤ大臣吉備ノ真備ノ
公左中弁藤原ノ百川ナトアリケレキサレトチカラヲヨハサリケルニ

シ御子ニメエウツリ給ヘシ年号ナトモアラタメラレス女帝ノル
ミナリシニヤ戊戌年即位天下ヲ治給コト六年事アリテ淡路
國ニウツサレ給キ卅三歳オハシマシキ
第四十八代稱德天皇ハ孝謙ノ重祚也庚戌年正月一日更ニ
即位同七月改元太上天皇ヒソカニ藤原武智麿ノ大臣ノ第二ノ
子押勝（ヲシカツ）ヲ寵シ給キ大師〔具時太政大臣改テ大師ト云〕正一位ニナル見給ヘハエミヲ
トテ藤原ニ二字ヲソヘテ藤原恵美（エミ）ノ姓ヲ給キ天下ノ政
ミ一カシナカラ委任セラレシニケリ後ニ道鏡ト云法師〔弓削氏〕ヲ寵
幸アリシニ押勝イカリヲナシ廃帝ヲスヽメ申テ上皇ノ宮ヲ
カタフケントセシニコトアラハレテ誅ニカノシヌ廃帝モ淡路ニウツサル
給テ上皇重祚アリサキ出家セサセ給ヘリシカハ尼ナカラ位ニツ
給ケルニコソ非常ノ極ナリケレカシ唐ノ則天皇后ハ太宗ノ御

御スヘキヨシ給ヘリシカトツヰニハヲクノ事ナリキ皇后光明子モ
オナシク出家セサセ給此天皇五十六歳オハシマシキ
第四十六代孝謙天皇ハ聖武ノ御子御母皇后光明子淡海公不
比等ノ大臣ノ女也聖武ノ皇子安積親王世ヲハヤクシテ後男子マシ
マサス仍コノ皇女立給キ己丑年即位改元平城宮ニマシマス天下ヲ
治給コト十年大炊ノ王ヲ養子トシテ皇太子トス位ヲユツリテ太上
天皇ト申ス出家セサセ給テ平城宮ノ西宮ニナムマシマシケル
第四十七代淡路廃帝ハ一品舎人親王ノ子天武ノ孫也御母
上総介当麻ノ老カ女也舎人親王ハ皇子ノ中ニ御身ノオホエモマシマシケル
ヤ知太政官事ト云職ヲサツケラレシ朝務ヲ補給ケリ日本紀モ
コノ親王勅ヲウケ玉ハリテエラヒ給後ニ追号アリテノ尽敬天皇
ト申孝謙天皇御子マシマサス又御名アル人モナカリケレハ廃帝

又オホクノ高僧他国ヨリ来朝ス南天竺ノ波羅門僧正菩提ト云
林邑ノ仏哲唐ノ鑑真和尚等是也真言ノ祖師中天竺ノ
善無畏三蔵モ来給ヘリシカ密機イマタ熟セストテカヘリ給ニ
ケリトモイヘリ此国ニモ行基菩薩朗弁僧正ナト権化ノ人也天
皇波羅門僧正行基朗弁ナトヲハ四聖トソ申伝タル此御時太宰
少弐藤原広継ト云人（式部卿宇合ノ子ナリ）謀叛ノキコエアリ追討セラル（玄昉僧正ノ
讒ニヨリテトモイヘリ仍霊トナル今ノ松浦ノ明神也）ヨリ祈祷ノタメニ天平十二年十月伊勢ノ神宮ニ行幸
アリキ又左大臣長屋王（太政大臣高市王ノ子天武ノ御孫ナリ）ツミアリテ誅セラル又陸奥
国ヨリ始テ黄金ヲタテマツル此朝ニ金アル始ナリ国ノ司ノ王賞
アリテ三位ニ叙ス仏法繁昌ノ感應ニヨリトソ天下ヲ治給コト
廿五年天位ヲハ女高野姫ノ皇女ニユツリテ太上天皇ト申ス後ニ
出家セサセ給天皇出家ノ始也昔天武東宮ノ位ヲノカレテ

此元明天皇平城ニウツリマシマシヽヨリ又七代ノ都ニナレリキ
天下ヲ治給コト七年禅位アリテ太上天皇ト申シヽカ六十一歳ニマシマス
第四十四代元正天皇ハ草壁ノ太子ノ御女母ハ元明天皇也
母ノ姉也乙卯年正月ニ摂政九月ニ受禅即ノ日即位十一月ニ
改元平城宮ニマシマス此御時百官ニ笏ヲモタシム 五位以上牙笏 六位ハ木笏 天
下ヲ治給コト九年禅位ノ後九年六十五歳マシマス
第四十五代聖武天皇ハ文武ノ太子御母皇太夫人藤原ノ宮子
淡海公不比等ノ大臣ノ女也豊櫻彦ト申スヲサナクマシマシヽヨ
リテ元明元正マテ位ニ井給キ甲子年即位改元平城宮ニ
マシテ此代大ニ仏法ヲアカメ給コト先代ニコエタリ東大寺ヲ
建立シ金銅十六丈ノ仏ヲツクラル又諸国ニ国分寺及国分尼
寺ヲ立テ国土安穏ノタメニ法華最勝両部ノ経ヲ講セラル

山背ノ山階ニアリシヲコノオトヽ平城ニウツサル仍山階寺トモ
申也後ニ玄昉ト云僧唐ヘワタリテ法相宗ヲ傳テ此寺ニヒロ
メラレシヨリ氏神春日ノ明神モ殊ニ此宗ヲ擁護シ給トソ
（春日神ハ天児屋ノ神ヲ本トス本社ハ河内ノ平岡ニマス春日ニウツリ給コトハ神護景雲年中ノコト）シカラハ此大臣以後ノコトニヤ又春日
第一ノ御殿常陸鹿嶋神第二ハ下総ノ香取神三ハ平岡四ハ姫御
神ト申シカハ藤氏ノ氏神ハ三御殿ニマシマス此天皇天下ヲ治
給コト十年二十五歳オシヽキ
第四十三代元明天皇ハ天智第四ノ女持統異母ノ妹御母嬪
コレモ山田石川丸ノ大臣ノ女也草壁ノ太子ノ妃文武ノ御母ニマシマス
丁未年即位戊申ニ改年号ノ元年庚戌始テ大倭ノ平城宮ニ
都ヲサダメラル古ニハ代コトニ都ヲ改スナハチソノミカトノ御名ニ
ヨヒ奉リキ持統天皇藤原宮ニマシヽヲ文武ハシメテ改メヲハシマス

天武ノ御代ニ朱雀朱鳥ナントヽ云号アリシカト大寶ヨリ後コソタエヌコトニハナリヌルヨリテ大寶ヲ年号ノ始トスル也又皇子ヲ親王ト云コト此御時ニハジマル又藤原ノ内大臣鎌足ノ子不比等ノ大臣執政ノ臣ニテ律令ナントヲモエラヒサダメラレキ藤原ノ氏此大臣ヨリイヨイヨサカリニナレリ四人ノ子オハシマス是ヲ四門ト云一門ハ武智麿ノ大臣ノ流南家ト云二門ハ参議中衛大将房前ノ流北家ト云イマノ執政大臣オヨヒサルヘキ藤原ノ人々ミナコノ末ナリ三門ハ式部卿宇合ノ流式家ト云四門ハ左京大夫麿ノ流京家トイヒシカハヤクタエニケリ南家式家モ儒胤ニテイマニ相續スト云トモ只北家ノミ繁昌ス房前ノ大将人ニコトナル陰徳コソオハシケメ又不比等ノ大臣ハ後ニ淡海公ト申也興福寺ヲ建立ス此寺ハ大織冠ノ建立ニテ

ハ太子ニ立給シカ世ヲハヤクシ給ヨリテ其御子軽ノ王ヲ皇
太子トス文武ニテマス前ノ太子ハ後ニ追号アリテ長岡天皇
ト申此天皇天下ヲ治給コト十年位ヲ太子ニユツリテ太上天
皇ト申キ太上天皇ト云コトハ異朝ニ漢高祖ノ父ヲ太公ト云
コトアリテ太上皇ト号ス其後後魏ノ顕祖唐高祖玄
宗睿宗等也本朝ニハ昔ハ其例ナシ皇極天皇位ヲノカレ給
シモ皇祖母ノ尊ト申キ此天皇ヨリソ太上天皇ノ号ハ侍ル五十八歳マシマシキ
第四十二代文武天皇ハ草壁ノ太子第二ノ子天武ノ嫡孫也御母
阿閇ノ皇女天智御女也後ニ元明天皇ト申丁酉年即位獨藤原ノ宮ニマシ
マス此御時唐国ノ礼ヲウツシテ宮室ノツクリ文武官ノ衣服ノ色
ヲモサタメラレキ又即位五年辛丑ヨリ始テ年号アリ大宝
ト云コレヨリサキ孝徳ノ御代ニ大化白雉天智ノ御時白鳳

給ミシヲ大将軍トシテ美濃ノ不破ヲセキラシメ天皇ハ尾張国ニツ
キ給ケル国ニシタカヒ申シカハ不破ノ関ノ軍ニ打勝又則
勢多ニノソミテ合戦アリ皇子ノ軍ヤフレテ皇子コロサレ
給又大臣以下或ハ誅ニフシ或ハ遠流セラル軍ニシタカヒ申輩
ミナクニヨリテ其賞ヲノタマハル壬申年即位大倭ノ飛鳥
浄御原ノ宮ニマシマス朝庭ノ法度オホクノサタメラレニケリ
上下ウルハシクヌリノ頭巾（カウフリ）ヲキルコトモ此御時ヨリハシマル天下
ヲ治給コト十五年七十三歳オハシマシキ
第四十一代持統天皇ハ天智ノ御女也御母越智娘蘇我ノ
山田石川丸ノ大臣ノ女也天武天皇太子ニマシマシヽヨリ妃トシ給後ニ
皇后トス皇子草壁ロカクレマシマシヽカハ皇后朝ニノソミ給戊子年
也庚寅ノ春正月一日即位大倭ノ藤原ノ宮ニマシマス草壁ノ皇子

ハ朝將ナラヒナシ先後封ヲ給コト一万五千戸ナリ病ノアヒタニモ行幸(ミユキ)シテトフラヒ給ケルトソ此天皇中興ノ祖ニマシマス光仁ノ（外祖ナリ）国忌ハ時ニシタカヒテアラタマレトモコレハナカクカハラヌコトニナリニキ天下ヲ治給コト廿五年五十八歳ヲマシマシキ

第四十代天武天皇ハ天智同母ノ弟也皇太子ニ立テ大海ニマシマシキ天智ハ近江ニマシマス御病アリシニ太子ヲヨヒ申給ケルヲ朝廷ノ中ニウケヒラノセ申人アリケレハミカトノ御意ノヲモフキニヤアリケン太子ノ位ヲミツカラシリソキテ天智ノ御子太政大臣大友ノ皇子ニユツリテノ芳野(ヨシノ)ノ宮ニ入給天智カクレ給テ後大友ノ皇子猶アヤフマレケルニヤ軍ヲメシテ芳野ヲソハントソハカリ給ケルニヒソカニ芳野ヲイテテ伊勢ニコエ飯高ノ郡ニイタリテ太神宮ヲ遥拝(エウハイ)シ美濃ヘカカリテ東国ノ軍ヲメス皇子高市(タケチ)マイリノ

タテス中宗睿宗トツウラ子タル我朝ニ皇極重祚ヲ斉明ト号
シ孝謙ノ重祚ヲ称徳ト号ス異朝ニカハレリ天日嗣ヲオモク
スルユヘ歟先賢ノ議サタメテヨシアルニヤ乙卯年即位コノ冬ヒハ和
ノ岡本ニマシマス後ノ岡本ノ宮ト申此御世ハモロコシノ唐高宗ノ時ニ
アタレリ高麗ヲセメシニヨリテスクイ（救）ノ兵ヲ申ウケシカハ天皇
皇太子ツクシニミテムカハセ給サシト三韓ヲ并ニ唐ニ属シヽカハ軍ヲ
カヘサレシ又其後モ三韓ヨシミヲワスルヽ事ハナカリケリ皇太子
ト申ハ中ノ大兄ノ皇子ノ御事也孝徳ノ御代ヨリ太子ニ立給シ御時ハ
摂政シ給トミエタリ天皇天下ヲ治給コト七年六十八ニ崩オハシマシキ
第卅九代天智天皇ハ舒明ノ御子御母皇極天皇也壬
戌年即位近江国大津ノ宮ニマシマス即位四年八月ニ内臣鎌足ヲ
内大臣大織冠トス又藤原朝臣ノ姓ヲ給昔ノ大勲ヲ賞給ケレ

官ヲヽカル大臣大連ナラヒテ政ヲシレリ此時大連ヲヤメテ
左右ノ大臣トス又八省百官ヲサタメラル中臣ノ鎌足ヲ内臣ニ
ナシ給天下ヲ治給コト十年五十歳オマシ〱キ
第卅八代齊明天皇ハ皇極ノ重祚也重祚ト云コトハ本朝ニハ
是ニ始レリ異朝ニハ殷大甲不明ナリシカハ伊尹是ヲ桐宮ニシリ
ソケテ三年政ヲトレリキサレト帝位ヲスツルニテハナキニヤ大甲アヤ
マチヲ悔テ徳ヲオサメシカハモトノコトク天子トス晋世ニ桓玄ト云シ
者安帝ノ位ヲウハイテ八十日アリテ義兵ノ為ニコロサレシカハ安帝
位ニカヘリ給唐ノ世トナリテ則天皇后世ヲミタラレシ時我所生ノ
子ナリシカトモ中宗ヲステヽ盧《ロ》陵《リヤウ》王トスオナシ御弟豫王ヲ立ラレ
シモ又ステヽミツカラ位ニ井給後ニ中宗位ニカヘリテ唐ノ祚ヲ立ス豫王
モ又重祚アリ是ヲ睿宗ト云コレソマサシキ重祚ナレト二代ニハ

始テ伊勢国ニシツマリマシヽ時種子ノ命ノスヱ大鹿嶋
ノ命祭官ニナリテ鎌足大臣ノ父小徳冠御食子マテモ
ソノ官ニテツカヘタリ鎌足ニイタリテ大勲ヲタテヽ世ニ寵
セラレシニヨリテ祖業ヲオコシ先例ヲサカヤカサレケン
無止コトモカツハ神代ヨリノ餘風ナレハニカンヘキコトハリニヤ
オホエ侍（ハンヘ）シ後ニ内臣ニ任シ大臣ニ轉シ大織冠（正一位ノ名ナリ）又中臣ヲ
アラタメテ藤原ノ姓ヲ給ラル（内臣ニ任セラル事此御代ニハアラス事ノ次ニシルス）此天皇天
下ヲ治給コト三年アリテ同母ノ御弟軽ノ王ニ讓給御名
ヲ皇祖母ノ尊ト申ケル
第卅七代孝徳天皇ハ皇極同母ノ弟也乙巳年即位攝津国
長柄豊碕ノ宮ニマシマス此御時ハシメテ大臣ヲ左右ニワカチ左大臣ハ
成務ノ御時武内ノ宿祢ハシメテコレニ任ス仲哀ノ御代ニ又大連ノ

國紀重寳ミナ私家ニハコヒヲキテケリ中ニモ入鹿悖逆(ハイゲキ)ノ心ハナハタシ聖徳太子ノ御子達ノトカナクマシ〱シヲホロホシ奉ルコヽニ皇子中ノ大兄ト申ハ舒明ノ御子ヤカテ此天皇ノ一腹ノ生也中臣鎌足(カマタリ)ノ連(ムラシ)ト云人ト心ヲ一ニシテ入鹿ヲコロシツ父蝦夷モ家ニ火ヲツケテウセヌ國紀重寳ハミナ焼ニケリ蘇我ノ一門久ク權ヲトリシカトモ積悪ノユヘニヤミナ滅ヌ山田石川丸ト云人ソ皇子ト心ヲカヨハシ申ケレハ滅セサリケル此鎌足ノ大臣ハ天児屋根ノ命ノ廿一世孫也昔天孫アマクタリ給シ時諸神ノ上首ニテ此命殊ニ天照太神ノ勅ヲウケテ輔佐ノ神ニマシマス中臣ト云コトモ二神ノ御中ニテ神ノ心ヲヤハラケテ申給ケルユヘトソ其孫天種子ノ命神武ノ御代ニ祭事ヲツカサトル上古ハ神ト皇ト一ニマシ〱シカハ祭ヲツカサトルハ即政ヲトルナリ政ノ字ノ訓ニテモ知ヘシ其後天照太神

德太子ノ御子ニ傳給ハントオホシメシケルニヤサハリ〳〵ニテサミテ敏
達ノ御孫欽明ノ嫡曽孫ニテマシマス天太子御病ニフシ給シ時
天皇ハ此皇子ヲ御使トシテトフラヒマシ〳〵ニ天下ノコトヲ太子ノ申付
給ヘリケルトソ癸巳年即位大倭ノ高市郡岡本ノ宮ニマシマス此
即位ノ年ハモロコシノ唐ノ大宗ノ位ニツキ貞観三年ニアタレリ天
下ヲ治給コト十三年四十九歳オハシマス
第卅六代皇極天皇ハ茅渟(チヌノ)王ノ女忍坂大兄(オシサカオホエ)ノ皇子ノ孫敏達
ノ曽孫ニ御母吉備姫女王ト申キ舒明天皇ノ后ニ立給天智
天武ノ御母ニ舒明カクレマシテ皇子オサナクオハシマシシカハ壬寅
ノ年即位大倭明日香河原ノ宮ニマシマス此時ニ蘇我蝦夷(エミシ)
ノ大臣　馬子ノ大臣ナクナリニシノ子　入鹿(イルカ)朝権ヲ専(モハラ)ニシ皇家ヲナイカシロ
ニスル心アリ其家ヲ宮門ト云諸子ヲ王子トナム云ケル上古ヨリノ

シコシハモロコシノ天子ノ諸侯王ニツカハス礼儀ナリトテ群臣アヤ
シミ申ケルヲ太子ノ給ケルハ皇ノ字ハタヤスク用ザル詞ナレハト
テ返牒ヲモカヽセ給サマ〲饗禄ヲタマヒテ使ヲカヘシツカハ
サル是ヨリゾ此国ヨリモツ子ニ使ヲツカハサル其使ヲ遣隋大使
トナムナツケラレシ卅七年己卯ノ年隋滅テ唐ノ世ニウツリ
又廿九年辛巳ノ年太子カクレ給御年四十九天皇ツヽシミメタマノ
ミウリテ天下ノヲカナシミヲシミ申コト父母ニ喪スルカコトシ
皇位ヲモツキマシマスヘカリシカトモ推古ノ御コトナレハサタメテ
ユヘアリケンカシ此詩ノ聖徳トナツケ奉ルコソ天皇天下ヲ治給
コト卅六年七十歳オハシマシキ
第卅五代第卅四世舒明天皇ハ忠坂大兄ノ皇子ノ子敏達ノ
御孫也御母糠手（ヌカテ）姫ノ皇女コレモ敏達ノ（御女也）推古天皇ハ聖

誦シ給シカハ天ヨリ花フリテ放光動地ノ瑞アリキ天皇群臣
タウトヒアカメ奉ルコト佛ノコトシ伽藍ヲタテラルヽ事四十餘ケ所
ニヲヨヘリ又此国ニハ昔ヨリ人スナヲニシテ法令ナトモサタメラレス
十二年甲子ニハシメテ冠位（クヮンヰ）ト云コトヲサタメ（冠ノシナ十二ヨリテ上下ヲサタム今ハ四十八階アリ）十七
年己巳ニ憲法十七ケ條ヲツクリテ奏シ給内外典ノフカキ旨ヲ
サクリテムネヲツワヽミヤカニシテツクリ給ヘリシ天皇悦テ天下ニ施行
セシメ給キ此コロホヒハモロコシニハ隋（スイ）ノ世也南北朝相分シカ南ノ正統
ヲウケ北ハ戎狄（シユウテキ）ヨリオコリシカトモ中國ヲハ北朝ニソヲサメケル隋ハ
北朝ノ後周ト云シカユツリヲウケタリキ後ニ南朝ノ陳ヲウチタヒラケ
テ一統ノ世トナレリ此天皇ノ元年癸丑ハ文帝一統ノ後四年也
十三年乙丑ハ煬（ヤウ）帝ノ即位元年ニアタレリ彼国ヨリハシメテ使ヲ
オクリヨシミヲ通シケリ隋帝ノ書ニ皇帝恭問倭皇トアリシ

ト御中アシクシテ彼大臣ノタメニコロサレ給キトモイヘリ
第卅四代推古天皇ハ欽明ノ中女用明同母ノ妹也御食炊屋姫（ミケカシキヤ）
ノ尊ト申敏達天皇ノ后トシ給仁徳モ異母ノ妹ヲ妃トシ給コトアリキ崇峻カクレ給シカハ
癸丑年即位大倭ノ小墾田（ハタ）ノ宮ニマシマス昔神功皇后六十餘年
天下ヲ治給シカトモ摂政ト申テ天皇トハ号シタテマツラサリシニヤ
此ミカトハ正位ニツキ給ニケルニコソ即厩戸ノ皇子ヲ皇太子トシテ
万機ノ政ヲマカセ給摂政ト申キ太子ノ監国（ケン）ト云コトモアレト
ソレハシハラクノ事也コレハヒトヘニ天下ヲ治給ケリ太子聖徳マシマシ
シカハ天下ノ人ツクコト日ノ如ク仰コト雲ノ如シ太子イマタ皇子
ニテマシマシヽ時逆臣守屋ヲ誅シ給シヨリ仏法始テ流布シキ
マシテ政ヲマカセラレ給ヘハ三宝ヲ敬正法ヲヒロメ給コト仏世ニモ
コトナラス又神通自在ニマシマシキ御身ツカラ法服ヲ著テ経ヲ

リキ佛法流布ノタメニ權化シ給ヘルコト疑ナシ此佛舍利ハ今ニ大倭ノ
法隆寺ニアカメ奉ル天皇天下ヲ治給コト十四年六十一歳オハシマシキ
第卅二代用明天皇ハ欽明第四ノ子御母堅塩（カタシホ）姫蘇我ノ稲目（イナメ）大
臣ノ女也豊日ノ尊ト申厩戸ノ皇子ノ父ニオハシマス丙午年即位大和
ノ池邊列槻（ナミツキ）ノ宮ニマシマス佛法ヲアカメテ我国ニ流布セムトシ給ケル
ヲ弓削守屋ノ大連（オホムラシ）カタムケ申ツヰニ叛逆ニオヨヒ又厩戸ノ皇子
蘇我ノ大臣ト心ヲ一ニシテ誅戮セラレシスナハチ佛法ヲヒロメラレニケリ
天皇天下ヲ治給コト二年四十一歳オハシマシキ
第卅三代崇峻天皇ハ欽明第十二ノ子御母小姉君（コアネ）娘コレモ稲目
ノ大臣ノ女也戊申年即位大和ノ倉橋（クラハシ）ノ宮ニマシマス天皇横死ノ相
ミエ給ツヽシミマスヘキヨシヲ厩戸ノ皇子奏給ケリトソ天下ヲ治給
コト五年七十二歳オハシマシキ或ノ云外舅蘇我ノ馬子大臣

ステラレニキサレト此國ニ三寶ノ名ヲキクコトハ此時ニハシマル又私ニアカメ
ウヤマヒ奉ル人モアリキ天皇聖徳ニシテ三寶ヲ感セラレケルニヤ
群臣ノ諫ニヨリテ其法ヲステラレストイヘトモ天皇ノ叡志ニハアラ
サリケルニヤ昔佛在世ニ天竺ノ月蓋長者鑄タテマツリシ彌陀三尊ノ
金像ヲ傳テワタシ奉リケル難波ノ堀江ニステラレシヲ善光ト
云者トリ奉テ信濃ヘ向ニ安置シ申キ今善光寺是也此時
八幡大菩薩應現給テ高遠ニアラハレマス天皇天下ヲ治給コト卅二年八十一歳マシマシキ
第卅一代ノ廿二世敏達天皇ハ欽明第二ノ子御母石姫皇女
宣化天皇ノ女也壬辰年即位大和磐余譯語田ノ宮ニマシマス二年
癸巳年天皇ノ御弟豊日皇子ノ妃御子ヲ誕生ス厩戸ノ皇子ニマシマス
生給シヨリサマサマノ奇瑞アリタル人ニマシマス御手ヲニキリ
給シカ二歳ニテ東方ニムキテ南无佛トテヒラキ給シカハ一ノ舎利アリ

第三十代第廿一世欽明天皇ハ継躰第三ノ子御母皇后
手白香ノ皇女仁賢天皇ノ女也兩兄マシ〳〵シカト此天皇ノ
御スヱ世ヲタモチ給御母方モ仁徳ノナカレニテマシマセハ猶モ其
遺徳ツキスシテカクサカヘマリ給ケルニヤ庚申年即位大倭
磯城嶋ノ金刺ノ宮ニマシマス十三年壬申月百濟ノ國
ヨリ佛法僧ヲワタシケリ此國ニ傳来 釋迦如来滅後一千
年ニアタル年モロコシノ後漢ノ明帝永平十年ニ佛法ハシメテ彼
國ニワタルソレヨリ此壬申ノ年マテ四百八十八年モロコシニテハ北朝ノ
齊文宣帝即位三年南朝ノ梁簡文帝ニモ即位三年也簡文帝
ノ父ハ武帝ト申キ大ニ佛法ヲアカメラレキ此代ノ初ツカタ
ハ武帝同時也佛法ハシメテ傳来セシ時他國ノ神ヲアカメ給ハン
コト我國ノ神慮ニタカフヘキヨシ群臣カタク諫申ケルニヨリテ

神皇正統記中

［中冊］

天ノユルス所也此天皇ヲハ我国中興ノ祖宗ト仰キ奉ルヘ
キニヤ天下ヲ治給コト廿五年八十〔八十二イ〕歳ヲマシ〳〵キ
第廿八代安閑天皇ハ継躰ノ太子御母ハ目子媛尾張ノ草
香ノ連ノ女也甲寅年即位大和ノ句倉ノ宮ニマシ〳〵テ天下治
給コト二年七十歳ヲマシ〳〵キ
第廿九代宣化天皇ハ継躰第二ノ子安閑同母ノ弟也丙
辰ノ年即位大和ノ檜隈廬入野ノ宮ニマシ〳〵テ天下ヲ治給
コト四年七十歳ヲマシ〳〵キ

誠ニ賢王ニマシ〱キ應神御子ヲホクキコエ給シニ仁徳賢王ニテ
マシ〱シカト御末タエニキ隼總別ノ御末カク世ノタメモタセ給コト
イカナル故ニカツホツカナシ仁徳ヲハ大鷦鷯ノ尊ト申ス八ノ
皇子ヲハ隼總別ト申仁徳ノ御代ニ兄弟タハフレテ鷦鷯ハ
小鳥也隼ハ大鳥也ト争給コトアリキ隼ノ名ニカケテノ末ノ世
ツウケウキ給ケルニ木モロコシニモカヽルタメシアリ左傳ニミエ名ヲツクル
コトモワカシミツノモノスヘキコトニヤツシモノヽツカラ天命ナリトイ
ハヽル慮ノ及ヘキニアラス此天皇ノ立給シコトヲ思外ノ運トミエ
侍ル但皇胤タエヌヘカリシ時群臣擇求奉キ賢名ニヨリテ
天位ヲ傳給ヘリ天照太神ノ御本意ニコソトミエタリ皇胤ニ
其人ミヽナサン時ハ賢諸王ヲハストモ争カ望ヲナシ給ヘキ皇胤
タエ給ハンニトリテハ賢ニテ天日嗣ヲウケ給ハンコト即又

ツシコロスコトアリ仁徳ノ種永絶ニキサレハ先祖大ナル徳ニヨリ
トモ不徳ノ子孫宗廟ノマツリヲタヽムコトウタカヒナシ此天皇
天下ヲ治給コト八年五十八歳ヲハシヽキ
第廿七代第廿世継躰天皇ハ應神五世ノ御孫也應神ハ
御子隼総別（ハヤフサワケ）ノ皇子其子大迹ノ王其子私斐（シヒ）ノ王其子
彦主人ノ王其子男大迹ノ王ト申ハ此天王ニテマシマス御母振姫
垂仁七世ノ御孫也越前国ニマシヽケル武烈カクレ給テ皇胤タエ
ニシカハ群臣ウレヘナケキテ国々ニメクリチカキ皇胤ヲ求奉
ケルニ此天皇王者ノ大度（ト）マシテ潜龍ノイキヲヒ世ニキコエ給ケ
ルニヤ群臣相議テ迎奉ル三タヒマテ謙譲シ給ケレトツヰニ
位ニ即給フコトシ丁亥ノ年也武烈カクレ給テ後二年位ヲムナシクス大和ノ磐余玉穂ノ
宮ニマシマス仁賢ノ御女手白香ノ皇女ヲ皇后トス即位シ給ヽヨリ

堯舜ヨリコナタニハ獨天下ヲ私ニスル故ニヤ必子孫ニ傳コト
ニナリニシカ禹ノ後桀暴虐ニシテ國ヲ失ヒ殷ノ湯聖德
アリシカト紂カ時無道ニシテ永クホロヒニキ天竺ニモ佛滅度
百年ノ後阿育ト云王アリ姓ハ孔雀氏王位ニツキシ日鐵
輪飛降ル轉輪ノ威德ヲエテ閻浮提ヲ統領スアマサヘ
諸ノ鬼神ヲシタカヘタリ正法ヲ以テ天下ヲヲサメ佛ノ理ニ
通シテ三寶ヲアカム八万四千ノ塔ヲ立テ舍利ヲ安置シ九十
六億千ノ金ヲ捨テ功德ニ施スル人ナリキ其三世孫弗沙
密多羅王ノ時惡臣ノスヽメニヨリテ祖王ノ立タリシ塔婆ヲ破
壊セントト云惡念ヲオコシモロ〳〵ノ寺ヲヤフリ比丘ヲ殺害
ス阿育王ノアカメシ雞雀寺ノ佛牙齒ノ塔ヲコホタントセ
シニ護法神イカリヲナシ大山ヲ化シテ王及ヒ四兵ノ衆ヲ

メシトリ給シヲ顕宗イサメマシマシヽニヨリテ徳ノヲノヲハサ[illegible]ト
ヲハチテ顕宗ヲサキタテ給ケリ戊申ノ年即位大和ノ
石上(イソノカミ)廣高ノ宮ニマシマス天下ヲ治給コト十一年五十ノ歳
ヲマシマシキ
第廿六代武烈天皇ハ仁賢ノ太子御母大娘ノ皇女雄略ノ御女
也己卯ノ年即位大和ノ泊瀬列城ノ宮ニマシマス性サカナク
ミテ悪トメナサスト云コトナシ仍天祚モ久カラス仁賢サシモ
聖徳マシマシヽニ此皇胤コヽニタエニキ聖徳ハ必百代ニマツラル
凡春秋ニトコソミエタレト不徳ノ子孫アラハ其宗ヲ滅スヘキ先
蹤甚ヲホシサレハ上古ノ聖賢ハ子ナレトモ慈愛ニヲホレス
器ニアラサレハ傳コトナシ堯ノ子丹朱(タンシユ)不肖ナリシカハ舜ニ
サツケ舜ノ子商均(シヤウキン)又不肖ニシテ夏禹ニ譲ラレシカ如シ

皇胤ヲ求ラル市邊ノ押羽ノ皇子雄略ニコロサレ給シトキ
皇女一人皇子二人マシケルカ丹波国ニカクレ給ケルヲ求出テ
御子ニシテヤシナヒ給ケリ天下ヲ治給コト五年卅九歳ヲマシマシキ
第廿四代顕宗天皇ハ市邊押羽ノ皇子第三ノ子履中
天皇孫也御母荑媛(ウトヒメ)蟻(アリ)ノ臣女也白髪天皇養子トシ給フ
御兄仁賢先位ニ即給ヘカリシヲ相共ニ譲マシマシシカハ同母ノ
御姉飯豊ノ尊シハラク位ニ居給キサトヤカテ顕宗定リ
マシマシテヨリテ飯豊天皇ヲハ日嗣ニハカソヘタテマツラヌ也
乙丑ノ年即位大和ノ近明日香ノ八鈎ノ宮ニマシマス天下ヲ治給コト
三十年四十八歳ヲマシマシキ
第廿五代仁賢天皇ハ顕宗同母ノ御兄也雄略ノ我父皇
子ヲコロシ給シコトヲウラミテ御陵(ミササキ)ヲホリテ御屍(カバネ)ヲハツカシメシ

主ノ命ト云人イツキ申ケリ古ハ外宮ニテ御饌ヲトヽノヘテ内
宮ヘモ毎日ニヲクリ奉テ神亀年中ヨリ外宮ニ御饌殿、
ヲタテヽ内宮ノヲモ一所ニテ奉トナンカヤウノ事ニヨリテノ
御饌ノ神ト申説アレト御食ト御氣トノ両義アリ陰陽
元初ノ御氣ナレハ天ノ狭霧国ノ狭霧ト申御名モ侍レハ
猶サキノ説ヲ正トスヘシトソ天孫サヘ相殿ニマシマセハ御饌ノ
神ト云説ハ用カタキ事ニヤ此天皇天下ヲ治給コト廿三年
八十歳マシヽキ
第二十三代清寧天皇ハ雄略第三ノ子御母韓媛葛城圓（ツブラ）
ノ大臣ノ女也庚申ノ年即位大倭ノ盤余甕栗ノ宮ニマシマス
誕生ノ始白髪ヲハシケレハシラカノ天皇トソ申ケル御子ナカリ
シカハ皇胤ノタエヌヘキ事ヲ歎給テ国々ヘ勅使ヲツカハメ

垂仁天皇ノ御代ニ皇太神五十鈴ノ宮ニ遷ラシメ給シヨリ
四百八十四年ニナムナリニケリ神武ノ始ヨリ今ノニ千百餘年
ニ成ヌルニヤ又コレヨリ大倭姫ノ命存生シ給シカハ内外宮ノ
ツクリモ日ノ小宮ノ圖形文形ニヨリテナサセ給ケリトソ抑
此神ノ御事異説マシマス外宮ニハ天祖天御中主神ト申傳
タリサレハ皇太神ノ託宣ニテ此宮ノ祭ヲ先ニセラル神拝
奉ルモ先ツ此宮ヲ先トス天孫瓊々杵ノ尊此宮ノ相殿ニ
マシマス乃天児屋ノ命天太玉ノ命モ天孫ニツキ申テ相殿ニ
マスコレヨリ二所太神宮ト申丹波ヨリ遷ラセ給コトハ昔豊
鋤入姫ノ命天照太神ヲ頂戴シ丹波ノ吉佐ノ宮ニウツリ給
ケル比此神アマクタリテ一所ニヲハシマス四年アリテ天照太神
ハ又大和ニカヘラセ給ツシヨリ此神ハ丹波ニトヽマラセ給シテ之

ケリ天皇高楼ノ上ニ酔臥給ケルヲウカヽヒテサシコロシテノ
大臣葛城ノ圓カ家ニニケコモリヌ此天皇天下ヲ治給コト
三年五十六歳ノミシヽキ
第廿二代雄略天皇ハ允恭第五子安康同母ノ弟也大泊瀬
幼武ト申安康コロサレ給シ時眉輪ノ王及圓ノ大臣ヲ誅セ
ラルアマサヘ其事ニクミセラレサリシ市邊押羽皇子ヲサヘニ
コロシ給ヒ即位給コトハ丁酉ノ年也大和ノ泊瀬朝倉ノ宮ニ
マシマス天皇性猛マシマシケレトモ神ニ通シ給ヘリトソ廿一年
丁巳冬十月ニ伊勢ノ皇太神大和姫ノ命ニヲシヘテ丹波國與佐
ノ眞井ノ原ヨリメ豊受太神ヲ迎ヘ奉ラル大和姫ノ命
奏聞シ給シニヨリテ明年戊午ノ秋七月ニ勅使ヲサシテ迎ヘ
タテマツル九月ニ度會ノ郡山田ノ原ノ新宮ニシツマリ給

六年六十歳ヲマシマシキ
第廿代允恭天皇ハ仁徳第四子履中反正同母弟壬子ノ年
即位大和ノ遠明日香（トヲツアスカ）ノ宮ニマシマス此御時マテハ三韓ノ御
調年ヽニカハラサリシニコレヨリ後ハツ子ニコタリケリト
ナン八年己未ニアタリテモロコシノ晋（シン）ホロヒテ南北朝トナル
宋（ソウ）斉（セイ）梁（リヤウ）陳（チン）アヒツキテ起ル是ヲ南朝ト云後魏（コウキ）北斉（ホクセイ）後（コウ）
周（シウ）ツキツキニオコリシヲ北朝ト云百七十余年ハナラヒテ
立タリキ此天皇天下ヲ治給コト四十二年八十歳ヲマシマシキ
第廿一代安康天皇ハ允恭第二ノ子御母忍坂（ヲシサカ）大中姫稚
渟（ヌ）野毛二派ノ皇子（御子）應神ノ女也甲午年即位大和穴穂宮ニ
マシマシテ大草香皇子（仁徳御子）ヲコロシテ其妻ヲトリテ皇后ト
ス彼皇子ノ子眉輪王ヲサナクテ母ニシタカヒテ宮中ニ出入シ

ノホリテミレハ煙立民ノカマトハニキハヒニケリトソヨマセ給ケルサテ猶三年ヲ許サレケレハ宮ノ中破テ雨露モタマラス宮人ノ衣壊テ其ヨソホヒ全カラス御門ハ是ヲタノシミトナムヲホシケリカクテ六年ト云ニ国々ノ民各マイリ集テ大宮造リ色々御調ヲ備ヘケルトソアリカタカリシ御政ナルヘシ天下ヲ治給コト八十七年百十歳ヲマシマシキ

第十八代履中天皇ハ仁徳ノ太子御母磐之媛ノ命葛城ノ襲津彦ノ女也庚子ノ年即位又大和ノ磐余稚櫻ノ宮ニマシマス履ノ稚櫻ノ宮ト申天下ヲ治給コト六年六十七歳ヲマシマシキ

第十九代反正天皇ハ仁徳ノ第三ノ子履中同母弟也丙午年即位河内ノ丹比（タチヒ）ノ柴籬ノ宮ニマシマス天下ヲ治給コト

天皇ヒトリウケカヒ給シニヨリテ應神御子ノ菟道稚ヲ
太子トシ此尊ヲ輔佐ニナシ定メ給ケル應神カクレマシ〱シカハ
此兄達太子ヲ失ハントセラレシヲ此尊サトリテ太子ト心ヲ
一ニシテ彼ヲ誅セラレキ爰ニ太子天位ヲ尊ニ譲給尊堅クイ
ナミ給三年ニナルマテ互ニ譲テ位ヲ空ス太子ハ山城ノ宇
治ニマス尊ハ攝津ノ難波ニマシケリ國々ノミツキ物モアナ
タカナタニウケトラスメ民ノ愁トナリシカハ太子ミツカラ失給
ヌ尊ヲトロキ歎給コトカキリナシサレトノカレマスヘキミチナラ子
ハ癸酉ノ年即位攝津國難波高津ノ宮ニマシマス日嗣ヲ
ウケ給シヨリ國ヲシツメ民ヲアハレミ給コトタメシモマレナリ
此事ニヤ民間ノ貧キコトヲオホシテ三年ノ御調ヲ止シ
高殿ニノホリテミ給ヘハニキハヽシクミエケルニヨリテ高屋ニ

ヲ覚エサル過アリ其源ト云ハ心ニ一物ヲタクハエサルヲ云シカモ虚無ノ中ニ留ルヘカラス天地アリ君臣アリ善悪ノ報影ノ響ノ如シ己カ欲ヲステヽ人ヲ利スルヲ先トメ境ニ対スルコト鏡ノ物ヲ照スカ如ク明ニトメ迷ハサランヲマコトノ正道ト云ヘキニヤ代クタレリトテ自ヲ卑ムヘカラス天地ノ始ハ今日ヲ始トスル理ナリ加之君モ臣モ神ヲサルコト遠カラス常ニ冥ノ知見ヲカヘリミ神ノ本誓ヲサトリテ正ニ居セムコトヲ心サシ邪ナカランコトヲ思給ヘシ

第十七代仁徳天皇ハ應神第一ノ御子御母仲姫ノ命五百城入彦皇子女也大鷦鷯ノ尊ト申應神ノ御時菟道稚皇子ト申ハ寂末ノ御子ニテマシマシヽヲウツクシミ給テ太子ニ立ムトヲホシメシケリ兄ノ御子達ウケカヒ給ハサリシヲ此

シテ丹心ヲモテ清潔ヲ齊慎左ノ物ヲ右ニウツサス右ノ
物ヲ左ニウツサスシテ左ヲ左トシ右ヲ右トシ左ニカヘリ右ニ
メクルコトモ万事タカフコトナクシテ太神ニツカフマツル元〻
本〻故ナリトナムマコトニ君ニツカヘ神ニツカヘ国ヲヲサメ人ヲ
ヲシヘンコトモカヽルヘシトソオホエ侍スコシノ事モ心ニユルス所アレ
ハツホキニアヤマル本トナル周易ニ霜ヲ履堅氷ニ至ト云
コトヲ孔子尺シテノ給ハク積善家ニ餘慶アリ不善ノ家ニ
餘殃アリ君ヲ殺シ父ヲ殺スルコト一朝一夕ノ故ニアラス
ト云リ毫釐モ君ヲイルカセニ心ヲキサスモノハカナラス乱
臣トナル芥蔕モタクロヲカニスルカタチアルモノハ果シテ賊子ト
ナル此故ニ古ノ聖人ノ道ハ須臾モハナルヘカラスハナルヘキハ道ニア
ラスト云ケリ但其ノ末ヲ学テ源ヲ明メサレハコトニ其道

御心トシ給ヘル神ノ鏡ヲ傳マシ〳〵スコトノ起ハサキニモ申シ
侍ヌ又雄略天皇廿二年ノ冬十一月ニ伊勢ノ神宮ノ新嘗ノ
マツリ夜フケテカタヘノ人々罷出テ後神主物忌等ハカリ
留タリシニ皇太神豊受ノ太神倭姫命ニカヽリテノ詫宣シ
給シニ人ハスナハチ天下ノ神物ナリ心神ヲヤフルコトナカレ神ハ
タルヽニ祈禱ヲ以テ先トシ冥ハクノハフルニ正直ヲ以テ本トス
トアリ同廿三年二月ニカサ子テノ詫宣シ給シニ日月ハ四州ヲ
メクリ六合ヲ照スト云トモ正直ノ頂ヲ照スヘキ也大方二所
宗廟ノ御心ヲシラント思ハヽ只正直ヲ先トスヘキ也大方天地
ノ間アリトアル人陰陽ノ氣ヲウケタリ不正ニシテハタツヘカラ
スコト更ニ此國ハ神國ナレハ神道ニタカヒテハ一日モ日月ヲイ
タヽクマシキイハレナリ倭姫命ノ人ニヲシヘ給シハ黒心（キタナキ心）ナク

トアリ八正トハ内典ニ正見正思惟正語正業正命正精進正
定正恵是ヲ八正道ト云凡心正ナレハ身口ハヲノツカラキヨニル
三業ニ邪ナクメ内外真正ナルヲ諸仏出世ノ本懐トス神明
ノ垂迹モ又コレヲタメナルヘシ又八方ニ八色ノ幡ヲ立ルコトアリ
密教ノ習西方阿弥陀ノ三昧耶形也其故ニヤ行教和尚ハ
弥陀ニ三尊ノ形ニテミエサセ給ケリ光明袈裟ノ上ニウツラセ
ミヘケルヲ頂戴メ男山ニハ安置シ申ケリトツ神明ノ
本地ヲ云コトハタシカナラヌタクヒヲホケレト大菩薩ノ応迹ハ昔
ヨリアキラカナル證據ヲハシマスニヤ或ハ又昔於霊鷲山説
妙法華経トモ或ハ弥勒ナリトモ大自在王菩薩ナリトモ託宣シ
給中ニモ八正ノ幡ヲタテヽ八方ノ衆生ヲ済度シ給本懐ヲ
能々思ヘテツカフマツルヘキニヤ天照太神モタヽ正直ヲノミ

宇佐ノ宮ニシツマリ給シカハ聖武天皇東大寺建立ノ後巡礼シ
給ヘキヨシ託宣アリキ仍威儀ヲトヽノヘテムカヘ申サル又神託
アリテ御出家ノ儀アリキヤカテ彼寺ニ勧請シ奉ルサレト
勅使ナトハ宇佐ニマイリキ清和ノ御時大安寺ノ僧行教宇
佐ニマウテタリシニ霊告アリテ今ノ男山石清水ニウツリ
マシマス尓来行幸モ奉幣モ石清水ニアリ一代一度宇佐ヘ
モ勅使ヲタテヽマツラル昔天孫天降給シ時御共ノ神八百万ア
リキ大物主ノ神シタカヘテ天ヘノホリシモ八十万ノ神トヽマリ
今マテノモ幣帛ヲ奉マツラル、神三千餘坐セシカハ天照太神
ノ宮ニナラヒテノ二所ノ宗廟トテ八幡ヲアフキ申サルヽコト
イトタウトキ御事也八幡ト申御名ハ御託宣ニ得道来不動法
性示八正道垂権迹皆得解脱苦衆生故号八幡大菩薩

ヨリツ此国ノコトヲハアラ〳〵シルセル符合シタル事モアリ又心エヌ
コトモアルニヤ唐書ニハ日本ノ皇代記ヲ神代ヨリ光孝ノ御代
マテアキラカニノセタリサテモ此御時武内大臣筑紫ヲオサ
メンタメニ彼国ヘツカハサレケル比ソノ弟ノ讒ニヨリテスデニ追罰
セラレシヲ大臣ノ僕（ヤツコ）真根子（マネコ）ト云人アリカホカタチ大臣ニ似
タリケレハアヒカハリテ誅セラレ大臣ハ忍テ都ニマウテヽトカ
ナキヨシヲ明メラレニキ上古神霊ノ主猶カヽルアヤマチマシ〳〵
シカハ末代争カツヽシミセ給ハサルヘキ天皇天下ヲ治給コト四
十一年百十一歳ソマシ〳〵キ
欽明天皇ノ御代ニ始テ神トアラハレテ筑紫ノ肥後国菱形
ノ（池ノ）国ト云所ニアラハレ給ヒシハ人皇十六代誉田ノ八幡丸ナリト
ノ給キ誉田ハモトノ御名八幡ハ垂迹ノ号後ニ豊前ノ国

史及文字ヲモチヰルコトハコレヨリハシマレリトソ異朝ノ一書ノ
中ニ日本ハ呉ノ太伯カ後也ト云トイヘリ返々アタラヌコトナリ
昔日本ハ三韓ト同種也ト云事ノアリシカノ書ヲハ桓武ノ
御代ニヤキステラレシナリ天地開テ後スサノヲノ尊韓ノ地ニ
イタリ給キナト云事アレハ彼等ノ国モ神ノ苗裔ナランニ
事アナカチニクルシミナキニヤソレスラ昔ヨリモチヰサルコト
也天地神ノ御スヱナレハナニシニカ代クタレル呉太伯カ後ニアル
ヘキ三韓震旦ニ通シテヨリ以来異国ノ人ヲホク此国ニ帰
化ス秦ノスヱ漢ノスヱ高麗百済ノ種ソレナラヌ蕃人
ノ子孫モキタリテ神皇ノ御スヱト混乱セシニヨリテ姓氏
録ト云文ヲツクラレキソレモ人民ニトリテノコトナルヘシ異
朝ニモ人ノ心マチ／＼ナレハ異学ノ輩ノ云出セル事歟後漢書

云ヒ時王莽ト云臣位ヲウハヒテ十四年アリテ其後漢ニカヘリテ又十三代孝獻ノ時ニ漢ハ滅メ此御代ノ十九年己未ニ獻帝位ヲサリテ魏ノ文帝ニユツル是ヨリ天下三ニワカレテ魏蜀呉トナル呉ハ東ニヨレル国ナレハ日本ノ使モマツ通シケルニヤ呉国ヨリ道ヽノタクミナトマテワタサレテ又魏国ニモ通セラレケルカトミエタリ四十九年己酉ト云ニ魏又滅テ晋ノ代ニウツリニキ（蜀ノ国ハ三十年癸未ニ魏ノタメニホロホサレ呉ハ魏ヨリ後マテアリシカ應神十七年辛丑晋ノタメニホロホサル）此皇后天下ヲ治給コト六十九年一百歳ヲマシマス

第十六代第十五世應神天皇仲哀第四ノ子御母神功皇后也胎中ノ天皇トモ又ハ譽田天皇トモナツケタテマツル庚寅年即位大和ノ軽島豊明ノ宮ニマシマス此時百済ヨリ博士ヲメシ経史ヲツタヘラレ太子以下コレヲナラヒケリ此国ニ経

ツクシニカヘリテ皇子ヲ誕生ス應神天皇ニマシマス此ノ御胎ニヨリテ是ヲ胎中ノ天皇トモ申皇后攝政ノ辛巳年ヨリ天下ヲシラセ給皇后イマタ筑紫ニマシマシヽ時皇子ノ異母ノ兄忍熊ノ王謀反ヲオコシテフセキ申サントシケレハ皇子ヲハ武内ノ大臣ニイタカセテ紀伊ノ水門ニツケ皇后ハスクニ難波ニツキ給テ程ナク其乱ヲ平ケラレニキ皇子ヲ太子トナシ給シカハ皇太子トス武内大臣モハラ朝政ヲ輔佐シ申ケリ大和ノ磐余(イハレ)稚櫻(ワカサクラ)ノ宮ニマシマス是ヨリ三韓ノ国年コトニ此ツキモノヲタテマツル此国ヨリモ彼国ニ鎮守ノツカサヲヽカレシカハ西蕃相通テ国家トミサカリナリキ又モロコシヘモ使ヲツカハサレケルニヤ倭国ノ女王遣使テ来朝スト後漢書ニミエタリ元年辛巳年ハ後漢ノ孝獻帝ノ十三年ニアタル漢ノ世始リテノ十四代ト

第十五代神功皇后ハ息長ノ宿祢ノ女開化天皇四世ノ孫也
息長足姫ノ尊ト申ス仲哀タテヽ皇后トス仲哀神ノヲシヘ
ニヨラス世ヲ早クシ給シカハ皇后イキトヲリマシテ七日アテノ
別殿ヲ作リイモホリコモラセ給ヒ応神天皇ハラマレマシ〳〵
ケリ神カヽリテサマ〳〵ノ道ヲヲシヘ給フ此神ハ表筒男中
筒男底筒男ナリトナンナノリ給ケリ是ハ伊弉諾尊ノ
小戸ノ川檍カ原ニテミソキシ給シ時化生シマシケル神也後ニハ
摂津国住吉ニイツカレ給神コレナリカクテ新羅百済高麗
〔此三ノ国ヲ三韓ト云正ハ新羅ニカキルヘキカ辰韓長韓弁韓ヲ
スヘテ新羅トモ云シカレトフルクヨリ百済高麗ヲクハヘテ三韓ト云ナラハセリ〕ウチシタカヘ給キ
海神カタチヲアラハシ御船ヲハサミマボリ申シカハ思ノ如ク彼国ヲ
平ケ給神代ヨリ年序久クツモレリシニカク神威ヲアラハシ給
ケル不レ測（ハカラ）ルコトナルヘシ海中ニメ如意ノ珠ヲ得給ヘリキサテ

自是代ト世トカハレル初也コレヨリハ世ヲ本トシテシルシ奉ヘキ也

代ト世トハ常ノ義差別ナシ然ト凡ノ承運トマコトノ継躰トヲ分別セシメンカ為ニ書分タリ但字書ニモソノイハレナキニアラス代ハ更ノ義也世ハ周礼ノ註ニ父死テ子立ヲ世トストアリ

此天皇御カタチイトキラ〳〵シク御タケ一丈ニマシ〳〵ケル壬申ノ年即位此御時熊襲又反乱シテ朝貢(コウ)セス天皇軍ヲメシテミツカラ征伐ノタメニ筑紫ニムカヒ給皇后息長(オキナカ)足姫尊ハ越前ノ国笥飯(ケイ)ノ神ニマウテヽソレヨリ北海ヲメクリテ行アヒ給又コヽニ神トアリテ皇后ニカヽリ奉ルコレヨリ西ニ宝ノ国アリウチテシタカヘ給ヘ熊襲ハ小国也又伊弉諾伊弉冊ノウミ給ヘリシ国ナレハウタストモツヰニシタカヒタテマツリナントアリシヲ天皇ウケカヒ給ハス事ナラスシテ橿日ノ行宮ニシテカクレ給長門ニヲサメ奉ル是穴戸(アナト)豊浦ノ宮ト申ス天下ヲ治給コト九年五十二歳ヲマシ〳〵キ

コト六十年百四十歳ソマシマシキ
第十三代成務天皇ハ景行第三子御母八坂入姫八坂入ノ皇
子（崇神ノ御孫）女也日本武尊ハ日嗣ヲウケ給ヘカリシニ世ヲハヤクシマシ〃
シカハ此御門立給辛未歳即位近江ノ志賀高穴穂ノ宮
ニマシマス神武ヨリ十二代大和国ニマシマシキ（景行天皇ノスヱツカタ此高穴穂ニマシマシヽカトモ）
定ル皇都（ニハアラス）此時ハシメテ他国ニウツリ給三年ノ春武内ノ宿祢ヲ
大臣トス大臣ノ号コレニハシマル四十八年ノ春姪仲足彦ノ尊（日本武ノ尊ノ御子）ヲ立テ皇
太子トス天下ヲ治給コト六十一年百七歳ソマシマシキ
第十四代仲哀天皇ハ日本武尊第二ノ子景行御
孫也御母両道入姫（フタチイリ）垂仁天皇女也大祖神武ヨリ十二代
景行マテハ代ノマヽニ継体シ給日本武尊世ヲハヤクシ給シニ
ヨリテ成務是ヲウケ給此天皇ヲ太子トシテユツリマシマシ

ニケリソレヨリ伊勢ニウツリ給能褒野ト云所ニテソノヤマイハナ
ハタシクナリニケレハ武彦ノ命ヲシテ天皇ニ事ノヨシヲ奏シ
ワイニカクレ給ヌ御年卅也天皇キコシメシテ悲給事限ナシ
群卿百寮ニ仰テ伊勢国能褒野ニヲサメタテマツル白鳥ト
成テ大和国ヲサシテ琴弾原（コトヒキノ）ニトヽマレリ其所ニ又陵ヲツ
クラシメラレケレハ又飛テ河内国旧市ニトヽマル其所ニ陵ヲ定
ラレシニカハ白鳥又飛テ天ニノホリヌ仍三ノ陵アリ件ノ草薙
ノ剣ハ宮簀媛アカメタテマツリテ尾張ニトヽマリ給今ノ熱
田神ニマシマス五十一年秋八月武内ノ宿禰ヲ棟梁ノ臣トス五十
三年秋小碓ノ命ノ平ケシ国ヲメクリミサランヤトテ東国ニ幸シ
給十二月アツマヨリカヘリテ伊勢ノ綺（カムハタ）ノ宮ニマシマス五十四年
秋伊勢ヨリ大和ニウツリ纏向ノ宮ニカヘリ給天下ヲ治給

テ草薙ノ劔ト云又火ウチヲモテ火ヲ出テムカヒ火ヲ付テ賊
徒ヲ焼コロサレニキソレヨリ船ニ乗給テ上総ニイタリ轉メ陸
奥國ニイリ月高見ノ國〈ツノ所夷訓ナリ〉ニイタリ悪蝦夷(エビス)ヲ平ケ
給カヘリテ常陸ヲヘテ甲斐ニコエ又武蔵上野ヲヘテ碓日坂ニ
イタリ弟橘媛ト云シ妾ヲシノヒ給〈上総ヘ渡給シ時風波アラカリシニ尊ノ御命ヲアカハントテ海ニ入シ人ナリ〉東
南ノ方ヲノソミテ吾嬬者(アヅマハヤ)耶トノ給シヨリ山東ノ諸國ヲア
ツマト云シソレヨリ道ヲワケ吉備ノ武彦ヲハ越後國ニ遣メ
不順者ヲ平シメ給尊ハ信濃ヨリ尾張ニイテ給カノ國ニ宮
簀媛ト云女アリ尾張ノ稲種宿祢ノ妹也此女ヲメシテ淹留(ヒサシク)給
アヒタ五十葺山ニ悪神アリトキコエケレハ劔ヲハ簀媛ノ家
ニトヽメテノカチヨリイテマス山神化メ小蛇ニナリテ御道ニヨコ
タハレリ尊コエテノスキ給シニ山神毒気ヲ吐ケルニ御心ミタレ

熊襲ヲウタシメ給冬十月ヒソカニ彼国ニイタリ奇謀ヲ
モテ梟帥取石鹿文（タケルヒトコノトリイシカヤ）ト云物ヲ殺給梟帥ホメ奉リ日本武
トナツケ申ケリ悉餘黨ヲ平テ帰給所ヽニシメアマタノ
悪神ヲコロシツ廿八年春カヘリ申給ケリ天皇其ノ功ヲホメ
テメクミ給コト諸子ニコトナリ四十年ノ夏東夷ヲホク背テ
邊境サハカシカリケレハ又日本武ノ皇子ヲツカハス吉備ノ武
彦大伴ノ武日ヲ左右ノ将軍トメアヒソヘシメ給十月ニ枉道（ヨキリミチ）メ
伊勢ノ神宮ニマウテヽ大和姫ノ命ニミカリ申給カノ命神釼ヲ
サツケテツヽシメナヲコタリソトヲシヘ給ケル駿河ニ 駿河日本紀説 或相模古語拾遺説
イタルニ賊徒野ニ火ヲツケテ害シタテマツラントコトノハカリケリ
火ノイキヲイニヌカレカタカリケルニハカセル藂雲ノ釼ヲミツ
カラヌキテカタハラノ草ヲナキテハラフコレヨリ名ヲアラタメ

ナリトソ彼ノ川上ニ五十鈴天上ノ圖形ナトアリ（天ノ逆戈モコノ所ニアリキト云一説アリ）八万
歳ノアヒタマホリアカメタテマツリキトナン申ケルカクテ中臣ノ祖
大鹿嶋ノ命ヲ祭主トス又大幡主ト云人ヲ太神主ニナシ給ヒシヨ
リ皇太神トアカメ奉テ天下第一ノ宗廟ニマシマス此天皇天
下ヲ治給コト九十九年百四十歳マシマシキ
第十二代景行天皇ハ垂仁第三ノ子御母葉洲媛丹波道主ノ
王ノ女也辛未年即位大和ノ纏向ノ日代ノ宮ニマシマス十二年
秋熊襲日向ニアリテソムキテミツキ奉ラス八月ニ天皇筑
紫ニ幸ス是ヲ征シ給十三年悉ク平ク高屋ノ宮ニ
マシマス十九年ノ秋筑紫ヨリ還給廿七年秋熊襲又ソムキテ
邊境ヲオカシケリ皇子小碓ノ尊御年十六ヲサナクヨリ雄略
氣マシテ容皃魁偉身ノ長一丈力鼎ヲアケ給ヒシカハ

ハツキシタテマツル瑞籬ヲサルコト二千余里ト云天皇天下ヲ治給コト六十八年
百廿歳マシ〱キ
第十一代垂仁天皇ハ崇神第三ノ子御母御間城姫大彦
ノ命孝元ノ御子ノ女也壬辰ノ年即位大和ノ巻向ノ珠城ノ宮ニマシマス
此時皇女大和姫ノ命豊鋤入姫ニカハリテ天照太神ヲ
イツキタテマツル神ノヲシヘニヨリテナヲ国々ヲメクリテ廿六年
丁巳冬十月甲子ニ伊勢国度会郡五十鈴川上ニ宮所ヲシメ
高天ノ原ニ千木高知タカシリ下都磐根ニ大宮柱広フト敷立テシツマリ
ミ〱ス此所ハ昔天孫アマクタリ給シ時猿田彦ノ神マイリ
アヒテワレハ伊勢ノ狭長田ノ五十鈴ノ川上ニイタルヘシト申ケル
所ニ大倭姫ノ命宮所ヲ尋給シニ大田ノ命ト云人又興玉トモ云マイ
リアヒテ此所ヲヲシヘ申キ此命ノ昔ノ猿田彦ノ神ノ苗裔

鏡ヲウツシ鑄セシメ天目一箇(ヒトツ)ノ神ノハツコヲシテ釼ヲツクラ
シム大和宇陀ノ郡ニシテ此兩種ヲツクリアラタメラレテ護身
ノ璽トシテ同殿ニ安置ス神代ヨリノ寶鏡ヲヨヒ靈釼ヲハ
皇女豊鋤入姫ノ命ニツケテ大和ノ笠縫ノ邑(ムラ)ト云所ニ汴離
ツ夲〱アカメ奉ラルコレヨリ神宮皇居各別ニナレリキ
其後太神ノヲシヘアリテ豊鋤入姫ノ命神躰ヲ頂戴テ
所ゝヲメクリ給ケリ十年ノ秋大彦命ヲ北陸ニ遣シ武陽川
別ノ命ヲ東海ニ吉備津彦命ヲ西道ニ丹波ノ道主ノ命ヲ
丹波ニ遣ストモニ印綬ヲ給テ将軍トス 将軍ノ名ハシメテノミエ 天皇ノ叔父
武埴安彦ノ命朝廷ヲカタフケントハカリケレハ将軍等ヲ止
メテマツ追討ス冬十月ニ将軍發路(ミチタチ)ス十一年ノ夏四道ノ将軍
戎夷ヲ平ヌルヨシ復命(カヘリコト)ス六十五年秋任那ノ國使ヲサヽテノ

第八代孝元天皇ハ孝霊ノ太子ナリ母細媛磯城縣主ノ女也丁
亥年即位大倭ノ軽境原ノ宮ニマシマス九年乙未ノ年モロ
コシノ秦滅テ漢ニウツリキ此天皇天下ヲ治給コト五十七
年百十七歳ヲタモチマシマシキ

第九代開化天皇ハ孝元第二ノ子御母欝色謎姫穂積ノ
臣上祖欝色雄(トヲツオヤ)妹也甲申ノ年即位大和ノ春日率川宮ニ
マシマス天下ヲ治給コト六十年百十五歳ヲタモチマシマシキ

第十代崇神天皇ハ開化第二ノ子ナリ御母伊香色謎姫初ハ孝元ノ妃タリ
彦太忍信ノ命ヲウム太綜麻杵(ヘソキ)ノ命ノ女也甲申ノ年即位大和ノ磯城ノ
瑞籬ノ宮ニマシマス此時神代ヲサル事世ハナツキ年ハ六百余
ニナリヌヤウヤク神威ヲオソレ給テ即位六年己丑年神武元年
辛酉ヨリ此己丑マテハ六百二十九年ナリ神代ノ鏡造ノ石凝姥(イシコリトメ)ノ神ノハツコヲメシテ

吉備大臣入唐ノ傳タリケル本コソ流布シタルハカノ代ヨリ傳ケル事モアナカチニ疑ヘキニヤ凡此國ヲハ君子不死ノ國トモ云也孔子世ノミタレタル事ヲ歎テ九夷ニヲラントノ給ケル日本ハ九夷ノ其一ナルヘシ異國ニハ此國ヲハ東夷ト云此國ヨリハ又彼國ヲモ西蕃ト云ルカコトシ四海ト云ハ東夷南蠻西羌北狄也南ハ蛇ノ種ナレハ虫ヲシタカヘ西ハ羊ヲノミカウナレハ羊ヲシタカヘ北ハ犬ノ種ナレハ犬ヲシタカヘタリ、東ハ仁アリテ命ナカシヨリテ大弓ノ字ヲシタカフト云ヘリ

裏書云夷説文曰東方之人也从大从弓徐氏曰唯東夷从大从弓仁而壽有君子不死之國夫仁而壽未合弓字之義以通窮言也云者取此以

義孔子ノ時スラコナタノコトヲシリ給ケレハ秦ノ世ニ通シケンコトアヤシムニ足ヌコトニヤ此天皇天下ヲ治給事七十六年百十歳ヲハシマシキ

廿七代孝霊天皇ハ孝安ノ太子御母押媛天足彦国押人命
ノ女也辛未年即位大和ノ黒田廬戸ノ宮ニマシマス卅六年
丙午ニアタル年モ四ニミノ周ノ国滅メ秦ニウツリキ四十五年
己卯秦ノ始皇即位ス始皇仙方ヲコノミテ長生不死ノ
薬ヲ日本ニモトム日本ヨリ五帝三皇ノ遺書ヲ彼国ニ
モトメシニ始皇コト〳〵クコレヲオクル其後卅五年アリテ
彼国書ヲ焼キ儒ヲウツミケレハ孔子ノ全経日本ニトヽマルト
イヘリ此事異朝ノ書ニノセタリ我国ニハ神功皇后三韓
ヲタヒラケ給シヨリ異国ニ通シ応神ノ御代ヨリ経史
ノ学ツタハレリトソ申ナラハセル孝霊ノ御時ヨリ此国ニ文
字アリトハキカヌ事ナレト上古ノコトハ口伝ニ注トメサルニヤ
応神ノ御代ニツタハレル経史タニモ今ハ見エス聖武ノ御時

代主ノ神ノヲト女也癸丑ノ年即位大和ノ片塩浮穴ノ宮ニマシ
マス天下ヲ治給コト三十八年五十七歳ヲハシマシキ
第四代懿徳天皇ハ安寧第二ノ子御母渟名底仲媛事代主
ノ神ノ孫也辛卯ノ年即位大和ノ軽曲峡ノ宮ニマシマス天下ヲ
治給コト三十四年七十七歳ヲハシマシキ
第五代孝昭天皇ハ懿徳第一ノ子御母天豊津媛息石耳
ノ命ノ女也父ノ天皇カクレマシテ一年アリテ丙寅ノ年即位
大和ノ掖ノ上池ノ心ノ宮ニマシマス天下ヲ治給コト八十三年
百四歳ヲハシマシキ
第六代孝安天皇ハ孝昭第二ノ子御母世襲足姫尾張ノ
連ノ上祖瀛津世襲ノ女也己丑ノ年即位大倭秋津嶋宮ニ
マシマス天下ヲ治給コト一百二年百廿歳ヲハシマシキ

第二代綏靖天皇（コレヨリ和語ノ尊号ヲハセス）神武第二ノ子（ミコ）御母鞴五十(タヽライ)
鈴(スヽ)姫事(コト)代(シロ)主(ヌシ)ノ神ノ女也父ノ天皇カクレマシテ三トセアリテ
即位シ給庚辰年也大和葛城高岡ノ宮ニマシマス卅一年
庚戌ノモロコシノ周ノ廿三代君霊王ノ廿一年也コトシ孔子誕
生ス自是七十三年ニテヲハシケリ儒教ヲヒロメラル此道ハ
昔ノ賢王唐堯虞舜夏ノ初ノ禹殷ノハシメノ湯周ノ
ハシメノ文王武王周公ノ国ヲ治メ民ヲナテ給シ道ナレハ
心ヲ正シクシ身ヲナヲクシ家ヲ治メ国ヲ治メテ天下ニ
ヲヨホスヲ宗トスサレハコトナル道ニハアラネトモ末代トナリ
テ人不正ニナリシユヘニ其道ヲオサメテ儒教ヲタテラルヽ
シ天皇天下ヲ治給コト三十三年八十四歳ヲマシ〳〵キ
第三代安寧天皇ハ綏靖第二ノ子御母五十鈴依姫事

タイラキニシカハ大和国橿原ニ都ヲサダメテ宮ツクリス其制度天上ノ儀ノコトシ天照太神ヨリ傳給ヘル三種ノ神宝ヲ大殿ニ安置シ床ヲ同クシ玉フ皇宮神宮一ナリシカハ国々ノ代ツキ物ヲモ齋蔵ニヲサメテ官物神物ノ分チナカリキ天児屋根命ノ孫天種子（タネコ）ノ命天太玉ノ命孫天富ノ命モハラ神事ヲツカサトル神代ノ例ニコトナラス又霊畤ヲ鳥見山ノ中ニタテヽ天神地祇ヲマツラシメ給此御代ノ始辛酉ノ年モロコシノ周ノ世第十七代ニアタル君恵王ノ十七年也五十七年丁巳ハ周ノ廿一代ノ君定王ノ三年ニアタレリコトシ老子誕生ス是ハ道教ノ祖也天竺ノ釈迦如来入滅シ給シヨリ元年辛酉マテハ二百九十年ニナレルカ此皇天下ヲ治給コト七十六年一百廿七歳ヲハシキ

天皇ホカテノ八咫烏ト号シ給フ又金色ノ鵄[トビ]クダリテ皇弓ノ
ハズニヰタリ其光テリカヽヤケリコレヨリ皇軍大ニ
カチヌ宇麻志間見ノ命其男ノヒカメル心ヲシリテタハカリ
テコロシツヽ軍ヲヒキヰテシタカヒ申[ト]ケリ天皇ハナハダ
ホメマシ〳〵テ天ヨリクダル神剣ヲサツケ其勲ニコタフ
トゾノタマハセケル此劒ヲ豊布都[トヨフツ]神ト申スハジメハ大和ノ
石上[イソノカミ]ニマシ〳〵キ後ニハ常陸ノ鹿嶋ノ神宮ニマス又宇麻
志間見ノ命又饒速日[ニギハヤ]ノ尊ノ天降シ時外祖高皇産霊ノ尊
サヅケ給シ十種ノ瑞宝ヲ伝モタリケルヲ天皇ニ奉ル天皇
鎮魂[タマシヅメ]ノ瑞宝也シカハ其祭ヲ始ラレシニモ此宝ハシモ宇麻志
間見ニアツケ給テ大和石上ニ安置ス又ハ布瑠[フル]ト号ス此瑞宝
ノ一ツ〳〵ヨビテノ呪文シテフル事アルニヨリテナルヘシカクテ天下

アツメテ大日本洲ニムカヒ給ミチノウチテ國々ヲタイラケ
大ヤマトニイリテミサムトセシニ其國ニ天ノ神饒速日ノ尊ノ
御スヱ宇麻志間見命ト云神アリ外舅長髄彦ト云
天神ノ御子兩種有ムヤトテ軍ヲオコシテフセキタテマツル
其軍コハクシテ皇軍シハシハ利ナクシナフ又邪神毒氣
ヲハキシカハ士卒ミナヤミフセリコヽニ天照太神健甕雷神ヲ
神シメシテ葦原ノ中ツ洲ニサハクシトス汝ユキテタイラケヨ
トミコトノリシ給健甕雷ノ神申給ケルハ昔國ヲタイラケシ
時劔アリシヲクタサハ自ラタイラキナムト申テ紀伊國
名草ノ村ニ高倉下ノ命ト云神ニシメシテ此劔ヲ
タテマツリケレハ天皇悦給テ士卒ノヤミフセリ
ケルモミナオキヌ又天神魂ノ命ノ孫武津之身
命大烏トナリテ軍ノ御サキニツカフマツル

御名也又此御代ヨリ代コトニ宮所ヲウツサレシカハ其所ヲ名ツケ
テ御名トス此天皇ヲハ橿原ノ宮ト申是也又此代ヨリ始テ
貴ヲ尊（ミコト）ト云其次ヲ命（ミコト）ト云人ノ代トナリテハ天皇トモ号
シタテマツル臣下ニモ朝臣宿祢臣ナトイフ号イテキニケリ
神武ノ御時ヨリハシマレル事ナリ上古ニハ尊トモ命トモ兼
テ称ケルトミエタリ世クタリテハ天皇ヲ尊ト申コトモミエス
臣ヲ命ト云事モナシ古語ノ耳ナレスナレルユヘナリ此天皇御
年十五ニテ太子ニ立五十一ニテ父神ニカハリテ皇位ニハツカ
シメ給コトシ辛酉ナリ筑紫日向ノ宮崎ノ宮ニオハシマシケル
カ兄ノ神達ヲヨヒ皇子群臣ニ勅シテ東征（セイ）ノコトアリ此大
八州ハ皆是王地也神代幽昧（ユウマイ）ナリシニヨリテ西偏（ヘン）ノ国ニシテ
多クノ年序ヲオクラレケルニコソ天皇舟檝（シフ）ヲトヽノヘ甲兵ヲ

如ク次第アリトテ減ズリトハミエス又百王マシマスヘシト申メル
十々ノ百ニハ非ルヘシ窮ナキヲ百トモ云リ百官百姓ナトモ云
ミテシルヘキニヤ昔皇祖天照太神天孫ノ尊ニ御コトノリセシニ
寶祚之隆當與天壌無窮トアリ天地モ昔ニカハラス日月モ
光ヲアラタメス況ヤ三種ノ神器世ニ現在シ給ヘリキハマリ
アルヘカラサルハ我國ヲ傳ル寶祚也アフキテタフトヒタテマツル
ヘキハ日嗣ヲウケ給フスヘラキニナンヲハシマス
人皇第一代神日本磐余彦天皇ト申後ニ神武トナツケタテ
マツル地神鸕鷀草葺不合尊ノ第四ノ子母ハ玉依姫海神ノ小
童ノ第二女也伊弉諾尊ニハ六世大日孁ノ尊ニハ五世ノ天孫
ニマシマス神日本磐余彦ト申ハ神代ヨリノヤマトコトハナリ
神武ハ中古ニナリテモロコシノ詞ニヨリテサタメタテマツル

尺迦佛出世シマシマス同ハ八十三万五千七百五十三年ニ佛
ノ年八十ニテ入滅シマシマシケリモロコシニハ昭王ノ子穆王ノ
五十三年壬申ニアタレリ其後二百八十九年アリテ庚申ニ
アタル年此神カクレサセマシマスヘテ天下ヲ治給コト八十
三万六千四十三年ト云リコレヨリ上ツカタヲ地神五代トハ
申ケリ二代ハ天上ニトヽマリ給下三代ハ西ノ洲ノ宮ニテ多
ノ年ヲオクリマシマス神代ノコトナレハ其行迹タシカナラス
葺不合ノ尊八十三万余年マシマシヽニソノ御子磐余彦ノ尊
ノ御代ヨリニハカニ人王ノ代トナリテ暦数モ短クナリニケル
コト疑ノ人モアルヘキニヤサレト神道ノ事ヲシテハカリカタ
シマコトニ磐長姫ノ詛ケルニハ寿命モ短クナリシカハ神ノ
フルマイニモカハリテヤカテ人ノ代トナリヌルニカ天竺ノ説ノ

第五代彦波瀲武鸕鷀草葺不合尊ト申ス母豊玉姫ノ名ヲケン御名ナリ御姨(ヲハ)玉依姫ニトツキテ四ハシラノ御子ヲウマシメ給フ彦五瀬命(ヒコイツセ)三毛入野命(ミケイリノ)日本磐余彦(ヤマトイワレ)ノ尊ト申ス磐余彦尊ヲ天日嗣ヲウケツカシメテミクケン此神ノ御代七十七万余年ノ程ニヤモロコシノ三皇ノ初伏犧ト云王アリ次神農氏次軒轅氏三代アハセテ五万八千四百四十年一説ニハ一万六千八百二十七年トカヤ（此三皇ノ八十一万余ノ年ニアタルニヤ親経中納言ノ新古今ノ序ヲ書ニ伏犧ノ皇徳ニ基シテ四十万年ト云ル何説ニヨルニカ無覚束事也）其後ニ少昊氏顓頊(センキョク)氏高辛氏陶唐氏堯也有虞氏舜也ト云五帝アリ合テ四百三十二年（四百一年イ）其次夏殷周ノ三代アリ夏ニハ十七主四百三十二年殷ニハ三十主六百二十九年周ノ代ト成テ第四代ノ主ヲ照王ト云キソノ廿六年甲寅ノ年ニテノハ周ヲコリテノ一百二十年コノ比ハ葺不合尊ノ八十三万五千六百六十七年ニアタレリコトシ天竺ニハ

シテ相カヨハシヘタツルコトナカラマシトテ御子ヲステヽキテ海
中ヘカヘリ入給キ後ニ御子ノキラ〱シクマシマスコトヲキヽテイラ
セケルトゾ此尊天下ヲ治給コト六十三万七千八百九十二年
ト云ヘリ震旦ノ世ノ始ヲイヘルニモ万物混然トシテアヒハナレス
是ヲ混沌ト云其後軽（カロクキヨキ）清物ハ天トナリ重濁物ハ地トナリ
中和氣ハ人トナルコレヲ三才ト云（コヽマテハ我国ノ初リヲ云ニカハラサル）其ハシメノ君
盤古氏天下ヲ治コト一万八千年天皇地皇人皇ナト云王相
續テ九十一代一百八万二千七百六十年サキニアハセテ一百
十万七百六十年（コレ一説ナリ實ニハアキラカナラス）廣雅ト云書ニハ開闢ヨリ獲
麟ニ至テ二百七十六万歳トモ云獲麟トハ孔子ノ在世魯ノ
哀公ノ時ナリ日本ノ懿徳ニアタレリシカラハ盤古ノハシメハ地神
ノ御代ノスエツカタニアタルヘキニヤ

ミメテ口女イニヨリテウリノクフナ又天孫ノ饌ニイレナトナン云
フクメケル又海神ヒル珠ミツ珠ヲノタテマツリテ兄ヲシタカヘ給ヘキ
カタチヲヲシヘ申ケリサテ故郷ニカヘリミテ鉤ヲ返ツ満珠
シイタシテ子キ給ヘハ塩ミチキテコノカミノホラレスナヤミサレテ
俳優（ワサツ井）ノ民トナランチカヒ給シカハヒル珠ヲモチテ塩ヲシリソケ
給キコシヨリ天月嗣ヲツタヘミシクケル海中ニテ豊玉姫ハ
ラミ給シカハ産期（ウミヤツキ）ニイタラハ海邊ニ産屋ヲ作テ待給ヘト申
キハタシテ其妹玉依姫ヲヒキ井テ海邊ニ行アヒヌ屋ヲ
作テ鸕鷀ノ羽ニテフカレシカフキモアヘスル子ウミ給ニヨリ
テ鸕鷀草葺不合尊ト申ス又産屋ヲウツヤト云事モ
ウノハヲフケルユヘナリサテモ産ノ時ミ給ナト契申シヲノソキテ
見ニシケレハ龍ニナリヌ又ハチウラミテワレニハチミセ給ハスハ海陸ヲ

第四代彦火々出見尊ト申ス先火々闌降ノ命海ノ幸
マス此尊ハ山ノ幸マシ〳〵ケリコヽロミニ相カヘ給シニ各其幸ナカ
リキ弟ノ尊ノ弓箭ニ魚ノ鉤（ツリハリ）鈎ヲカヘ給ヘリシヲ弓箭
ヲハ返ツヲトヽノ尊鉤ヲ魚ニクワレテ失ヒ給ケルヲアナカチニ
セメ給シニセンスヘナクテ海邊ニサマヨヒ給キ塩土ノ翁（此神ノ事前ニミエ）
ニアヒテアハレミ申テハカリコトヲメクラシテ海神（ワタツミ）綿積命ノ
所（小童トモカケリ）ニヲクリツ其女ヲ豊玉姫ト云天神ノ御孫ニメテヽ
タテマツリテ父ノ神ニツケテトヽメ申ツヽイニ其女トアヒスミ
給ミトセハカリアリテ故郷ヲオホスル氣色アリケレハ其女
父ニイヒアハセテカヘシタテマツル大小イロクツヲツトヘテトヒケルニ
口女（クチメ）ト云魚ヤマヒアリトテミエスシヒテメシイツレハソノ口ハレタリ
是ヲサクリシニウセニシ鈎ヲサクリイツ（一ニハ赤女ト云又ハ魚ハナヨシト云魚トミエタリ）海人イて

ハナチミニ三人ノ御子生給火ノヲノオコリケル時生マスヲ火闌(ホノス)
降(ソリ)ノ命ト云火ノサカリナリシニ生マスヲ火明(ホアカリノ)命ト云後ニ生
マスヲ火出見ノ尊ト申此三人ノ御子ヲハ火モヤカス母ノ
神モソコナハレ給ハス父ノ神悦マシ〱ケリ此尊天下ヲ治
給事三十万八千五百卅三年ト云ヘリ自是サキ天上ニテク〱テ
リテス跡達ノ御事ハ年序ハカリカタキニヤ天地ワカレシヨリ
以来ノコトイクトセヲヘタリト云コトモミエタル文ナシ抑天竺ノ
説ニ人寿無量ナリシカ八万四千歳ニナリソレヨリ百年ニ一
年ヲ減メ百才歳ノ時或百才(トモ)釈迦仏出給ト云此仏出世ハ
鸕鷀草葺不合尊ノスヱサマノ事ナレハ（神武天皇元年辛酉仏滅後二百九十年ニアタレリ已上ハカリヲヘキ）
百年ニ一年ヲ増メコレヲハカルニ此瓊々杵ノ尊ノ初ツカタハ迦葉
仏ノ出給ケル時ニヤアタリ侍ラン人寿二万歳ノ時此仏ハ出給ケリトソ

伊勢ノ五十鈴ノ川上ニイタルヘシト申彼神ノ申ノマヽニ穂
槵ノ峯ニアマクタリテシツマリ給ヘキ所ヲモトメラレシニ事
勝國勝ト云神コレモ伊弉諾尊ノ御子又ハ塩土ノ翁ト云ニイリテワカ井タル吾田
ノ長狭ノ御碕ナンヨロシカルヘシト申ケルソノ所ニスマセ給ケリ
コノ山ノ神大山祇二ノ女アリ姉ヲ磐長姫トイフコレ磐石ノ神ナリ妹
ヲ木ノ花開耶姫トイフコレハ花木ノ神ナリ二人ヲメシミ給アネハカタチ
ミニクカリケレハ返シツカハシイモウトヲ上メ給シニ磐長姫ウラミ
イカリテ我ヲモメサマシカハ世ノ人ハイノチナカクテ磐石ノ如ク
アラマシタヽ妹ヲメサレタレハウメラン子ハ木ノ花ノ如クチリヲ
チナムトトコヒケルニヨリテ人ノイノチハミシカクナレリトソ
木ノ花ノサクヤヒメハサシテ一夜ニハラミヌ天孫アヤメ給ケレハ
ハラタチテ無戸室ヲツクリテコモリ居テミツカラ火ハツ

ノ光胤ヲウケ或ハマサシク勅ヲウケシ神遺ノ苗裔也誰カ
是ヲアフキタテマツラサルヘキ此理ヲサトリ其道ニタカハ
スハ内外典ノ学問モコヽニキハマルヘキニコソサレト此道ノヒロマ
ルヘキ事ハ内外典流布ノカナリト云ツヘシ魚ヲウルコトハ網ノ
一目ニヨルナレト衆目ノカナケレハ是ヲウルコトカタキカ如シ應神
天皇ノ御代ヨリ儒書ヲヒロメラレ聖徳太子ノ御時ヨリ釋
教ヲサカリニシ給シ是皆権化ノ神聖ニマシマセハ天照太神ノ
御心ヲウケテ我國ノ道ヲヒロメフカクシ給ナルヘシカクテ此
瓊々杵ノ尊天降マシヽニ猨田彦ト云神ニマイリアヒキ
コレハチマタノ神ニテリカヽヤキテ目ヲアハスヘキ神ナカリシニ
天ノ鈿女ノ神行アヒヌ又皇孫イツクニカイタリマシマスヘキ
ト問シカハ筑紫ノ日向ノ高千穂ノ槵触ノ峯ニマシマスヘシワレハ

是非善悪ノスカタアラハレストイフコトナシ其スカタニシタカヒテ
感應スルヲ徳トスコレ正直ノ本源ナリ玉ハ柔和善順ヲ徳
トス慈悲ノ本源也劔ハ剛利決断ヲ徳トス智恵ノ
本源也此三徳ヲ翕受（アセ）スシテハ天下ノヲサマラムコトマコトニ
カタカルヘシ神勅アキラカニシテ詞ツヽマヤカニムネヒロシアマサヘ神
器ニアラハレ給ヘリイトカタシケナキ事ヲヤ中ニモ鏡ヲ本トシ
宗廟ノ正躰トアフカレ給鏡ハ明ヲカタチトセリ心性アキ
ラカナレハ慈悲決断ハ其中ニアリ又正ク御影ヲウツシ給シ
カハフカキ御心ヲトヽメ給ケンカシ天ニアル物日月ヨリアキ
ラカナルハナシ仍文字ヲ制スルニモ日月ヲ明トスト云ヘリ
我神大日ノ霊ニマシマセハ明徳ヲモテ照臨シ給コト陰陽ニ
ヲキテハカリカタシ冥顕ニツキテタノミアリ君モ神（臣）モ神明

クワヘテノ三種トス又此鏡ノ如ニ分明ナルヲモテ天下ニ照臨給ヘ
八坂瓊ノヒロカレルカ如ク曲妙（クスシキワサ）ヲモテ天下シロシメセ神釼
ヲヒキサケテハ不順ルモノヲタイラケ給ト勅マシヽケルトソ
此国ノ神霊トシテ皇統一種タヽシクマシマス事マコトニ
コレラノ勅ニミエタリ三種ノ神器世ニ傳コト日月星ノ天ニ
アルニヲナシ鏡ハ日ノ躰ナリ玉ハ月ノ精也釼ハ星ノ氣也
フカキ習アルヘキニヤ抑彼ノ宝鏡ハサキニシルシ侍石凝姥ノ
命ノ作給ヘリシ八咫ノ御鏡ハ八咫ニ口傳（裏書云咫説文云中婦人手長八寸謂之咫（アタリ）周尺也但今ノ八咫）
（鏡ノ事ハ別ニ口傳アリ）玉ハ八坂瓊ノ曲玉ニ屋ノ命（天明玉トモ云）作給ヘルナリ八坂ニモ
口傳アリ釼ハスサノヲノ命ノ出給ヘル太神ニタテマツラレシ叢
雲ノ釼也此三種ニツキタル神勅ハ正ク国ヲタモチマスヘキ道
ナルヘシ鏡ハ一物ヲタクハヘス私ノ心ナクシテ万象ヲテラスニ

十万ノ神ヲヒキヰテ天ニミヲツ太神コトニホメ給キ宜八十万
ノ神ヲ領テ皇孫ヲマホリマツレトテ先クダシ給ケリ
其後天照太神高皇産霊尊相計テ皇孫ヲクダシ給ハ
百万ノ神勅ヲ承テ御供ニツカフマツル諸神ノ上首卅二神
アリ其中ニ五部ノ神ト云ハ天児屋命中臣ノ祖天太玉命忌部ノ祖天
鈿女命猿女ノ祖石凝姥命鏡作ノ祖玉屋命玉作ノ祖也此中ニモ中臣忌部ノ
二神ハムネト神勅ヲウケテ皇孫ヲタスケマホリ給又三種ノ
神宝ヲサツケマシマス先アラカシメ皇孫ニ勅テ曰葦原千五
百秋之瓊穂国是吾子孫可主之地也宜爾皇孫就而治焉行
矣宝祚之隆当与天壌無窮者矣又太神御手ニ宝鏡ヲ
モチ給皇孫ニサツケ祝テ吾児視此宝鏡当猶視吾可与同
床共殿以為斎鏡トノ給八坂瓊ノ曲玉天ノ叢雲ノ剣ヲ

ニナリヌヨリテ名ナシ雉ヲツカハシテミセラレシニ天稚彦イコロシツ其矢天上ニノホリテ太神ノ御マヘニアリ血ニヌレタリケレハアヤメ給テナケクタサレシニ天稚彦新嘗シテフセリケルムネニアタリテ死ス世ニ返シ矢ヲイムハ此故也サラニ又ノクタサルヘキ神ヲエラハレシ時経津主ノ命（檝取神ニマス）武甕槌神（鹿嶋ノ神ニマス）ミコトノリヲウケテクタリマシケリ出雲国ニイタリハカセル剣ヲヌキテ地ニツキタテ其上ニ井テ大汝ノ神ニ太神ノ勅ヲツケシラシムソノ子都波八重（ツミハヤヘ）事代主ノ神（今葛木ノ鴨ニマス）アヒトモニ従ヒ申又次ノ子健御名方刀美（タケミナカタトミ）ノ神（今陬方ノ神ニマス）シタカハスシテニケ給シヲスワノ湖ニテヲツヒテセメラレシカハ又シタカヒヌカクテモロ〳〵ノ悪神ヲハツミナヘマツロエルヲハホメテ天上ニノホリテ返コト申給大物主ノ神（大汝ノ神ハ此国ヲサリテヤカテカクレ給ト見エタリ。コノ大物主ハサキニ云所ノ三輪ノ神ニマスナルヘシ）事代主ノ神相共ニ八

比礼一蜂比礼一品ノ物比礼一ミナリ此ミコトハヤク神トサリ
給ニケリ此国ノ主トテハクダシ給ハサリシニヤ吾勝尊クダリ
給ヘカリシ時天照太神三種ノ神器ヲ傳給ノチニ又瓊ゝ杵
尊ニモ授マシヽニ饒速日尊ハコレヲエ給ハスシカレハ日嗣ノ
神ニハマシマサヌナルヘシ（此事舊事本紀ノ説也 日本紀ニハミエス）天照太神吾勝尊
ハ天上ニ止リ給ヘト地神ノ第一二ニカソヘタテマツル其始天下
ノ主タルヘシトテウマレ給シユヘニヤ
第三代天津彦ゝ火瓊ゝ杵尊　天孫トモ皇孫トモ申
皇祖天照太神高皇産霊尊イツクキメクミマシヽキ葦原ノ
中州ノ主トシテ天降給ハントスルニ其国邪神アレテタヤ
スク下給コトカタカリケレハ天稚彦ト云神ヲクダシテミセシ
メ給シニ大汝ノ神ノ女下照姫ニトツキテ返コトマウサスミトセ

ワレナソアヘテ私ニシテラシヤトノ給テ天照太神ニタテマツリ上
ラレニケリ其ノチ出雲ノ清(スカ)ノ地ニイタリ宮ツクリテ稲田姫
トスミ給大己貴(アナムチ)ノ神ヲ(大汝トモ云)ウミマシテ素戔烏尊ハツヰニ根
ノ国ニイテマシヌ大汝ノ神此国ニトヽマリテ(今ノ出雲ノ大神ニマス)天下ヲ経営
シ葦原ノ地ヲ領給ケリヨリテコレヲ大国主ノ神トモ大物主
トモ申ソノ幸魂(サキミタマ)奇魂(クシミタマ)ハ大和ノ三輪ノ神ニマス
第二代正哉(マサヤ)吾(ア)勝(カツ)々(カツ)速(ハヤ)日(ヒ)天(アマノ)忍穂耳(オシホミミノ)尊高皇産霊尊ノ女
栲(タク)幡(ハタ)千々姫ノ命ニアヒテ饒速日尊瓊々杵尊ヲウミマシメ給
テ吾勝尊葦原中州ニクタリマスヘカリシシ御子ウミ給シカハ
クレシ下スヘシト申給テ天上ニトヽマリマスマツ饒速日ノ尊ヲ
クタシ給シ時外祖高皇産霊尊十種ノ瑞宝ヲ授給瀛都(オキツ)鏡
一辺津鏡一八握剣一生玉一死反玉一足玉一道反玉一蛇

ハライテ神ヤラヒニヤラハレテカノ尊天ヨリクタリテ出雲ノ
簸（ヒ）ノ川上ト云所ニイタリ給其所ニ一ノヲキナトウハトアリ一ノ
ヲトメヲスヱテカキナテツヽナキケリ素戔烏尊タソトヽヒ給フ
ワレハコレ国神也脚摩乳（アシナツチ）手摩乳（テナツチ）ト云コノヲトメハワカ子ナリ
奇稲田姫（クシイナタヒメ）ト云サキニ八ケノ少女アリトシコトニ八岐ノ大蛇ノタメニ
ノマレキ今此ヲトメ又ノマレナントスト申ケレハ尊我ニクレンヤト給
勅ノマヽニタテマツルト申ケレハ此ヲトメヲ湯津ノツマクシニトリナシ
ミツラニサシヤシホリノ酒ヲ八ノ槽（フネ）ニモリテ待給ニハタシテカノ
大蛇キタレリ頭ヲノ〱一ノ槽ニ入テノミヱヒテネフリケルヲ尊ノ
ハカセル十握ノ剱ヲヌキテツタ〱ニキリツ尾ニイタリテ剱ノ刃
スコシカケヌサキテミ給ヘハ一ノ剱アリソノ上ニ雲氣アリケレハ
天ノ藂雲ノ剱ト名ク（日本武ノ尊ニイタリテアラタメテ草ナキノ剱ト云ソレヨリ熱田社ニマス）コレヤシキ剱（ツルキ）ナリ

庭燎ヲアキラカニシ常世ノ長鳴鳥ヲツトヘテタカヒニナカナキ
セシム〈コレハミナ神楽ノ起ナリ〉天照太神キコシメシテワレコノコロ石窟ニカクレ
オリ葦原ノ中国ハトコヤミナラシイカソ天ノ鈿女ノ命カクヱラク
スルヤトオホシテ御手ヲモテホソメニアケテミ給コノ時ニ天手力雄
ノ命ト云神〈思兼ノ神ノ子〉磐戸ノワキニ立給シカ其戸ヲヒキアケテ
新殿ニウツシタテマツル中臣ノ神〈天児屋命ナリ〉忌部ノ神〈天ノ太玉ノ命〉シリ
クヘナワヲ〈日本紀ニハ端出之縄トカケリ注ニハ左縄ノ端出セルト云 古語拾遺ニハ日御縄トカケリコレ日影ノ像ナリトイヘリ〉ヒキメクラ
シテナカヘリマシツト申上天ハシメテハレテモロ〳〵トモニ相見面ミナ
アキラカニシロシ手ヲノヘテ哥舞テアハレ〈天ノアキラカナルナリ〉アナオモシロ
〈古語ニ事ノ切ナルヲミナアナト云 面白モロ〳〵ノシモテ明ニ白キ也〉アナタノシアナサヤケ〈コエ〉竹ノハノシケ〈木ノ名也具ハシフルコエ也〉
天ノ鈿目ノ持〈給ヘル手草也〉カクテツミヲ素戔烏ノ尊ニヨセテツホスルニ千座ノ
置戸ヲクリテ首ノカミ手足ノツメヲヌキテアカハシメ其罪ヲ

日神ノ御形ノ鏡ヲ鋳セシムソノハシメナリタリシ鏡諸神ノ心ニアハス
紀伊國日前ノ神ニマス次ニ鋳給ヘル鏡ウルハシクマシマシケレハ諸神悦アカメ給
初ハ皇居ニマシマシキ今ハ伊勢國ノ五十鈴ノ宮ニイハヒ給コレナリ又天ノ明玉ノ神ヲシテ八坂瓊ノ玉ヲ
ツクラシメ天ノ日鷲ノ神ヲシテ青幣白幣ヲツクラシメ手置帆
負彦狭知ノ二神ヲシテ大峡小峡ノ材ヲキリテ瑞ノ殿ヲツクリ
ラシムコノホカクサクサアレトモシルサス具物スヘテニソナハリシカハ天ノ香山ノ五百箇ノ
真賢木ヲ子コシニシテ上枝ニハ八坂瓊ノ玉ヲトリカケ中枝ニハ
八咫ノ鏡ヲトリカケ下枝ニハ青和幣白和幣ヲトリカケ天ノ
太玉ノ命高皇産霊ノ神ノ子ナリヲシテサヽケモタシメ天ノ児屋ノ命津速産霊ノ子或ハ
神トモ興台産霊ノ神ノ子也ヲシテ祈祷セシム天ノ鈿女ノ命真辟ノ葛ヲカツラニ
シ蘿葛ヲ手繦ニシ竹ノ葉飫鴟木ノ葉ヲ手草ニシ差鐸
ノ矛ヲモチテ石窟ノ前ニシテ俳優ヲシテ相トモニウタヒマヒテ又

給物ノサ子ワカ物ナレハ我子ナリトテ天照太神ノ御子ニナシ給ト
イヘリ（コレハ日本紀ノ一説）此吾勝尊ヲハ太神スクレトクホメツ子ニ御ワス
モトニスヘ給シカハ腋子ト云今ノ世ニソサナキ子ヲワカコト云ハヒカ言（ ）
カクテスサノヲノ尊ナツ天上ニテサシケンカサヽヽノトカツヽカシ給ケ
天照太神ナカリテ天ノ石窟ニコモリ給国ノウチトコヤミニナリテ
晝夜ノワキマヘナカリキモロ／＼ノ神達ウレヘナケキ給其時諸神ノ
上首ニテ高皇産霊尊ト云神マシ／＼キ昔天御中主尊
ミハシラノ御子ヲハシマス長ヲ高皇産霊トモ云次ヲハ神皇産霊
次ヲ津速産霊ト云トミエタリ陰陽二神コソハシメテ諸神ヲ生
シ給シニ直ニ天御中主ノ御子ト云コトソホツカナシ（サテハシメツ天御中主ノ御コト云事ハ日本紀ニハ
ミエス古語拾遺ニアリ）此神天ノヤスカハノホトリニシテ八百万ノ神ヲツトヘテ相談シ
給其御子ニ思兼ト云神ノハカリコトニヨリ石凝姥ト云神ヲシテ

尊ニミエタテマツリテヒタフルニイナムト申給ケレハユルシ玉トノ給ヨリテ天上ニノホリマス大ウミトヽロキ山ヲカナリホヘキ此神ノ性タケキカシカラシムルニナム天照太神ヲトロキミシクテ兵ノソナヘシメ待給カノ尊黒心（キタナキ）ナキヨシヲオコタリ給フサテハ撰約ヲナシテキヨキカキタナキカヲシルヘシ撰約ノ中ニ女ヲ生セハキタナキ心ナルヘシ男ヲ生セハキヨキ心ナラントテ素戔烏ノ尊ノミツラニケル八坂瓊ノ玉ヲトリ給ヘリシカハ其玉ニ感メ男神化生シ給スサノヲノ尊悦テマサヤアシカチストノ給ケルヨリテ御名ヲ正哉吾勝々ノ速日天ノ忍穂耳ノ尊ト申（コレハ古語拾遺ノ説）又ノ説ニハ素戔烏尊天照太神ノ御クヒニカケ給ヘル御統ノ瓊玉ヲコヒトリテ天ノ真名井ニフリスヽキコレヲカミ給シカハ先吾勝ノ尊ウマレマシテ其後猶四ハシラノ男神生

次素戔烏尊ヲ生給トイヘリ又ハ伊弉諾ノ尊左御手ニ白銅
ノ鏡ヲトリテ大日孁ノ尊ヲ化生シ右御手ニトリテ月弓ノ尊
ヲ生御首ヲメクラシテカヘリミ給シアヒタニ素戔烏尊ヲ生
トモイヘリ又伊弉諾尊日向ノ小戸ノ川ニテミソキシ給シ時
左ノ御眼ヲアラヒテ天照太神ヲ化生シ右ノ御眼ヲアラヒテ
月讀ノ尊ヲ生御鼻ヲ洗テ素戔烏尊ヲ生シ給トモ云フ
日月神ノ御名モ三アリ化生ノ所モ三アレハ凡慮ハカリカタシ
又オハシマス所モ一ニハ高天(タカマ)ノ原ト云二ニハ日ノ小宮ト云三ニハ我日
本國ニシテハ八咫ノ御鏡ヲトラセマシマシテワレヲミルカ如クセヨト
勅給ケルコト知之ノ御捲モアラハシテコトサラニ深道アルヘケレハ
三所ニ勝劣ノ義ヲハ存スヘカラサルニヤ　復素戔烏尊父
母二神ニヤラハレテ根國ニクタリ給ヘリシカ天上ニマウテヽ姉ノ

健甕槌神〈武雷ノ神トモ申／今ノ鹿嶋ノ神〉ノ祖也陽神猶シタヒテ黄泉ニテシハシミニテチカヒアリキ陰神ウラミテ此国ノ人ヲ一日ニ千頭コロスヘシトノ給ケレハ陽神ハ千五百頭ヲ生ヘシトノ給ケリヨリテ百姓ヲハ天ノ益人(マス)トモ云死ルモノヨリモ生スルモノヽオホキ也陽神カヘリ給テ日向ノ小戸ノ河檍(アハキ)カ原ト云所ニテミソキシ給コノ時アマタノ神化生シ玉ヘリ日月神モコヽニテ生給ト云説アリ伊弉諾尊神功ステニヲハリケレハ天上ニノホリ天祖ニ報命(カヘリコト)申テ即天ニトヽマリ給ケリトウ或説ニ伊奘諾伊奘冊ハ梵語ナリ伊舎那天伊舎那后ナリト云

地神第一代大日孁尊是ヲ天照太神ト申又ハ日神トモ皇トモ申此神ノ生給コト三ノ説アリ一ニハ伊奘諾伊奘冊尊アヒ計テ天下ノ主ヲウマサランヤトテ先日神ヲウミ次ニ月神次ニ蛭子

ヨロコヒテ天ニシクリアケテ天上ノ事ヲサツケ給ケル時天地アヒ
サルコトヽヲカラス天ノミハシラヲモテノアケ給コレヲ大日孁（ヒルメ）ノ尊
ト申（孁字ハ靈ト通スヘキナリ陰気ノ靈ト云トモ云ヘリ女神ニミコハ月ヲ称ナニヤ）又天照太神トモ申女神ニテ
マシマス次月神ヲ生マス其光日ニツケリ天ニノホセテ夜ノ政ヲサ
ツケ給次ニ蛭子ヲ生マスミトセニナルマテ脚タヽス天ノ磐樟（オホクス）船ニ
ノセテ風ノマヽニハナチステツ次素戔烏尊ヲ生マスイサミタケクシ
不忍（イフリ）ニシテ父母ノ御心ニカナハス根ノ國ニイネトノ給フコノ三柱ハ男神
ニテマシマスヨリテ一女三男ト申シスヘテアラユル神三十二神ノ御
生マセマセト國ノ主タルヘシトテ生給シカハコトサラニ地神ヲ申傳ケル
ミコツ其後火神軻遇突智（カクツチ）ヲ生マシヽ時陰神ヤカレテ神退（カンサリ）
給ニキ陽神ウラミイカリテ火神ヲ三段ニキルソノ三段ヲノヽ神
トナル血ノシタヽリモソヽイテ神トナル經津主（フツヌシ）ノ神（齋主ノ神トモ申ノ今ノ檝取ノ神織ニ）

肥ノ國し後ニ肥前肥後ト云四ツ豊久土比泥別ト云是ハ後ニ
日向大隅薩摩ト云 筑紫豊國肥ノ國日向什ヘルモ二神ノ代ノ始ノ名ニハ非ル歟 次壹岐國ヲウミマス
天比登都柱ト云次對馬ノ洲ヲウミマス天之狭手依比賣ト
云次隠岐ノ洲ヲウミマス天之忍許呂別ト云次佐渡ノ洲ヲ
生ミマス建日別ト云次大日本豊秋津洲ヲウミマス天御虚空
豊秋津根別ト云スヘテ是ヲ大八洲ト云し此外アマタノ嶋ヲ
生給後ニ海山ノ祢木ノシヤ草ノシヤニテ悉クウミマシケリ
何レモ神ニテセハ生給ヘニ祢ノ洲ヲモ山ヲモウクリ給ヘルカハ又洲山
ヲ生給ニ祢ノアラハレニケルカ祢世ノワサナレハコトニ難測ニ神
又ハカラヒテノタマハク我スデニ大八洲ノ國ヲヨヒ山川草木ヲ
ウメリイカテカアメノ下ノキミタルモノヲウマテサラムヤトテマツ
日神ヲ生ミマス此ミコトヒカリウルハシクメ國ノ内ニテリトホル二神

ミリカタシ宝山ニトヽマリテ不動ノシルシトナリケンコトヤ正説
ナルヘカラン龍田モ宝山チカキ所ナレハ龍神ヲ天柱国柱ト
イヘル深秘ノ心アルヘキニヤ凡神書ニサマ〳〵ノ異説アリ日本紀旧事本紀古
語拾遺等ニノセサル事ハ末学ノ輩ヒトヘニ信用シカタカルヘシ彼
書ノ中猶一決セサルコト多シ況異書ニヲキテハ正トスヘカラス
カクテ此二神相ハカラヒテ八ノ洲ヲウミ給フ先淡路ノ洲ヲ
ウミ玉フ淡路穂之狭別ト云次伊与ノ二名ノ洲ヲウミ玉フ一身ニ
四面アリ一ヲ愛比売ト云コレハ伊与也二ヲ飯依比売ト云
是ハ讃岐也三ヲ大宜都比売ト云コレハ阿波也四ヲ速依別ト
云是ハ土左也次筑紫ノ洲ヲウミ玉フ又一身ニ四面アリ一ヲ
白日ノ別ト云是ハ筑紫也後ニ筑前筑後ト云二ヲ豊日別
云コレハ豊国也後ニ豊前豊後ト云三ヲ盡日別ト云是ハ

シモトメ給シ時大田ノ命ト云神ニマイリアヒテ五十鈴ノ河上ニ霊物ヲミホルヲケル所ヲシメシ申シニカノ天ノ逆矛五十鈴天宮ノ圖形(ツキヤウ)アリキ大和姫ノ命ヨロコヒテ其所ヲサタメテ神宮ヲタテラル霊物ハ五十鈴ノ宮ノ酒殿ニヲサメラレキトモ又瀧祭(タキマツリ)ノ神ト申ハ龍神ナリソノ神アツカリテ地中ニヲサメタリトモ云一ニハ大和ノ龍田ノ神ハコノ瀧祭ト同躰ニマス此神ノアツカリ給ヘルヨリテ天柱國柱ト云御名アリトモ云青礙取慮鳴ニ拘クメリ給シコトハアキラカニ世ニ傳ト云事ハシホツカナシ天孫ノシタカヘ給ナラハ神代ヨリ三種ノ神器ノコトク傳給ヘシサレハハナレテ五十鈴河上ニ有ケンモオホツカナシ但天孫モ玉矛者ミツカラシタカヘ給ト云事見タリ（古語拾遺説ナリ）シカレト矛モ大海ノ神ノタテマツルハ國ヲタイラケシ矛モアレハイツレト云事シ

ハシメトスコヽニ天祖國常立尊伊弉諾伊弉冊ノ二神ニ勅メノ給ハク豊葦原ノ千五百秋ノ瑞穂ノ地アリ汝往テシラスヘシトテ即天瓊矛ヲサヅケ給此矛又ハ天ノ逆戈トモ天魔返ホコトモイヘリ二神コノホコヲサヅカリテ天ノ浮橋ノ上ニタヽスミテ矛ヲサシヲロシテカキサグリ給シカハ滄海ノミアリテソノホコノサキヨリシタヽリシヲツル潮コリテ一ノ嶋トナルコレヲ磤馭慮嶋ト云此名ニ付テ秘説アリ神代梵語ニカヨヘルカ具ナル名モアキラカニ知人ナシ大日本ノ國宝山ナリト云口傳アリ二神此嶋ニ降居テ即國ノ中ノ柱ヲ立テ八尋ノ殿ヲ化作メトモニスミ給サテ陰陽和合メ夫婦ノ道アリ此矛ハ傳天孫シタカヘテアマクダリ給ヘリトモ云又垂仁天皇ノ御宇ニ大和姫ノ皇女天照太神ノヲシヘノマヽニ國々ヲメクリ伊勢國ニ宮所

牙ノ如シ卽化メ神トナリヌ國常立（クニノトコタチノ）尊ト申又ハ天ノ中主ノ
神トモ号シ奉ル此神ニ木火土金水ノ五行ノ德マシマス
先水德ノ神ニアラハレ給フ國狭槌（クニサツチノ）尊ト云豊斟渟（トヨクムヌノ）尊
ト云天ノ道ヒトリナスユヘニ純（ジユン）男ニテマス〈純男トイヘトモソノ相アリトモサタメカタシ〉次木
德ノ神ヲ泥土（ウヒヂ）瓊（ニノ）蒲釜反尊沙土（スヒヂ）瓊（ニノ）尊ト云次金德ノ神ヲ
大戸之道（オホトノヂノ）尊大苫邉（オホトマヘノ）尊ト云次ニ土德ノ神ヲ面足（オモダルノ）尊惶根（カシコネ）
ノ尊ト云天地ノ道相交テ各陰陽ノカタチアリシカレトソノ
フルマヒナシト云リ此諸神實ニハ國常立ノ一神ニマシマスナルヘシ
五行ノ德各神トアラハレ給是ヲ六代トモカソフル也二世三世ノ
次第ヲ立ヘキニアラサルニヤ次ニ化生シ給ヘル神ヲ伊弉諾尊
伊弉冊尊ト申ス是ハ正ク陰陽ノ二ニワカレテ造化ノ元トナリ
給フ五行ハヒトツヽヽノ德ナリ此五法ヲアハセテ万物ヲ生スル

唯我國ノミ天地ヒラケシ初ヨリ今ノ世ノ今日ニ至マテ日嗣ヲ
ウケ給コトヨコシマナラス一種姓ノ中ニヲキテモヲノツカラ傍ヨリ
傳給ヒシスラ猶正ニカヘル道アリテソタモチマシマシケル是併(シカシナカラ)
神明ノ御誓アラタニシテ餘國ニコトナルヘキイハレナリ抑神道ノ
コトハタヤスクアラハサスト云コトアレハ根元ヲシラサレハ猥シキ始
トモナリヌヘシ其ツヰエヲスクハンタメニ聊(イサヽカヽロ)勒シ侍リ神代ヨリ
正理ニテウケ傳ヘルイハレヲ述コトヲ志キ常ニ聞ユル事ヲハ
ノセスシカレハ神皇ノ正統記トヤ名ケ侍ヘキ
夫天地未分サリシ時混沌トシテマロカレルコト雞子(雞元)ノ如シクヽ
モリテ牙(キサシヲ)フクメリキコレ陰陽ノ元初未分ノ一氣也其氣
始テワカレテキヨクアキラカナルハタナヒキテ天ト成リシモ
クニコレルハツヽヰテ地トナル其中ヨリ一物出タリカタチ葦牙

其間数万歳ヲヘタリト云我朝ノ初ハ天神ノ種ヲウケテ世界
ヲ建立スルスカタハ天竺ノ説ニ似タル方モアルニヤサレトコレハ天祖
ヨリ以来継体タカハスタヽ一種マシマスコト天竺ニモ其類ナシ
彼国ノ初ノ民主モ衆ノタメニエラヒタテラレシヨリ相続セリ又世
クタリテハソノ種姓モオホクホロホサレテ勢力アレハ下劣ノ種モ
国主トナリアマサヘ五天竺ヲ統領スルヤカラモ有キ震旦又コト
サラミタリカハシキ国ナリ昔世スナホニ道タヽシカリシ時モ賢
ヲエラヒテサツクルアトアリシニヨリ一種ヲサタムル事ナシ乱世ニ
ナルマヽニ力ヲモチテ国ヲアラソフカヽレハ民間ヨリ出テヽ位ニ居
タルモアリ戎狄ヨリ起テ国ヲ奪ヘルモアリ或ハ累世ノ臣〆
其君ヲシノキテツヰニ譲ヲエタルモアリ伏犠氏ノ後天子ノ氏
姓ヲカヘタル事三十六乱ノハナハタシサ云ニタラサル者哉唯

大ノ三災ト云也第四禪已上ハ内外ノ過患アルコトナシ此四禪ノ中ニ五天アリ四ハ凡夫ノ住所一ハ淨居天トテ證果ノ聖者ノ住處也此淨居ヲスキテ摩醯首羅天王ノ宮殿アリ大自在天トモ云色界ノ最頂ニ居シテ大千世界ヲ統領ス其天ノヒロサ彼世界ニワタレリ下天モ廣狭ニ不同アリ初禪ノ梵天ハ一四天下ノヒロサナリ此上ニ無色界ノ天アリ又四地ヲワカテリトナヘリ此ホノ天ハ小大ノ災ニアハストテモ業力ニ際限アリテ報盡ナリ退没スヘシト見ヘタリ震旦ハコトニ書契ヲコトヽスル國ナレトモ世界建立ヲ云ル事タシカナラス儒書ニハ伏犧氏ト云王ヨリアナタヲハ云ス但異書ノ説ニ混沌未分ノカタチ天地人ノ初ヲ云ルハ神代ノ起ニ相似タリ或ハ又盤古ト云王アリ目ハ日月トナリ毛髪ハ草木トナルト云ル事モアリソレヨリシモツカタ天皇地皇五龍氏ノ諸氏ウチツヽキテ多ノ王アリ

百年ニ一年ヲ減シ身ノタケモ同ク一尺ツヽ減テケリ百廿才ニアタリシ時釈迦仏出給或ハ百才ノ時トモ云是ヨリサキ三仏出玉ヘリ十歳ニ至ラン此ニ小三災ト云コトアルヘシ人ノ種ホトヽ尽テ後一万人シアリ一ヌツノ人善ヲ行テ又寿命モ増シ果報モスヽミテ二万歳ニイタラン時鉄輪王出テ南一洲ヲ領スヘシ四万歳ノ時銅輪王出テ東南二洲ヲ領ス六万歳ノ時銀輪王出テ東西南三洲ヲ領シ八万歳ノ時金輪王出テ四天下ヲ統領ス其報上ニ云ルカ如シカノ時又減シテムカヒテ弥勒仏出給ヘシ八万歳ノ時トモ云此後十八ケノ増減アルヘシカクテ大火災ト云コトシヲリテ色界ノ初禅梵天ニテヤケヌ三千大千世界同時ニ滅尽スルコレヲ壊劫ト云カクテ世界虚空黒穴ノコトクナルシヲ空劫ト云カクノ如スルコトサタメノ火災シテヘテ大水災アリコノタヒハ第二禅ニテ壊スサヒノ火七ヲノ水災シテヘテ大風災アリテ第三禅ニテ壊ス是ヲ

天ニウチアラソフ是ヲ決スル人ナカリシカハ衆共ニハカラヒテ一人ノ平等王ヲ立各テ刹帝利（セツテイリ）ト云（田主ト云心ナリ）其始ノ王ヲ民主王トイフニテ十善ノ正法ヲオコナヒテ国ヲオサメシカハ人民是ヲ敬愛ス閻浮提ノ天下豊楽安穏ニシテ病悪及ヒ大寒熱アルコトナシ寿命モ極テ久ク無量歳ナリキ民主ノ子孫相続シテ久ク君タリシカ漸正法モ衰シヨリ寿命モ減シテ八万四千歳ニイタル身ノタケ八丈ナリ其間ニ王アリテ転輪ノ果報ヲ具足セリ先ツ天ヨリ金輪宝飛降テ王ノ前ニ現在ス王出給コトアレハ此輪転行シテモロ〳〵ノ小王ミナムカヘテ拝スアヘテ遠者ナシ即四大州ニ主タリ又象馬珠玉女居士主兵ホノ宝アリ此七宝成就スルヲ金輪王トナツク次ニ銀銅鉄ノ転輪王アリ福力不同ニヨリテ果報モ次第ニ劣レル也寿量モ

男女ノ相ナシ後ニ地ヨリ甘泉湧出ス味酥蜜ノコトシ或ハ地味（トモ云）コレヲ
ナメテ味著ヲ生ス仍神通ヲ失ヒ光明モキエテ世間大ニクラクノ
ナル衆生ノ報シカラシメケレハ黒風海ヲ吹テ日月二輪ヲ漂出ス
須彌ノ半腹ニツキテ四天下ヲ照サシム是ヨリ始テ晝夜晦朔春
秋アリ地味ニ耽ルヨリ顔色モカシケツトロヘテ地味又ウセテノ
林藤ト云物アリ或ハ地皮（トモ云）衆生又食トス林藤又ウセテノ自然ノ
粳稲アリ諸ノ美味ソナヘタリ朝ニカレハ夕ニ熟ス此稲米ヲ
食セシニヨリテ身ニ殘穢イテキヌ此故ニ始テ二道アリ男女
ノ相各別ニヲイテ婬欲ノワサヲナス夫婦トナツケ舎宅ヲ構テ共ニ
住ス光音ノ諸天後ニ下生スル者女人ノ胎中ニイリテノ胎生ノ
衆生トナル其後粳稲ヲモセス衆生セウレヘナケキテ各境ヲワカチテ
田種ヲ施シシウヘテ食トス他人ノ田種ヲサヘウハイヌスム者出テノ

ヘキニヤ華厳経ニ東北ノ海中ニ山アリ金剛山ト云ヘルハ大倭ノ金
剛山ノ事也トゾサレハ此國ハ天竺ヨリモ震旦ヨリモ東北ノ大海ノ
中ニアリ別州ニテ神明ノ皇統ヲ傳給ヘル國也同世界ノ中ナ
レハ天地開闢ノ初ハイツクモカハルヘキナラネト三國ノ説各コトナリ
天竺ノ説ニハ世ノ始リヲ劫初ト云フ（劫ニ成住壊空ノ四アリ各廿ノ増減アリ一増一減ヲ小劫ト云廿ノ増減ヲ一中劫
ト云四十劫ヲ合テ一大劫ト云）光音ト云天衆空中ニ金色ノ雲ヲオコシ梵天ニ徧布ス
即大雨ヲフラス風輪ノ上ニツモリテ水輪トナル増長シテ天上ニイタレリ
又大風アリテ沫ヲ吹立テ空中ニナケヲク即大梵天ノ宮殿トナル
其水次第ニ退下テ欲界ノ諸宮殿乃至須弥山四大州鐵圍山ヲ
ナスカクテ万億ノ世界同時ニナル是ヲ成劫ト云（此万億ノ世界ヲ三千大千世界トイフナリ）
天衆下生シテ次第ニ住ス是ヲ住劫ト云此住劫ノ間ニ二十ノ増減アル
ヘシトゾ其劫ニハ人ノ身光明トヲク照シテ飛行自在也歓喜ヲ食トス

州コトニ又二ノ中州アリ南州ヲハ贍部ト云（又閻浮提云　同コトハ侍）是ハ樹ノ
名ナリ南州ノ中心ニ阿耨達ト云山アリ山頂ニ池アリ（阿耨達コヽニハ無熱ト云外書ニ
崑崙トイ（フ）ハ即コノ山ナリ）池ノ傍ニ此樹アリ廻七由旬高百由旬ナリ（一由旬ハ四十里也　六尺ヲ一歩トス
三百六十歩ヲ一里トス此里ヲ（モテ）由旬ヲハカルヘシ）此樹州ノ中心ニアリテ最モ高シヨリテ州ノ
名トス阿耨達山ノ南ハ大雪山北ハ葱嶺ナリ葱嶺ノ北ハ胡国
雪山ノ南ハ五天竺東北ニヨリテハ震旦国西北ニアタリテハ波斯国也
此贍部州ハ縦横七千由旬里ヲモテカソフレハ二十八万里東
海ヨリ西海ニイタルマテノ九万里南海ヨリ北海ニイタルマテ又九万
里天竺ハ正中ニヨレリヨテ贍部ノ中国トス地ノメクリ又九万里
震旦ヒロシト云ヘトモ五天ニナラフレハ一辺ノ小国ナリ日本ハ彼土ヲハナ
レテ海中ニアリ北嶺ノ伝教大師南都ノ護命僧正ハ中州也ト
シルサレタリシカラハ南州ト東州トノ中ナル遮摩羅ト云州ナル

敬白西皇帝トアリキカノ國ヨリハ倭ト書タレト返牒ニハ日本トモ
倭トモノセラレス是ヨリ上代ニハ牒アリトモミエサルニヤ唐ノ咸亨
ノ比ハ天智ノ御代ニアタリタレハ實ニハ件ノ比ヨリ日本ト書テ
送ラレケルニヤ又此國ヲハ秋津洲トイフ神武天皇國ノカタチヲ
メクラシノツニ給テ蜻蛉ノ臀呫ノ如クアルカナトノ給ヒシヨリ此
名アリキトソシカレト神代ニ豊秋津根ト云名アレハ神武ニハシ
メサルニヤ此外モアマタ名アリ細戈ノ千足國トモ磯輪上ノ秀真
國トモ玉垣ノ内國トモナヘリ又扶桑國ト云名モアルカ東海
ノ中ニ扶桑ノ木アリ日ノ出所ナリトミエタリ東ニアレハヨソヘテ
イヘルカ此國ニ彼木アリト云事キコエ子ハ定カナル名ニハアラサルヘ
ル内典ノ説ニ須弥ト云山アリ此山ヲメクリテ七ノ金山アリ其
中間ハ皆香水海ナリ金山ノ外ニ四大海アリ此海中ニ四大州アリ

カ国ノ名ヲハイカヽ云ト問ケレハ吾国ハト云ヲキヽテ即倭ト名ツケタリトミエ漢書ニ楽浪ノ（彼土ノ東北ニ楽浪郡アリ）海中ニ倭人アリ百餘国ヲワカテリト云モ、前漢ノ時ステニ通ケルカ（一書ニハ秦ノ代ヨリステニ通トモミユトシルセリ）後漢書ニ大倭王ハ耶麻堆ニ居ストミエタリ（耶麻堆ハコレハ若ス山トナリ）ステニ此国ノ使人本国ノ例ニヨリ大倭ト称スルニヨリテカクシルセルカ（神功皇后ノ新羅百済高麗ヲシタカヘ給シハ後漢ノ末サマニアタリスナハチ漢地モ通セラレタリト見タレハ文字モ定テワタシケルカ一説ニハ秦ノ時ヨリ書籍ヲ伝トモ云）大倭ト云コトハ異朝ニモ領納ノ書伝ニ任タレハ此国ニノミホメテ称スルニアラス（異朝ニ大漢大唐ナト云ハ大ナリト称スルコヽロナリ）唐書高宗咸亨年中ニ倭国ノ使始テアラタメテ日本ト号ス其国東ニアリ日ノ出所ニ近シ云ト載タリ此事我国ノ古記ニハタシカナラス推古天皇ノ御時モロコシノ隋朝ヨリ使アリテ書ヲオクレリシニ倭皇トカク聖徳太子ミツカラ筆ヲ取テ返牒ヲ書給シニハ東ノ天皇

又古ヨリ大日本トモ若ハ大ノ字ヲクハヘス日本トモカケリ州ノ名ヲ大日本豊秋津トイフ懿徳孝元開化等ノ御諱ニモ大日本ノ字アリ垂仁天皇ノ御女大日本姫ト云コレミナ大ノ字アリ天神饒速日ノ尊天ノ磐船ニノリテ大虚ヲカケリテ虚空見日本ノ国トノ給神武ノ御名神日本磐余彦ト号シ奉ツル孝安ヲ日本足開化ヲ稚日本トモ号景行天皇ノ御子小碓ノ皇子ヲ日本武ノ尊トナツケ奉ル是ハ大ヲ加サルナリ彼此同クヤマトヽヨマセタレト大日本ノ義ヲトルハオホヤマトヽ読ナルモカナフヘキカ其後漢土ヨリ字書ヲ伝ヘル時倭ト書テ此国ノ名ニ用タルヲ即領納シテ又此字ヲ耶麻土ト訓セテ日本ノ如ニ大ヲ加ヘテモ又ノツケテモ同訓ニ通用シケリ漢土ヨリ倭ト名ケル事ハ昔此国ノ人ハシメテ彼土ヘイタレリシニ海

地ヨリヲコリ名ハ海内ヲ漢ト名ツケシカ如ニ耶麻土ト云ヘルコトハ
山迹ト云也昔天地ワカレテ泥ノウルヲヒイマタカハカス山ヲノミ往来
トシテ其跡ヲホカリケレハ山迹ト云或古語ニ居住ヲ止ト云山ニ
居住セシニヨリテ山止ナリトモ云ヘリ大日本トモ大倭トモ書
コトハ此国ニ漢字傳テ後國ノ名ヲカクニ字ヲハ大日本ト定
テシカモ耶麻土トヨマセタルナリ大日霎ノシロシメス御國ナレハ其
義ヲモトレルカバタ日ノ出ル所ニチカケレハシカイヘルカ義ハカヽルトモ字
ノミナモトヽハヨミス耶麻土ト訓セリ我国ノ漢字ヲ訓スル
コト多クカクノ如シヲノツカラ日ノ本ナトイヘルハ文字ニヨレルナリ国ノ
名トセルニアラス

裏書云　日ノモトヽヨメル哥　万葉云

イサコトモハヤ日ノモトヘオホトモノミツノハマ松マチコヒヌラシ

大日本者神國也天祖ハシメテ基ヲヒラキ日神ナカク統ヲ
傳給フ我國ノミ此事アリ異朝ニハ其タクヒナシ此故ニ神國
ト云也神代ニハ豊葦原千五百秋瑞穂國ト云天地開闢ノ
初ヨリ此名アリ天祖國常立尊陽神陰神ニサツケ給シ
勅ニキコエタリ天照太神天孫ノ尊ニ讓マシ〳〵玉ヒ此名アレハ
根本ノ號ナリトハシリヌヘシ又ハ大八洲ト云是ハ陽神陰神
此國ヲ生給シカハ八ノ嶋ナリシニヨリテ名ケラレタリ又ハ耶麻土
ト云是ハ大八洲ノ中國ノ名也第八ニアタル天御虚空
豊秋津根別ト云神ヲ生給フコレヲ大日本豊秋津洲ト
ナツク今ハ四十八ケ國ニワカテリ中洲タリシ上ニ神武天皇東征
ヨリ代々ノ皇都也ヨリテ其名ヲトリテ餘ノ七洲ヲモスヘテ
耶麻土ト云ナルヘシ周ノ國ヨリ出タリシカハ天下ヲ周ト云漢ノ

神皇正統記上

［上冊］

神皇正統記

凡　例

一、本書には國學院大學図書館所蔵の重要文化財指定資料『神皇正統記』、貴重書『職原抄』の二点を収めた。

二、『神皇正統記』の重要文化財への指定年月日は以下のとおりである。

『神皇正統記〈上中下〉』三冊　昭和二五年八月二九日　書　一三八〇号

三、口絵には以下のカラー図版を掲載した。〈〉内は國學院大學図書館の請求番号を表す。

『猪熊本神皇正統記』〈貴七七-七九〉全体図、内箱蓋表、内箱蓋裏、上冊本文冒頭、下冊本文末尾・奥書。

慶安二年版『神皇正統記』〈二一〇・一二//二〉本文冒頭、刊記。

『北畠親房書状』〈久我家文書二六二号〉

『兼右本職原抄』〈貴五二三〉帙。

小汀文庫本『職原抄』〈貴五三七-五三八〉本文冒頭、本文末尾・識語。

無礙庵旧蔵本『職原抄』〈貴二三一六-二三一七〉本文冒頭、識語、二二丁ウ～二四丁オ。

古活字版『職原抄』〈貴八二〉本文冒頭、本文末尾。

四、『神皇正統記』本文の影印はモノクロとしたが、『職原抄』には全体に朱の書き入れがあるのでカラー印刷とした。

五、影印の縮尺は、『神皇正統記』約七八パーセント、『職原抄』約七八パーセントである。

六、本文影印の欄外に行番号を振った。

七、種々の理由で文字が不鮮明な箇所や判読困難な箇所、また書写当時の訂正などについて、巻末に難読箇所一覧を付し、解説をつけた。

八、各資料の書誌情報と解題を付した。書誌情報はおおよそ項目を統一したが、各資料の事情により多少の差異がある。

九、全体の理解のため、「北畠親房伝」「『神皇正統記』研究史」とを併載した。

一〇、『神皇正統記』は猪熊文庫旧蔵であるので、猪熊文庫の簡単な説明を付載した。

一一、巻末に本巻執筆者の略歴紹介を載せた。

一二、『神皇正統記』はすでに國學院大學図書館のデジタルライブラリーで画像を公開しているが、本書からの翻刻出版等には國學院大學図書館の許可が必要である。

目次

古活字版『職原抄』　本文冒頭

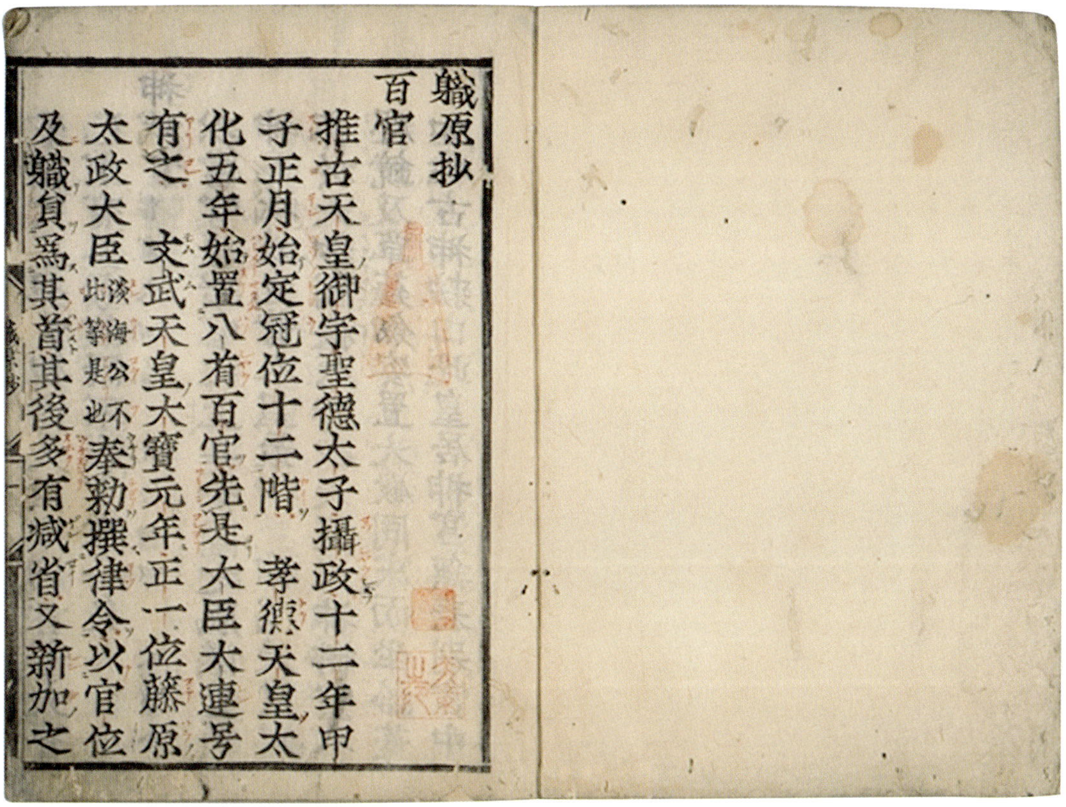

職原抄
百官
推古天皇御宇聖德太子攝政十二年甲
子正月始定冠位十二階　孝德天皇太
化五年始置八省百官先是大臣大連等
有之　文武天皇大寶元年正一位藤原
太政大臣淡海公不比等是也奉勅撰律令以官位
及職員爲其首其後多有減省又新加之

古活字版『職原抄』　本文末尾

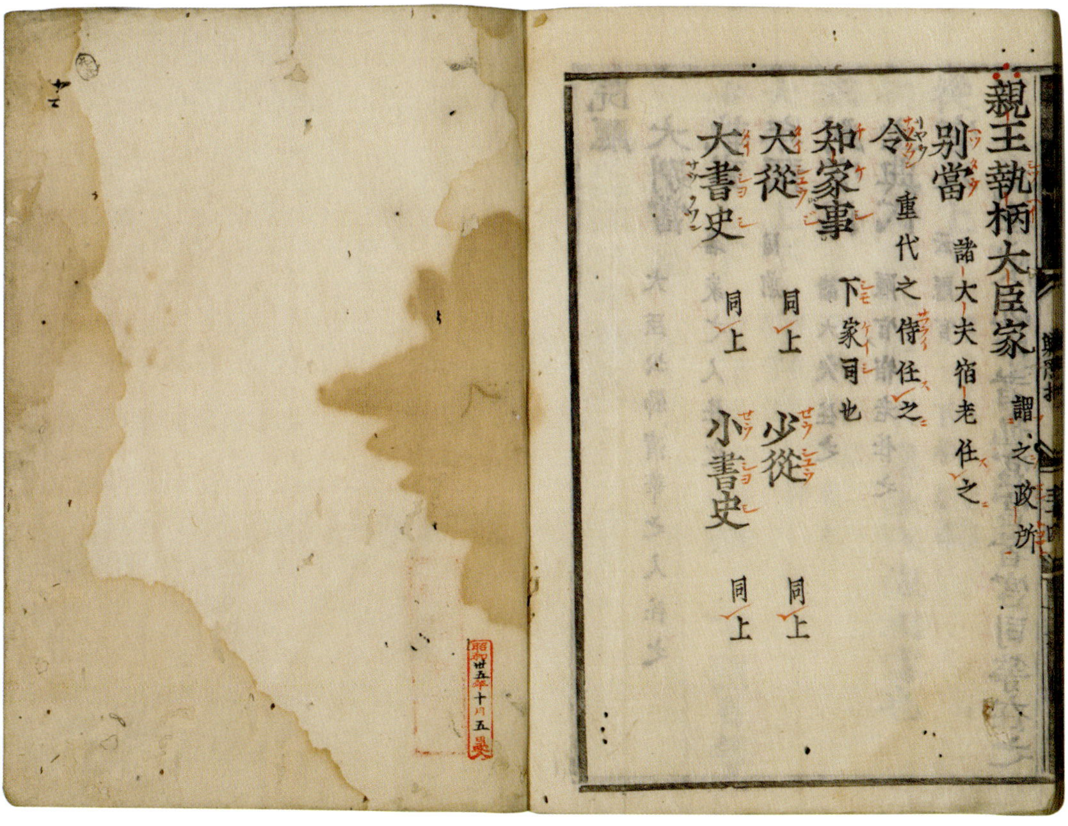

親王執柄大臣家謂之政所
別當　諸大夫宿老任之
令　重代之侍任之
知家事　下家司也
大從　同上
大書史　同上
少從　同上
小書史　同上

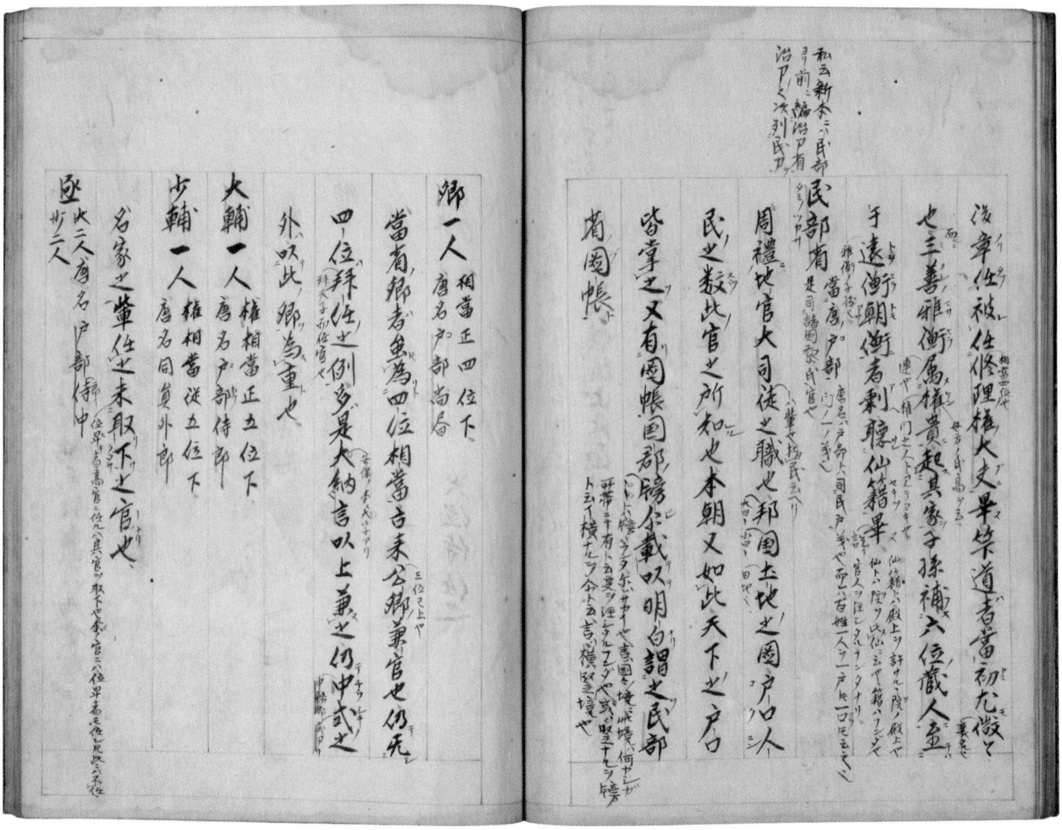

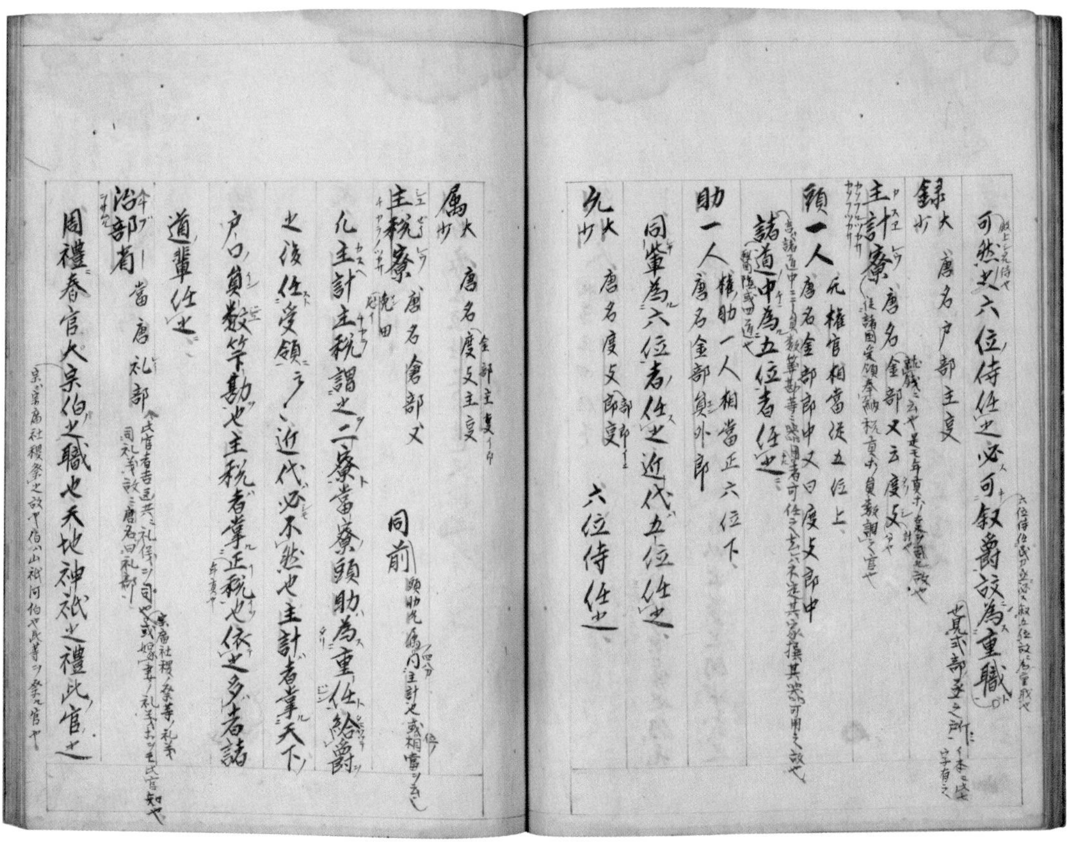

無礙庵旧蔵本『職原抄』　二二丁ウ〜二四丁オ　この本では民部省・治部省の記載が兼右本とは逆である（二六丁ウ〜二八丁ウ、影印二八〜三二頁参照）。

無礙庵旧蔵本『職原抄』　本文冒頭

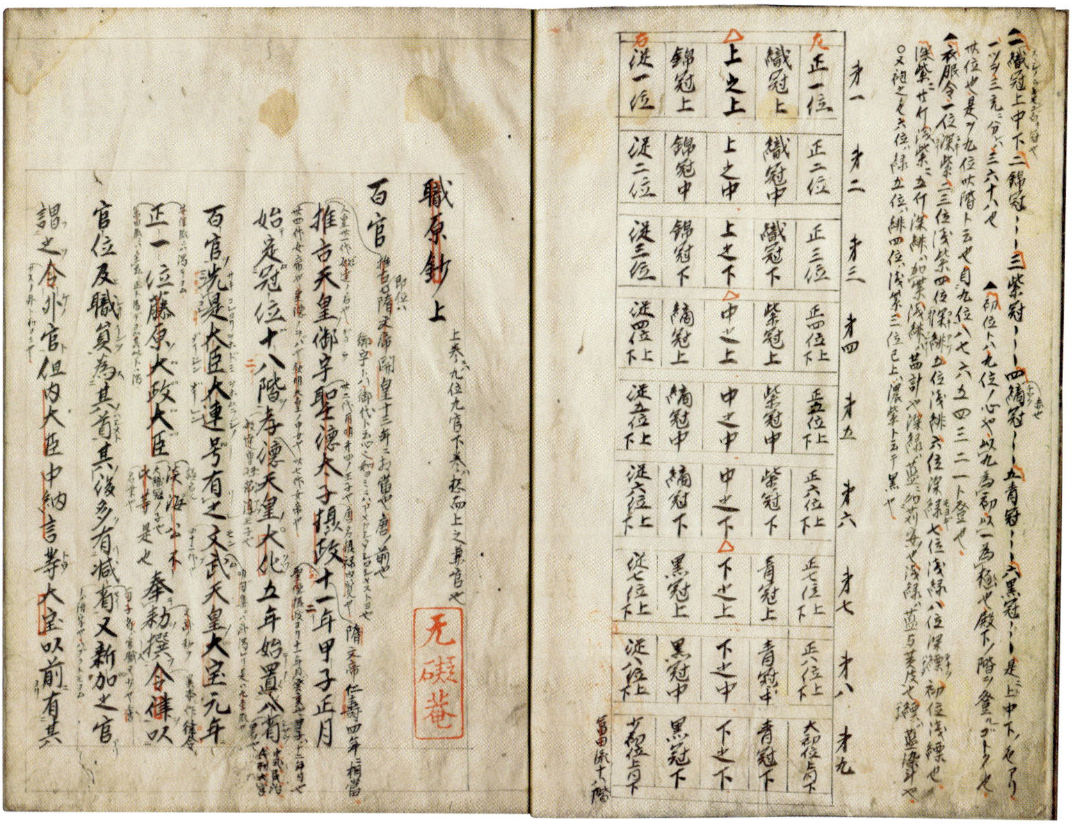

無礙庵旧蔵本『職原抄』　識語

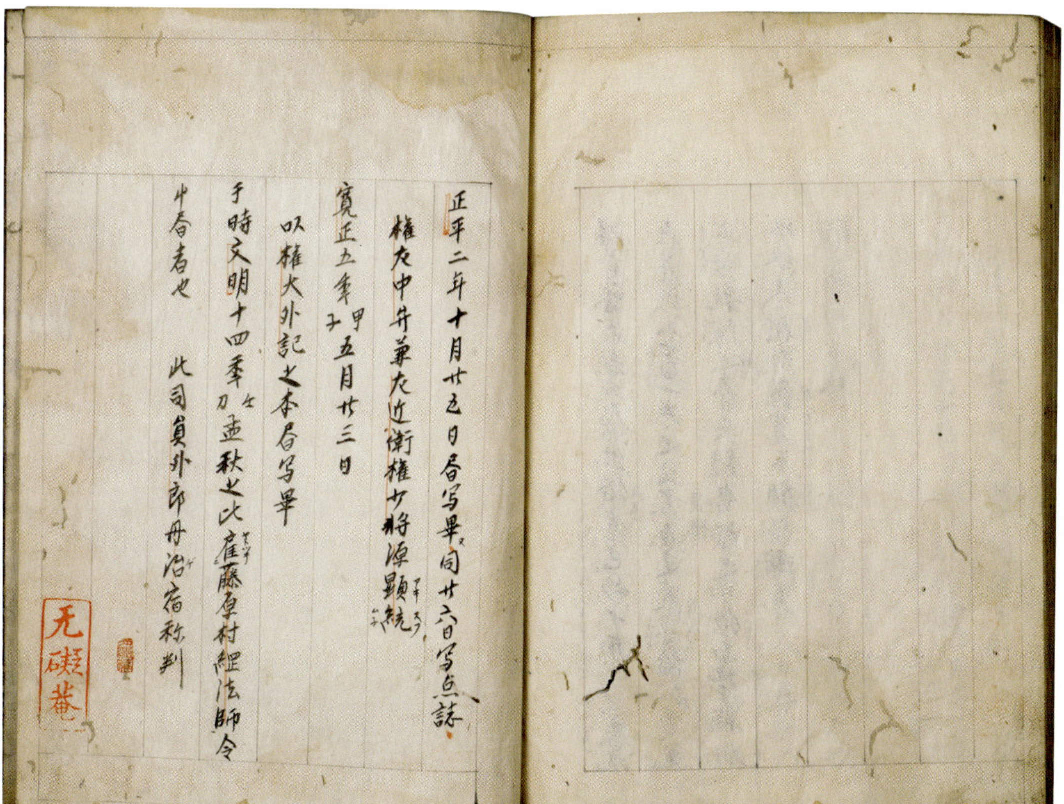

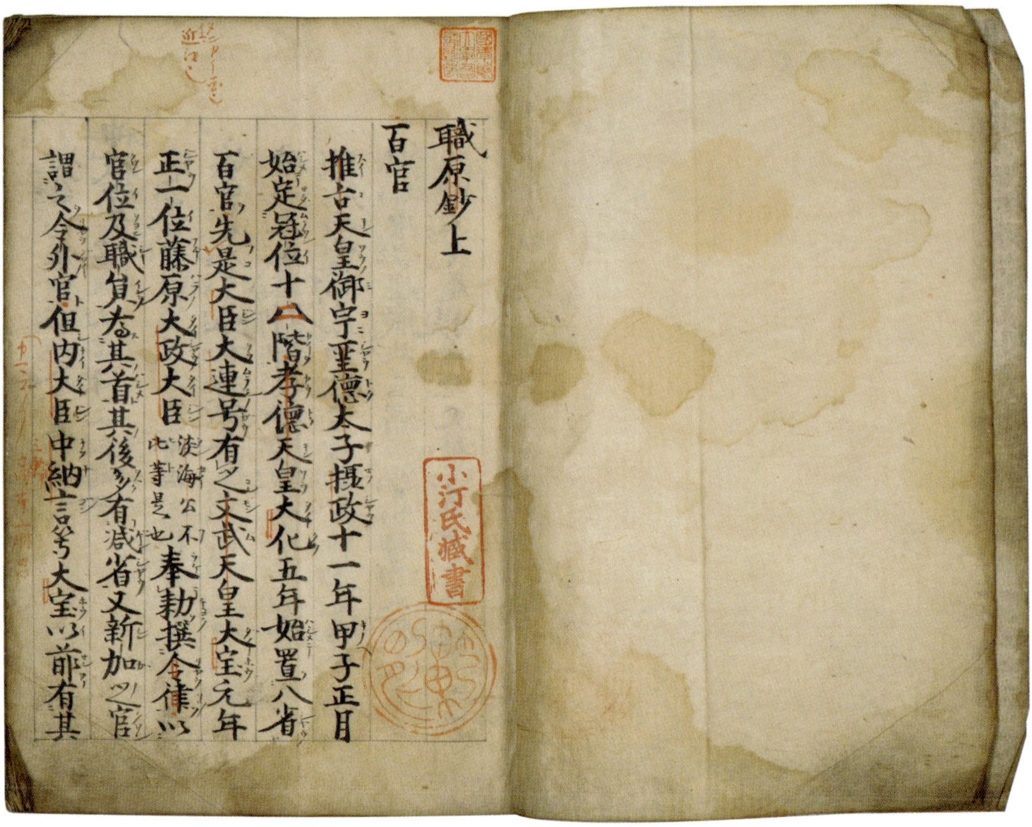
職原鈔上
百官
推古天皇御宇聖徳太子摂政十一年甲子正月
始定冠位十二階孝徳天皇大化五年始置八省
百官先是大臣大連号有之文武天皇大宝元年
正一位藤原大政大臣 淡海公 不比等是也 奉勅撰令律以
官位及職員為其首其後多有減省又新加之官
謂之令外官但内大臣中納言参議大宰以前有其

小汀文庫本『職原抄』 本文冒頭

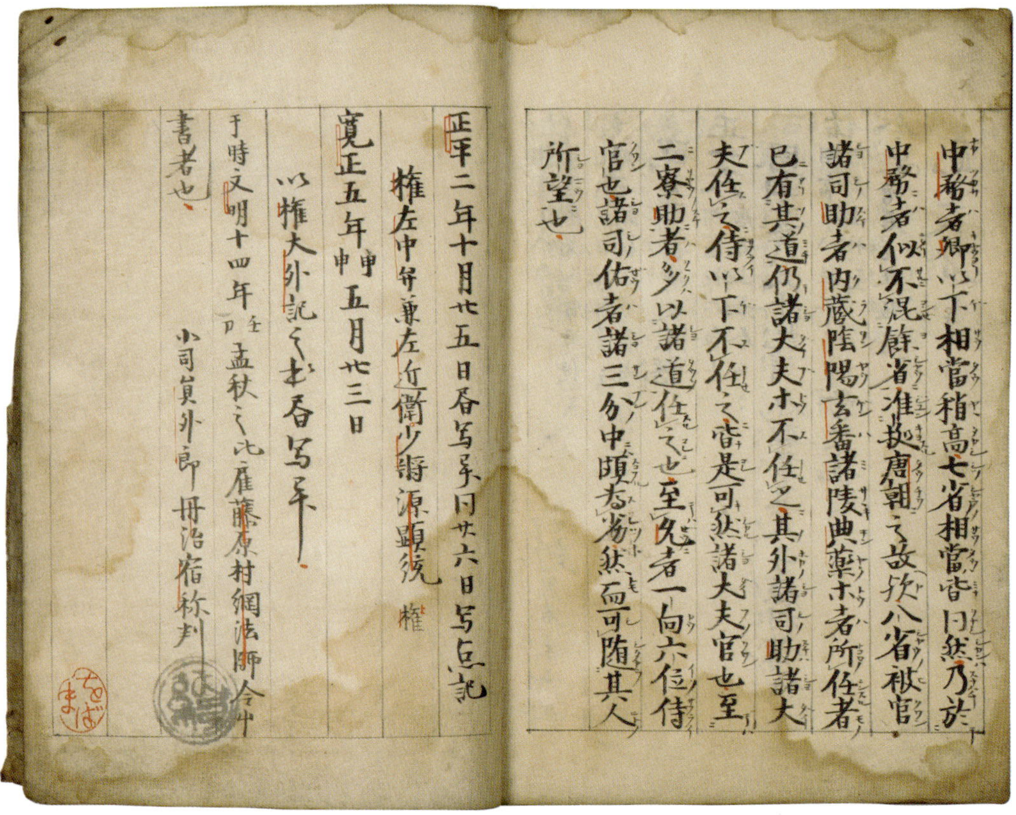
中務者卿以下相当稍高七省相当皆同然乃於
中務者似不混餘省准擬唐朝之故於八省被官
諸司助者内蔵陰陽玄蕃諸陵典薬等者所任者
已有其道仍諸大夫等不任之其外諸司助諸大
夫任之侍以下不任之皆是可然諸大夫官也至
二寮助者多以諸道任之也至允者一向六位侍
官也諸司佑者諸三分中顕為劣然而可随其人
所望也

正平二年十月廿五日呑写了同廿六日写点記
権左中弁兼左近衛少将源顕統 権
寛正五年甲申五月廿三日
以権大外記之本呑写了
于時文明十四年壬寅孟秋之比雇藤原村綱法師令
書者也
小司負外郎 毋治宿祢判

小汀文庫本『職原抄』 本文末尾・識語

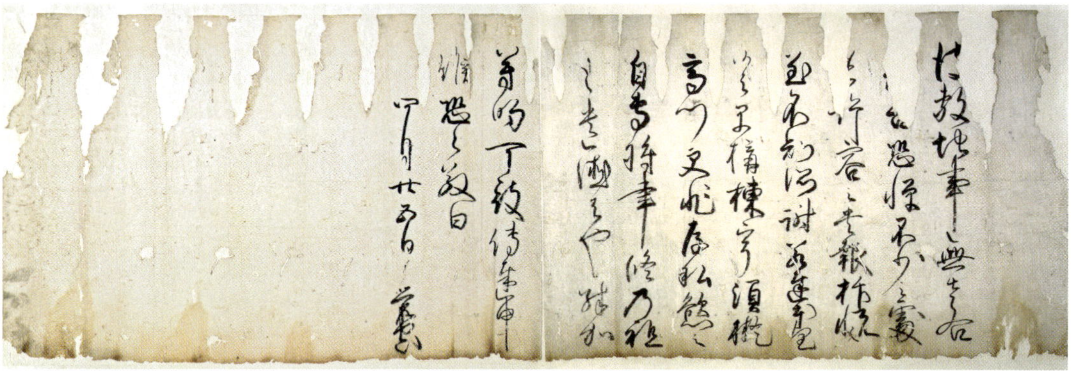

『北畠親房書状』

『兼右本職原抄』 帙（解題五三五頁）

慶安二年版『神皇正統記』本文冒頭

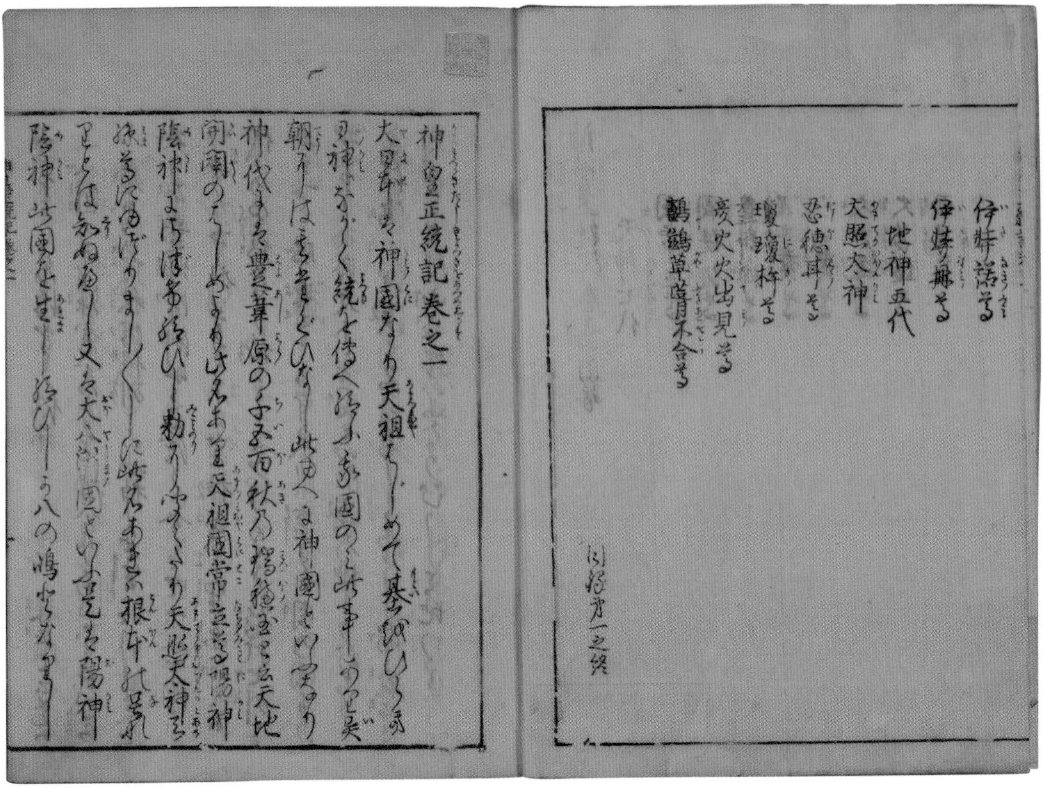

神皇正統記巻之一

大日本者神國なり天祖はじめて基をひらき日神ながく統を傳へ給ふ我國のみ此事あり異朝には其たぐひなし此故に神國といふなり

伊弉諾尊
伊弉冊尊
地神五代
天照大神
忍穂耳尊
瓊瓊杵尊
彦火火出見尊
鸕鷀草葺不合尊

慶安二年版『神皇正統記』刊記

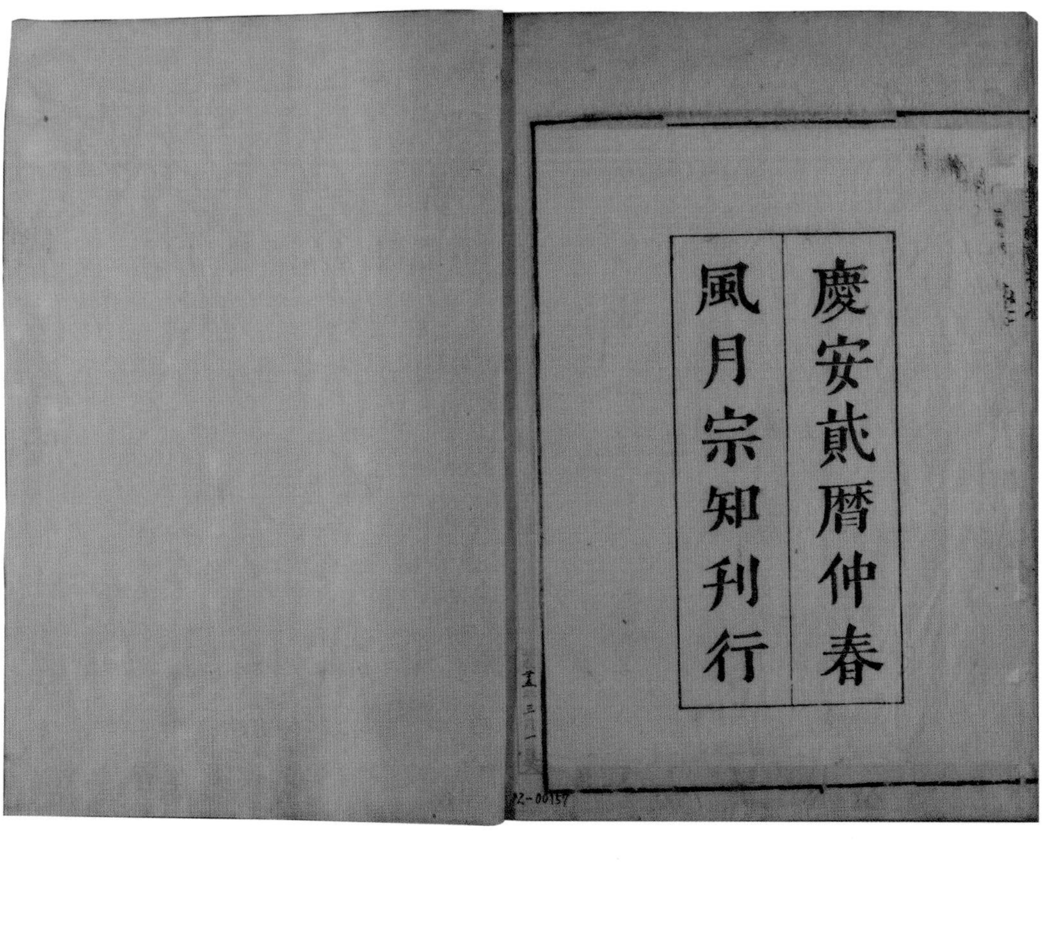

慶安貳暦仲春
風月宗知刊行

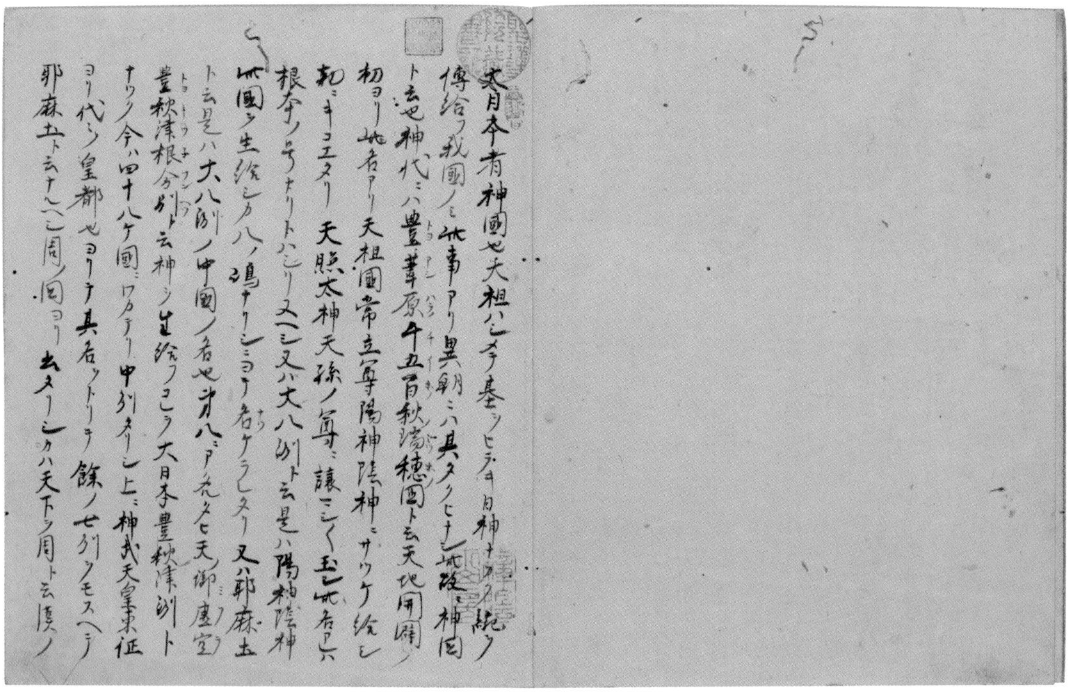
大日本者神國也天祖ハジメテ基ヲヒラキ日神ナガク統ヲ
傳給フ我國ノミ此事アリ異朝ニハ其タグヒナシ此故ニ神國
ト云也神代ニハ豊葦原千五百秋瑞穂國ト云天地開闢ノ
初ヨリ此名アリ天祖國常立尊陽神陰神ニサヅケ給シ
勅ニキコエタリ 天照太神天孫ノ尊ニ譲マシヽモ此名アレハ
根本ノ号ナリトハシリヌ又ハ大八洲ト云是ハ陽神陰神
此國ヲ生給シカハ八ノ嶋ナリシニヨリテ名ケラレタリ 又ハ耶麻土
ト云是ハ大八洲ノ中國ノ名也第八ニアタリ天御虚空
豊秋津根別ト云神ヲ生給フコレヲ大日本豊秋津洲ト
ナヅク今ハ四十八ケ國ニワカテリ中州タリシ上ニ神武天皇東征
ヨリ代々ノ皇都也ヨリテ其名ヲトリテ餘ノ七州ヲモスヘテ
耶麻土ト云ナルヘシ周ノ國ヨリ出タリシカハ天下ヲ周ト云漢ノ

『猪熊本神皇正統記』上冊　本文冒頭（影印六－七頁）

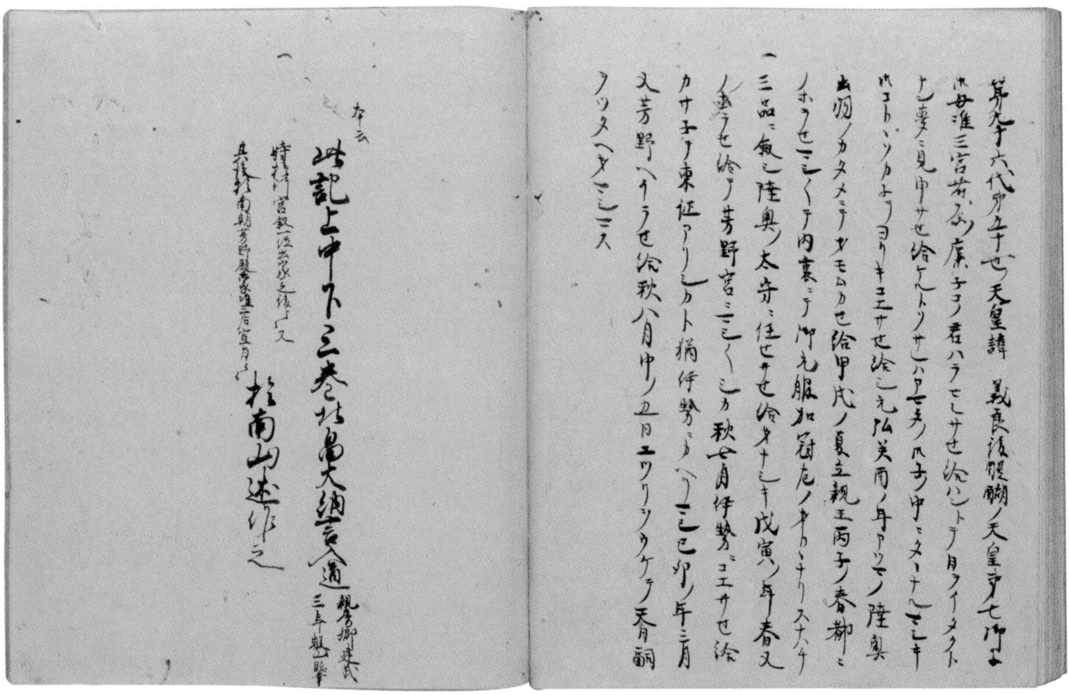
第九十六代第五十世天皇諱義良後醍醐ノ天皇第七ノ御子
御母准三宮藤原廉子[illegible]
[illegible]夢ニ見申サセ給[illegible]
[illegible]
出羽ノカタメニテオモムカセ給甲戌ノ夏立親王丙子ノ春都ニ
[illegible]内裏ニテ御元服加冠[illegible]
三品ニ叙シ陸奥ノ太守ニ任セサセ給[illegible]戊寅ノ年春又
[illegible]芳野宮ニマシマシシカ秋七月伊勢ニコエサセ給
[illegible]東征アリシカト猶伊勢ニカヘリテ己卯ノ年三月
又芳野ヘイラセ給秋八月中ノ五日ユツリヲウケテ天[illegible]
[illegible]

本云
此記上中下三巻北畠大納言入道親房卿延元三年[illegible]
[illegible]
[illegible]
於南山述作之

『猪熊本神皇正統記』下冊　本文末尾・奥書（影印二六六－二六七頁）

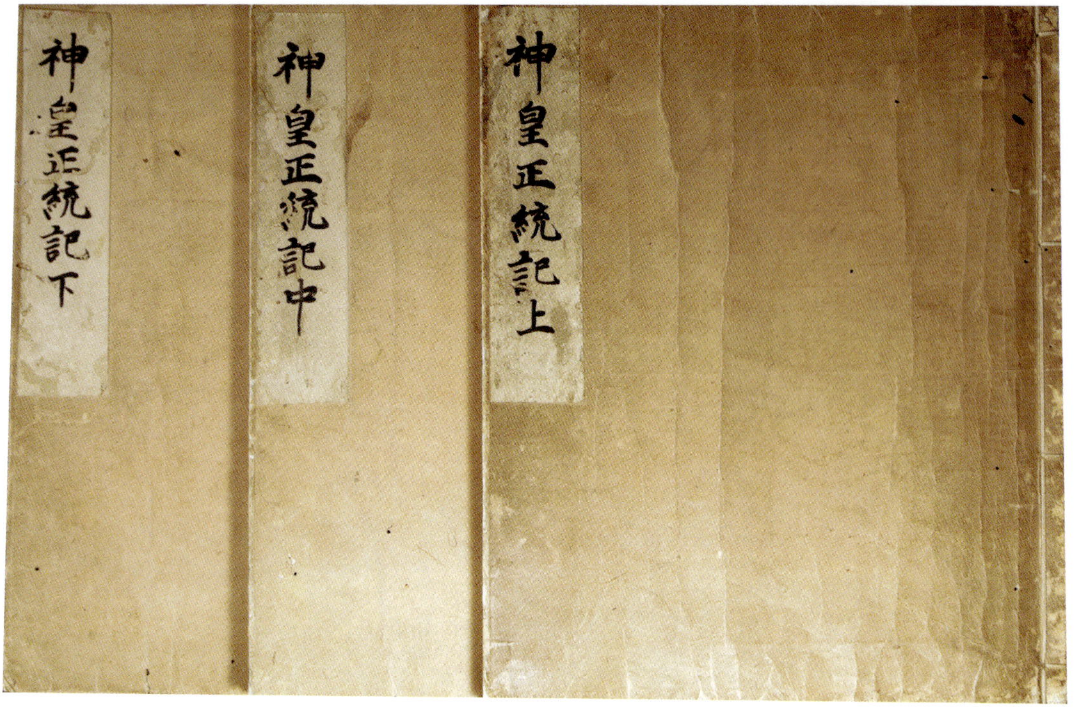

『猪熊本神皇正統記』全体図（解題五〇三頁）

『猪熊本神皇正統記』内箱蓋裏（解題五〇三頁）

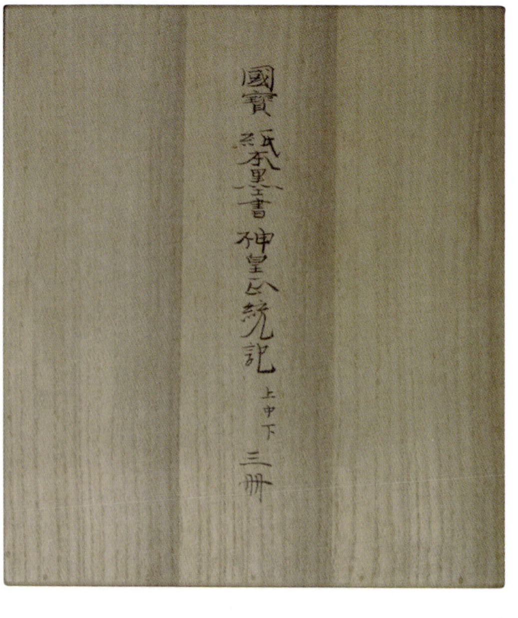

『猪熊本神皇正統記』内箱蓋表（解題五〇三頁）